Walter Böhm

Neue Unterrichtsmodelle zum Bildnerischen Gestalten in Grund- und Hauptschule

Michael Prögel Verlag Ansbach

Prögels schulpraktische Handbücher Band 87

1. Auflage 1982

Snolin: ISBN 3-7914-0375-3

Ganzleinen: ISBN 3-7914-0376-1

Satz, Offset- und Farbdruck sowie Broschuren
von der Peterschen Druckerei GmbH & Co. Offset KG, Rothenburg ob der Tauber

Leinenbände von der Großbuchbinderei Georg Gebhardt, Ansbach/Schalkhausen

Inhaltsverzeichnis

Vorwort 5

A Malen und Zeichnen im Vorschulalter 7

B 35 Unterrichtsbeispiele für Grund- und Hauptschule 19

Beispiel 1 Religiöse Bildmotive, Wasserfarben, 1.–4. Schuljahr 19
Beispiel 2 Fahren und Fliegen, Urlaubsreise, Deckfarben, 1.–9. Schuljahr . 23
Beispiel 3 Kaufladen, alle bildnerischen Techniken, 1.–9. Schuljahr 27
Beispiel 4 Die Bremer Stadtmusikanten, Zeichnung, Frottage, Linolschnitt, 1.–9. Schuljahr 32
Beispiel 5 Schulweg und Schulhaus, Bleistift, Filzstift, Feder o. ä., 1.–4. und 5.–9. Schuljahr 39
Beispiel 6 Burg und Schloß, Filzstift, Wachsstifte, evtl. Pinsel, 3.–9. Schuljahr 45
Beispiel 7 Friedhof, Malen mit begrenzter Palette, 1.–9. Schuljahr 48
Beispiel 8 Geister und Gespenster, Wasserfarben, Tusche, Feder, Kohle, Kreide, 1.–9. Schuljahr 51
Beispiel 9 Leuchtbilder am Fenster, Papierschnitt, 1.–9. Schuljahr 57
Beispiel 10 Lebensbaum, Wachsauswaschtechnik, 1.–9. Schuljahr 60
Beispiel 11 Verändern einer Zeichnung, alle Techniken, 1.–9. Schuljahr . . 65
Beispiel 12 Hahn oder Hahnenkampf, alle bekannten Techniken, 1.–9. Schuljahr 74
Beispiel 13 Zweihandzeichnen, Kreide, Filzstift, Pinsel, 1.–9. Schuljahr . . . 80
Beispiel 14 Pfau, Deckfarben oder Wischen von Schablonen, 3.–9. Schuljahr 84
Beispiel 15 Computer und Roboter, Filzstifte, Wasserfarben, 4.–9. Schuljahr 86
Beispiel 16 Plakate, alle Techniken, 3.–9. Schuljahr 91
Beispiel 17 Geheimschrift, Wasserfarben, Filzstifte, 5.–9. Schuljahr 98
Beispiel 18 Siegfrieds Kampf mit dem Drachen, Zeichnung, mit Wasserfarben ausgemalt, 4.–9. Schuljahr 102
Beispiel 19 Tierpaare und Tierherden, Vervielfältigung durch Scherenschnitt, 5.–9. Schuljahr 107
Beispiel 20 Feuer und Lichter bei Nacht, Kohle, Wachs- und Deckfarben, 5.–9. Schuljahr 112
Beispiel 21 Unbekannte Marsflora, Deckfarben, 5.–9. Schuljahr 116
Beispiel 22 Phantastischer Kopf, Collage, 5.–9. Schuljahr 120
Beispiel 23 Köpfe im Profil, alle Techniken, 5.–9. Schuljahr 127
Beispiel 24 Taucher und Unterwasserbild, Deckfarben, 5.–9. Schuljahr . . . 134
Beispiel 25 Wiesenpflanzen, Bleistift, Feder, Kugelschreiber, Buntstift, 5.–9. Schuljahr 136
Beispiel 26 Gelenkter Zufall, aleatorische bildnerische Verfahren, 7.–9. Schuljahr 140
Beispiel 27 Menschliche Kleidung, Deckfarben oder Textilcollage, 7.–9. Schuljahr 147
Beispiel 28 Mit Lineal und Zirkel, Stift, Feder, Filzschreiber, 7.–9. Schuljahr . 151

Beispiel 29 Symmetrie- und Schachbrettspiel, Scherenschnitt, Faltschnitt, 5.–9. Schuljahr 158
Beispiel 30 Sport und Spiel, Malen, Scherenschnitt, 3.–9. Schuljahr 164
Beispiel 31 Comics, Filzstift, Collage, 3.–9. Schuljahr 168
Beispiel 32 Weihnachtliche Bildmotive, alle Techniken, 1.–9. Schuljahr . . . 174
Beispiel 33 Weihnachtsbilder aus drei Stilepochen, vergleichende Kunstbetrachtung, 5.–9. Schuljahr 183
Beispiel 34 Die vier apokalyptischen Reiter (Dürer), aktive Kunstbetrachtung, 3.–9. Schuljahr 191
Beispiel 35 Dürerbilder – verkitscht, Bildvergleiche, Rezeption und Verbalisation, 5.–9. Schuljahr 198

C Verzeichnis der Bildmotive (Themen) 206

D Verzeichnis der bildnerischen Techniken 207

E Sachregister 208

Vorwort

Acht Jahre sind seit dem Erscheinen der 1. Auflage meiner „Unterrichtsbeispiele zum bildnerischen Gestalten für Grund- und Hauptschule" vergangen. Das Buch hat großen Anklang bei der Lehrerschaft gefunden und ist bereits in 7. unveränderter Auflage erschienen. Viele Lehrer, die danach gearbeitet haben und in ihren Zeichenstunden Erfolg hatten, erwarten neue Beispiele. Ich hoffe nicht, daß sie nur nach Rezept verfahren sind und die am Schluß der Beispiele aufgeführten Variationsmöglichkeiten der Thematik unberücksichtigt ließen.

Von vielen Seiten bin ich gedrängt worden, einen Nachfolgeband mit neuen Anregungen zu veröffentlichen. Ehemalige Studenten werden sich bei einigen Modellen dieses Buches an frohe Stunden an der PH Bayreuth erinnern. Anderen werden sie Anstöße, Hilfen und Ermunterung geben. Eine Frage erhebt sich aber: Hat sich die Kunsterziehung in den letzten zehn Jahren nicht auch gewandelt, so daß manches überholt sein könnte? In einigen Bundesländern sind in der Zwischenzeit neue Bildungspläne erschienen, in denen sich die oft sehr extremen und kontroversen Positionen des Kunstunterrichts spiegeln. Unsere vermittelnde und auf praxisnahe Informationen ausgerichtete Einstellung hat sich jedoch trotz allem bewährt. Sie hilft vornehmlich dem Nichtfachlehrer, fachdidaktische Innovationen in bescheidenem Maße zu berücksichtigen. In letzter Zeit sind überall Annäherungen zwischen gegensätzlichen Standpunkten zu beobachten. Es zeigt sich immer mehr, daß die Einsicht in die *Bedeutung des gestaltenden Handelns* wächst und daß es nicht genügt, wenn die Schüler nur lernen, ästhetische Phänomene kritisch zu analysieren und zu reflektieren. Nach wie vor bleibt die *Schulung der sinnlichen Wahrnehmung durch Eigentätigkeit* ebenso wichtig. Nur wer über ein elementares praktisches Instrumentarium verfügt, ist in der Lage, Formen und Inhalte der Umwelt zu erfassen, zu erkennen und vor allem durch aktives Umgestalten zu verändern.

Kreativität ist Inhalt und Ergebnis eines kontinuierlichen Lernprozesses, der vor allem in der Pubertätszeit nicht unterbrochen werden darf. Gerade in dieser an Konflikten reichen Entwicklungsphase führt die Vernachlässigung unterrichtspraktischer Bewältigung zu unbefriedigenden Ergebnissen. Die Auseinandersetzung mit Kunstproblemen allein auf rationaler Ebene berücksichtigt zu wenig die Wünsche und Interessen der Schüler. Sie fühlen sich nicht wirklich selbst betroffen und werden im Grunde nur im Sinne einer bestimmten Ideologie manipuliert.

Für die Lehrer aber, die oft mit erheblichen Ausbildungslücken und Erfahrungsdefiziten unterrichten müssen, bieten weder die kargen Angaben in den Lehrplänen noch die hochdifferenzierte theoretische Fachliteratur ausreichende Hilfe. Die seit einigen Jahren zu beobachtende Rückwendung zu größerer Praxisorientierung darf aber nicht zu einem nur rein stoff- oder themenorientierten Rezeptunterricht führen. Erziehung zur Ästhetik dient letzten Endes der Entfaltung der Persönlichkeit. Sie ist nicht nur „Zierfelge an den auf Erfolgskurs getrimmten Rädern eines Bildungsoldtimers" *(E. Frister)*, auch nicht nur musisches Gegenstück zum intellektuellen Anspruch des übrigen Unterrichts. Rationalität und Emotionalität sind in der Realität des kindlichen Denkens, Fühlens und Handelns nicht voneinander zu trennen und müssen deshalb auch ungetrennt und gleichgewichtig der Selbstartikulation der jungen Menschen dienen.

Bayreuth, Herbst 1981 *Dr. Walter Böhm*

A Malen und Zeichnen im Vorschulalter

Wenn unsere Kinder in die Schule kommen, dann haben sie bereits eine der wichtigsten Phasen ihrer geistigen, seelischen und körperlichen Entwicklung durchlaufen. Jeder Lehrer sollte diese kennen, damit er darauf aufbauend das weitere Wachstum der Kinder in adäquater Weise fördern kann. Das dient nicht nur dem Wohle der Kinder, weil ihnen dadurch Frustration und Resignation vor übertriebenem Leistungsdruck erspart werden, sondern auch dem Lehrer selbst, der größere Unterrichtserfolge, weniger Disziplinschwierigkeiten und mehr Freude an seinem Beruf hat. Die Entfaltung der geistigen Fähigkeiten der Kinder, die in der Schule meist viel zu einseitig und abstrakt betrieben wird, erfolgt im Vorschulalter auf dem Wege über ein konkretes, anschauliches und eng mit emotionalen Empfindungen verbundenes, durch alle Sinneswahrnehmungen gesteuertes Denken. Die Entwicklung des begrifflichen Denkens bildet sich nur allmählich und viel langsamer als erwartet aus und ist in den ersten Grundschulklassen noch längst nicht abgeschlossen. Selbst im Leben der meisten Erwachsenen spielt neben der abstrakten, rationalen Intelligenz noch eine emotionale, durch Sinnlichkeit bestimmte Intelligenz eine entscheidende Rolle. Der Schweizer Biologe *Adolf Portmann* hat das so ausgedrückt: „Lange vor dem Denken bilden die Qualitäten des Sinneslebens die Grundlage menschlichen Verhaltens. Die fundamentalen (d. h. die grundlegenden) Werte der Weltbemächtigung werden durch die Sinnesorgane gesetzt. Die erste Formung des Geistes ist das Werk der ästhetischen Funktion." Ästhetik – richtig verstanden als aisthesis = Wahrnehmung – steht also von Anfang an gleichberechtigt neben abstrakter Theorie. Der Mensch ist auf diese Zweistimmigkeit von Körper und Geist, auf die Gleichzeitigkeit von Wahrnehmen und Nachdenken angelegt. Das Wort „Nachdenken" drückt ganz deutlich aus, wie das zu verstehen ist: Nach-Denken erfolgt zuerst „nach" etwas anderem, das vorausgegangen ist (vgl. das lateinische „re-flektieren"). Die reflektierend erkennende Leistung des menschlichen Geistes ist unlösbar im sinnlichen Bereich der Wahrnehmung verankert.

Im Vorschulalter, aber auch noch in der Grundschule, ist der enge, sinnliche Kontakt mit der Umwelt noch nicht abgerissen. Die ersten Ansätze einer geistigen Tätigkeit können darum nur dann gelingen, wenn sie unter ständigem sensorischem Kontakt mit der konkreten, anschaulichen Umwelt vor sich gehen. Das ist auch der Grund dafür, daß Tätigkeiten wie Zeichnen, Malen, Basteln und Werken, die sich auf anschaubare Weise mit den Dingen beschäftigen, bei allen Kindern ganz besonders beliebt sind. An ihnen können die ersten Entfaltungsansätze einer geistigen Tätigkeit am besten erkannt und beobachtet werden. Nicht von ungefähr gibt es psychologische Zeichentests, die uns Aufschluß über Schulreife und Intelligenzquotienten geben.

Narrenhände beschmieren Tisch und Wände

Dieser oft zitierte Satz zeigt in erschreckender Weise, wie wenig bei den Erwachsenen im allgemeinen von Wert und Bedeutung der ersten kindlichen Mal- und Zeichenversuche gehalten wird. Man betrachtet sie abwertend als sinn- und zwecklos, allenfalls lächerliche oder drollige, oft nur die Sauberkeit gefährdende Tätigkeiten und reagiert mit Verboten, Drohungen und Strafen. Erst wenn sich aus dem scheinbar absichts- und gegenstandslosen Gekritzel erste Sinnzeichen entwickeln, drängt man vorschnell auf erkennbare Darstellungen und glaubt dem Kinde weiterzuhelfen, wenn man ihm Schemata vormacht: „Punkt, Punkt, Komma, Strich, fertig ist das Mondgesicht." Die Freude des Kindes an solchen Reimen und ihren anschaulichen Ergebnissen täuscht dann darüber hinweg, daß hier eine natürliche geistige Entwicklung abrupt unterbrochen wird. Sehr schnell wird das Kind auf diese Weise lernen, daß es sich geistige Mühen sehr leicht ersparen kann, wenn es sich mit fremden Federn schmückt. Leider gibt es immer noch viel zu wenig Eltern, die das Positive an ersten Mal- und Zeichenversuchen ihrer Kinder erkennen und die es bewußt fördern durch Bereitstellen von Stiften, Kreiden, Pinseln, Farben, großflächigen Papieren oder Wandtafeln und sonstigen Bastelmaterialien im Kinderzimmer.

Die Entwicklung in der Kritzelphase

Zwischen dem 2. und 3. Lebensjahr beginnt ein normales Kind mit dem, was man gern abwertend als Kritzeln bezeichnet. Die bewegte Hand hinterläßt eine Spur, die zwar noch ohne gegenständliche Bedeutung ist, aus der aber auch später noch der Ablauf der Bewegung abgelesen werden kann. Die Bewegung, eine flüchtige Erscheinung, wird dabei fixiert. Ihre Spur wirkt auf ihren Urheber zurück. Er erkennt sich als Verursacher eines Zeichens und freut sich darüber. Vielleicht entstand die erste Spur nur zufällig. Aber bald erkennt das Kind den Kausalzusammenhang zwischen Ursache und Wirkung und wiederholt seine Tätigkeit unermüdlich immer wieder. Das Ergebnis steuert nun bereits den weiteren Prozeß. Aus dem Zufall ist Absicht geworden, und bewußte Willenskräfte sind jetzt am Werk. Allmählich verfeinern sich die Bewegungen. Aus dem Hin und Her werden Kurven nach links und nach rechts, bis es schließlich zum Kreisen im Urknäuel kommt. Dabei wird noch keine Hand bevorzugt, weil die meisten Kinder Beidhänder sind. Allmählich wird aus dem Faustgriff, bei dem die Bewegungen noch aus dem Schultergelenk kamen, ein Pfötchen- oder gar ein Fingergriff. Ellbogen-, Hand- und Fingergelenke treten in Funktion, so daß die Spuren immer differenzierter und vorsichtiger gesetzt werden. Daß der Stift bei ungestümen Bewegungen den Kontakt mit der Zeichenfläche nicht mehr verliert, hat das Kind nun längst gelernt. Wer in dieser Phase nicht auf Darstellung drängt, sondern die Bewegungsphantasie anregt und unterschiedliche Werkzeuge bereitstellt, leistet für die Entwicklung des Kindes einen nicht zu unterschätzenden Dienst. Beim Pinsel muß der Druck auf das Papier anders dosiert werden als beim Stift, eine glatte Oberfläche erfordert weniger Kraft als eine rauhe usw.

Was das Kind in dieser ersten Phase alles lernt, erleichtert ihm später den Schulanfang ganz wesentlich. Die Feinmuskulatur der Hände ist bereits entwickelt. Durch die differenzierte Motorik macht das Schreibenlernen kaum noch Schwierigkeiten. Ein Gefühl für Maße, Proportionen, Beziehungen hat sich entwickelt. Die Hand gehorcht dem Willen, und der Wille weiß, was die Hand leisten kann. Wie schwer muß der Schulanfang für ein Kind sein, das in der Schule zum erstenmal einen Stift in die Hand bekommt!

In der Kritzelphase kehren bei allen Kindern der ganzen Welt bestimmte Kritzelformen immer wieder. Man kann das leicht erklären, weil durch die bei allen Kindern gleiche Anatomie der Arme eine bestimmte begrenzte Bewegungsmöglichkeit vorgegeben ist. *Wolfgang Grözinger* hat diese Urformen genau beschrieben und gedeutet*). Sie sollten jedem Lehrer bekannt sein, weil sich aus ihnen alle späteren gegenständlichen Darstellungen ableiten lassen und weil ihre Kenntnis für die Förderung eines kindgemäßen Zeichenunterrichts von entscheidender Bedeutung ist.

1. Urkreuz: rhythmische Hin- und Herbewegung, bei der die verschiedenen geraden Strichlagen gern so geführt werden, daß sie sich kontrastierend überkreuzen.
2. Urknäuel: rhythmisch kreisende oder spiralige Bewegung der Hand um einen Mittelpunkt. Das bewußte Überkreuzen wird vermieden.
3. Zickzack: rhythmische Auf- und Abbewegung, wobei die Hand sich seitlich verschiebt.
4. Zickzackspirale: komplizierte rhythmische Bewegung, bei der Urknäuel und Zickzack miteinander kombiniert werden.
5. Kasten: aus der Richtungsunterscheidung des Urkreuzes und aus der Rotation des Urknäuels entstehen eckige, in sich geschlossene Formen.

Diese Zusammenstellung zeigt deutlich, wie durch Entwicklung der Bewegungsphantasie ein reichhaltiges abstraktes Formenarsenal entsteht. Beim Zeichnen (das Wort kommt von Ziehen, also von Spuren ziehen, Bewegungen sichtbar machen) sollte auch später, wenn es um die Darstellung bestimmter Dinge geht, niemals vergessen werden, daß Linien im Grunde Bewegungen wiedergeben. Darum hat es sich auch immer wieder bewährt, wenn die Kinder vor der Niederschrift von Formen diese erst einmal groß in der Luft – bei symmetrischen Formen auch gleichzeitig mit beiden Händen – nachfahren.

Die bewußte Herstellung solcher Verlaufgestalten ist wichtiger als das Auffassen fertiger Formen. Das meint auch der Maler *Paul Klee*, wenn er sagt, daß es in der Kunst nicht in erster Linie auf die Form-Enden ankommt, sondern auf die formenden Kräfte. Durch experimentell-spielerisches Probieren und Üben kommt das Kind zum intentional gerichteten

---

*) Wolfgang Grözinger: Kinder kritzeln, zeichnen, malen. Die Frühformen kindlichen Gestaltens. V. Prestel, München 1952

Erwerb von Feinbewegungen der Hand und der Finger. Mit ihrer routinemäßigen Beherrschung und Steuerung verfügt es im Kunstunterricht über differenzierte Ausdrucksmöglichkeiten. Anders ist es beim Malen, bei dem stets Male, d. h. Farbflecken gesetzt und gegeneinander ausgespielt werden. Seelischer und geistiger Ausdruck erfolgt hier durch bestimmte, nur den Farben eigentümliche Qualitäten. So wie später Zeichnen und Malen ganz unterschiedliche Ausdrucksmittel sind, gehört zur Vorübung im Kritzelalter auch das experimentierende „Schmieren" mit flüssigen Farben.

Der Übergang vom Kritzeln zum Zeichnen

Gelingt den Kindern im 3. und 4. Lebensjahr das „Zumachen" oder Schließen von runden oder eckigen Formen immer besser, dann gewinnt die von der Linie eingeschlossene Fläche an Interesse. Sie wird intensiver wahrgenommen, weil sie vom Grund deutlicher abgehoben ist. Die Linie verliert ihre aus der Bewegungsenergie herrührende Bedeutung und wird zur begrenzenden Kontur. Die umschlossene Form wird zuerst nachträglich und spielerisch mit einem Bedeutungsgehalt versehen. Der Kreis assoziiert Sonne, Ball, Blume, Tier, Mensch, der Kasten wird als Haus, Auto, Garten, Zimmer, Schrank usw. bezeichnet. Ein wichtiger Schritt in der geistigen Entwicklung deutet sich damit an. Zum erstenmal wird zwischen der Vorstellung von Gegenständen und den entstandenen Zeichen eine Ähnlichkeit und Beziehung entdeckt. Das Kind beginnt, sich mit dem Verhältnis von Ich und Umwelt auseinanderzusetzen und von den Dingen zu distanzieren. Die Zeichen, die es setzt, sind jetzt nicht mehr nur Ergebnisse von Funktionen seiner Hand, sondern werden zum Zeichen *für etwas anderes.* Die Zeichen erhalten Bedeutung, Sinn und Namen. Darum nennen wir sie „Sinnzeichen", die nichts mit den von anderswoher übernommenen Schemata zu tun haben.*) Das Kind steht noch lange mit ihnen in einem magischen Zusammenhang. Ähnlich muß es bei den Höhlenmenschen gewesen sein, die an die Wände Tiere zeichneten. Sie glaubten, auf diese Weise Macht über sie zu erhalten und ihr Jagdglück beschwören zu können. Als ein amerikanischer Forscher Büffel fotografierte, fürchteten die Indianer, er würde ihnen mit den Bildern die Tiere wegnehmen. Dieses magische Denken der Kinder führt auch dazu, daß sie die Abbildung des Wolfes im Märchenbuch fürchten und daß sie evtl. das Bild zerkratzen oder beim Durchblättern die Seite mit dem Wolf mit Bedacht überspringen.

Die ersten Formen, denen Kinder nachträglich Bedeutungen beimessen, sind zunächst noch recht einfach und undifferenziert. Der Erwachsene tut sich oft schwer, die vom Kind geäußerten Bezeichnungen zu verstehen, zumal diese bei gleichem oder ähnlichem Aussehen oft wechseln. Er vergißt dabei, daß das Wahrnehmungsvermögen der Kinder noch un-

---

*) Mehr über Schema und Sinnzeichen in W. Böhm „Bildnerisches Gestalten in Unterrichtsmodellen für Grund- und Hauptschule" (Prögel-Buch Band 55), S. 19 ff. Dieses grundlegende Werk wird bei nachfolgenden Hinweisen als „Handbuch 55" bezeichnet

differenziert ist und daß ihre viel lebhaftere Phantasie Fehlendes ergänzen kann. Daher kommt es auch, daß das Kind vor vielen Dingen, vor allem vor dunklen und undifferenzierten Formen, Angst hat, darin oft Geister und Gespenster sieht. Starke Gefühlserregungen erhöhen das Deutungsvermögen sowohl im negativen als auch im positiven Sinne (vgl. Goethes Ballade vom Erlkönig). Da Kinder beim Zeichnen und Malen gern sprechen oder singen (beides sind ja auch rhythmische Äußerungen), empfinden sie die Undifferenziertheit ihrer Sinnzeichen nicht wie Erwachsene. Die Sprache ergänzt, was der Zeichnung noch fehlt. Von eigentlichem Zeichnen spricht man im allgemeinen erst dann, wenn die nachträgliche Deutung eines Zeichens im Gestaltungsprozeß immer weiter nach vorn verlegt wird und ihm schließlich bereits als Plan und Absicht vorausgeht. Erst dann hat das Kind gelernt, daß es Gedachtes und Vorgestelltes auch zu Papier bringen kann. Die Entdeckung, daß seine Sinnzeichen einen Mitteilungswert haben und auch von anderen Menschen gelesen und verstanden werden können, beflügelt die Lust am Erfinden immer neuer Formen, mit denen es nicht nur das äußere Erscheinungsbild der Gegenstände wiedergeben will, sondern auch die in der Vorstellung enthaltenen Gefühle, Erlebnisse, Erfahrungen, seine Freude oder Angst, seine Konflikte und seinen Ärger und sogar seine Träume ausdrücken kann. Wie wichtig das für das seelisch-geistige Gleichgewicht ist, wird uns von Psychologen und Psychotherapeuten immer wieder vor Augen gehalten. Das gilt gerade heute, wo Kinder bei stundenlangem Fernsehkonsum die Möglichkeit haben müssen, aufgestaute Erregungen abreagieren und verarbeiten zu können. Der verständige Erwachsene wird nicht durch Abwertung, kritische Äußerungen und Vormachen störend eingreifen. Im Gegenteil: Er wird versuchen, den Mitteilungswert der Sinnzeichen zu steigern, indem er sich dumm stellt, sie absichtlich nicht oder falsch versteht und dadurch das Kind zu ihrer Differenzierung anregt. Was dabei vom Kinde zeichnerisch noch nicht wiedergegeben werden kann, wird durch begleitendes Sprechen ergänzt. Hinweise auf das „richtige" Aussehen der Dinge haben nur wenig Erfolg, weil Kinder nicht abzeichnen, sondern ihre persönliche Vorstellung realisieren. Die Zeichnung ist also nicht Abbild der Natur, sondern Abbild der inneren Vorstellung. Sie enthält einerseits weniger als das optische Erscheinungsbild, andererseits aber viel mehr, weil sie Ausdruck innerer seelischer und geistiger Zustände ist. Damit rückt schon die frühe Kinderzeichnung ganz nahe an die Kunst heran, die *Paul Klee* so definiert: „Kunst gibt nicht das Sichtbare wieder, sondern macht Unsichtbares sichtbar."

Wie Künstler über Kinderzeichnungen denken

Als um die Jahrhundertwende große moderne Künstler erkannten, daß die Kunst im 19. Jahrhundert in Historismus und Naturalismus erstarrt war, suchten sie nach Wegen, wieder zu ihrer eigentlichen Aufgabe, nämlich der Gestaltung eines geistig-seelischen Gehaltes durch eine zeitgemäße und eigenwertige Form, zurückzukehren. Sie gingen dabei sehr unterschiedlich zu Werke und schufen eine große Zahl bisher unbekannter „Ismen". Bei der Betrachtung naiver Kinderzeichnungen waren sie sich aber alle einig und entdeckten darin „die erstaunliche Tatsache, daß dort zwar noch unbeholfen und unbewußt und auch nur für die kurze Zeit der frühen Jugend etwas in Erscheinung trat, was sie im vollen Bewußtsein der wiedergefundenen bildnerischen Gesetze zum Ausdruck bringen wollten" *(Karl Hofer)*. Diese Erkenntnis, die zu dieser Zeit ja auch von Psychologen und Kunsterziehern geteilt und durch die Entdeckung und Erforschung menschlicher Frühkulturen untermauert wurde, läßt sich durch viele Zitate belegen, von denen im folgenden eine kleine Auswahl aufgeführt wird:

Oskar Kokoschka: „Alter ist nicht gleichbedeutend mit Weisheit. Als erwachsener Künstler bin ich nicht weiser als die Kinder. Wenn ich die Lektion, die sie mir erteilen, mir zu Herzen nehme, verstehe ich sogar besser, was Kunst ist."

Henri Matisse: „Man muß zeitlebens so sehen können wie man als Kind die Welt ansah, denn der Verlust dieses Sehvermögens bedeutet gleichzeitig den Verlust jeden originellen Ausdrucks."

Gerhard Marcks: „Habt ihr euch schon einmal in den Zauberkreis eines Kindes begeben? Das Kind ist der Mensch im genialen Stadium."

Marc Chagall: „Zuerst ist jedes Kind ein Genie. Beginnt die Erziehung, so bleibt bald nur das Talent. Tritt einmal der ausgebildete Mensch ins Leben hinaus, dann geht es mit der Kunst zu Ende."

Pablo Picasso: „Als Kind ist jeder ein Genie. Die Kunst ist bloß, auch später noch ein Genie zu bleiben."

Hans Richter: „Jeder Mensch trägt in seiner Jugend zunächst das Genie in sich, ehe er es durch den Druck der Gesellschaft erst mißbraucht, dann verliert und schließlich verachtet."

Paul Klee: „Es gibt nämlich Uranfänge der Kunst, wie man sie eher in ethnographischen Sammlungen findet, oder daheim in seiner Kinderstube. Lache nicht, Leser, die Kinder können es auch, und es steckt Weisheit darin, daß sie es können."

Wenn trotzdem die naive Kinderzeichnung noch keine Kunst ist, dann liegt das daran, daß es dem Kind nicht darum geht, mit vollem Bewußtsein und bestimmter Absicht eine allgemeingültige Aussage zu machen, sondern daß es sich nur ganz persönlich ausdrücken möchte.

Sprechen und erzählendes Zeichnen

Beide hängen eng miteinander zusammen. Beide entspringen dem Mitteilungstrieb. Beide bedienen sich zu diesem Zweck bestimmter Zeichen. Diese bestehen bei der Sprache aus Lauten, Wörtern und Sätzen. Es gibt aber auch wesentliche Unterschiede: Das Zeichen auf dem Papier ist fixiert und wirkt auf seinen Urheber zurück. Es bringt eine subjektive diffuse, fluktuierende und ständig wechselnde Vorstellung immer wieder zum Ausgangspunkt zurück und erzieht zur Konzentration. Das gesprochene Wort verhallt und erzeugt weder einen optischen Niederschlag noch kann es nachträglich verändert werden. Die Zeichnung aber erzeugt eine Re-Aktion, d. h. sie kann zu weiteren Handlungen aktivieren. Als neu geschaffener Gegenstand der Umwelt kann sie jetzt distanziert und objektiv-kritisch betrachtet werden. Damit beginnt die Re-Flexion, das Nach-Denken. Zeichnen wird damit zu einem sehr wichtigen Mittel für die geistige Entwicklung. Der menschliche Geist formt die Dinge, prägt ihnen seine Form auf. Die Differenzierung der Form, die im Sprachunterricht oft große Schwierigkeiten macht, erfolgt beim Zeichnen auf sinnfällige, anschauliche Weise. Auch das Anordnen mehrerer Zeichen in einer aussagekräftigen Bildordnung, die deren Beziehungen zueinander erkennen läßt, ist geistige Arbeit, die beim Sprechen etwa einer sinnvollen Satzfolge entspricht. „Ordnung ist die Lust des Geistes", hat man gesagt, und wie nötig es ist, daß Kinder sie erlernen, weiß jede Mutter und jeder Lehrer genau. Zeichnen ist aber auch ein Abstraktionsprozeß. Abstrahieren heißt Weglassen. Beim Zeichnen muß das Kind Wichtiges von Unwichtigem unterscheiden lernen, ohne daß der Mitteilungswert darunter leidet. So können bei dem Zeichen für „Baum" vieltausend Blätter, Zweige, Rinde usw. weggelassen werden, wenn das Wesentliche - Stamm und Verästelung oder Baumkrone - eine unmißverständliche Aussage enthält. Auch das ist beim Sprechen anders. Das Wort „Baum" muß das Kind vom Erwachsenen übernehmen und kann niemals eine eigene Er-

Großflächiges Malen mit Kleisterfarben im Kindergarten

findung sein, wenn es verstanden werden soll. Darum werden erste noch sehr unartikulierte, sprachliche Ausdrücke von Kleinkindern auch nur von dem verstanden, der sie vorgesprochen hat und weiß, wie unbeholfen sie vom Kinde nachgesprochen werden.

Mit Interesse und Sachverstand werden die entstandenen Werke beurteilt

Zeichnen ist ein ständiger Regelkreis. Aus der Vorstellung entsteht das Zeichen. Das Zeichen wirkt zurück und wird mit der Vorstellung verglichen. Die Diskrepanz zwischen Zeichen und Vorstellung führt zu stärkerer Artikulation. Dabei klärt sich auch eine diffuse Vorstellung, aus der eine Verbesserung des Zeichens resultiert. Dieser Prozeß ist wichtiger als das Ergebnis, weil sich dabei ein beständiger Denkprozeß abspielt. Zeichnen als Medium geistiger und seelischer Entfaltung hat expressiven Charakter, weil emotionale Komponenten noch überwiegen. Die Vorstellungen, aus denen sie entspringen, entstanden aus Wahrnehmungen aller Sinne. Nicht nur visuell-optische, sondern taktil-haptische und sensomotorische Bewegungsempfindungen, sogar Geruch und Geschmack sind daran beteiligt. Alle diese Wahrnehmungen enthalten bereits eine geistige Verarbeitung. Schon bei ihrer Speicherung im Gehirn findet eine bestimmte Auswahl statt. Viele für die frühe Kinderzeichnung charakteristische Merkmale lassen sich dadurch erklären, z. B. die Dominanz der nichtoptischen Züge, die Vorliebe für prägnante, orthoskopische, leicht überschaubare Gestalten, die starke Vereinfachung komplizierter Formen, die Vermeidung von Überschneidungen, die Flächenhaftigkeit ohne Raumtiefe, die Simultandarstellung von Raum und Zeit, die Betonung größtmöglicher Kontraste bei Richtungen, Größen und Farben, schließlich auch das bekannte Röntgenbild, bei dem es dem Kind um die Wiedergabe des wirklichen Seins und nicht des optischen Scheins geht.

Die im Anfang noch wenig differenzierten Sinnzeichen sind vieldeutig. Im Verein mit der fluktuierenden Aufmerksamkeit der Kinder können Zufallsformen schnell umgedeutet und für andere Ziele verwendet werden. Das ist ein wichtiger Faktor kreativer Phantasie, der durch genaue Vorschriften nicht unterdrückt werden sollte.

Zusammenfassung

Der Umgang des Kindes mit der Zeichnung vermittelt neue Erkenntnisse, Erlebnisse und Erfahrungen. Er beschäftigt den jungen Geist auf anschaulich-konkrete Weise und bedeutet geistigen Gewinn. Vorstellungen verändern, differenzieren, klären, bereichern sich. Die Einstellung zur Umwelt, die zunächst von Emotionalität geprägt ist, wird sachbezogener und kritischer. Zufällige Auslösefaktoren wirken anregend und stimulierend auf das weitere Verhalten. Das Abschweifen der Aufmerksamkeit wird eingeschränkt. Die Konzentration verstärkt sich. Damit wird Zeichnen zu einem geistigen Prozeß, bei dem neben der Entwicklung der Handgeschicklichkeit auch mit Hilfe bildnerischer Ordnung eine reflektierte, objektiv-distanziertere und bewußtere Einstellung zur Umwelt erworben wird. Die wichtigsten künstlerischen Gestaltungskategorien werden bereits im Vorschulalter keimhaft angelegt. Der spätere Schulunterricht kann mit Erfolg darauf aufbauen und sie weiterentwickeln. Das sind vor allem:

- Die Unterscheidung von Figur und Grund, d.h. von gemeinter und nichtgemeinter Form.
- Die Flächenbezogenheit der Formen im Streubild.
- Die Steuerung des Gestaltungsprozesses durch den ständigen Regelkreis zwischen Vorstellung und Wahrnehmung des Entstandenen.
- Die überschaubare Ordnung durch die Betonung größter Kontraste in Richtung, Größe und Farbe.
- Die Harmonisierung durch stark ausgeprägte Rhythmisierung.
- Das Wissen um die Bedeutung des Mitteilungswertes der Zeichen, wodurch visuelle Kommunikation erst möglich wird.
- Die Linie wird bereits dynamisch und als begrenzende Kontur verwendet.
- Bevorzugte Lieblingsfarben sind in der Lage, besondere seelische Zustände auszudrücken.
- Der unterschiedliche Ausdrucksgehalt offener (Urkreuz) und geschlossener Formen (Urknäuel) spielt – wenn auch noch nicht bewußt – bereits eine wichtige Rolle.

Auf eine Darstellung der weiteren Entwicklung der Sinnzeichen für Mensch, Tier, Baum, Haus usw. wird hier verzichtet, weil darauf in den nachfolgenden Unterrichtsbeispielen bei Bedarf näher eingegangen wird. Wer sich darüber ausführlicher unterrichten will, sei auf eine Auswahl einschlägiger Veröffentlichungen hingewiesen:

Literatur:

A. Dörschel: Kindliches Schaffen, psychologisch und pädagogisch gedeutet. Heidelberg 1961

W. Ebert: Zum bildnerischen Verhalten des Kindes im Vor- und Grundschulalter. Ratingen 1967

W. Grözinger: Kinder kritzeln, zeichnen, malen. München 1952

F. Hartke: Die Seele des Kindes in Zeichnung und Schrift. Ratingen 1962

G. Mohr: Kinder zeichnen so – Grundlagen zum Verständnis und zur Beurteilung von Kinderzeichnungen. Schenkenberg 1968

G. Mühle: Entwicklungspsychologie des zeichnerischen Gestaltens. München 1965

W. Neuhaus: Der Aufbau der geistigen Welt des Kindes. München 1962

H. Meyers: Stilkunde der naiven Kunst. Frankfurt 1960

K. Staguhn: Kunsterziehung im Vorschulalter. In: W. Corell: Lernen und Lehren im Vorschulalter. Donauwörth 1970

F. Steidle: Wie Kinder gerne malen. München 1965

R. Seitz: Zeichnen und Malen mit Kindern vom Kritzelalter bis zum 7. Lebensjahr. München 1968

Abb. 1 Jesus mit seinen Jüngern beim Abendmahl, Mädchen 2. Schj.

Abb. 2 Gefangennnahme Jesu im Garten Gethsemane, Mädchen 4. Schj.

B 35 Unterrichtsbeispiele für Grund- und Hauptschule

Beispiel 1

Thema: *Religiöse Bildmotive*

Technik: *Malen mit Wasserfarben, Transparent*

Bildproblem: *Die Farbe als Ausdrucksmittel*

Altersstufe: *1.–4. Schuljahr*

A. Didaktische Analyse

1. Information über die Sachstruktur

Zwischen Religion und Kunst hat es zu allen Zeiten und bei allen Völkern enge Beziehungen gegeben. Es gibt keine Hochkultur, in der nicht Tempel, Götterbilder, Altäre und religiöse Szenen zu den wichtigsten Anlässen künstlerischer Betätigung zählen. Im Abendland wurde vor allem die gesamte Kunst des Mittelalters durch den christlichen Glauben und die Motive der Heilsgeschichte geprägt. Das gilt auch noch für die Renaissance und das Barock. Wenn sich in der Folgezeit diese Bindung allmählich lockerte und die Kunst sich unter rein ästhetischen Antrieben verselbständigte, so ist die Verbindung doch nie abgerissen, auch nicht in unserer Zeit, in der sich die Kunst vom bloßen Abbild weg dem Sinnbild zugewandt hat.

Religion ist *Ergriffensein* von der Wirklichkeit des Heiligen. Obwohl religiöses Erleben nicht mit dem Erkennen der Wahrheit (Philosophie) oder mit dem Erfassen ästhetischer Werte (Kunst) gleichgesetzt werden kann, ist doch dieses tiefe Ergriffensein immer wieder Ursache und Antrieb gewesen, Unsichtbares in sichtbaren Formen darzustellen. Kunst ist die Gestaltung seelisch-geistiger Gehalte und wird niemals an dem Gefühl der existenziellen Abhängigkeit des Menschen von Gott vorbeigehen können, wenn sie tief und echt sein will.

2. Bildungsgehalt und Einstellung des Kindes

Das Wort „Religion" (von religari = Gebundensein an Gott) bedeutet, daß jede Kreatur in ihrem Streben nach Freiheit letzten Endes doch an eine Grenze stößt, die aus eigener Kraft nicht zu überwinden ist. Das Gefühl dieses Ausgeliefertseins, das bei vielen Menschen zu Pessimismus oder zu Verdrängungen und allerlei Versuchen von Betäubungen führt, kann

---

Abb. 7 Mit dem Auto in den Urlaub, Mädchen 2. Schj.; zu Beispiel 2, S. 26

Abb. 8 Im Hubschrauber über meine Heimat, Mädchen 8. Schj.; zu Beispiel 2, S. 27

den Gläubigen aber auch Halt und Geborgenheit geben. Es äußert sich dann in Hingabe und Verehrung, erhebt aus dem Alltag und beseligt zugleich.

Schon Kinder, und gerade sie wegen ihrer magischen Einstellung, können sehr tief im religiösen Bereich verwurzelt sein und aus echtem Ergriffensein heraus überzeugende bildnerische Gestaltungen hervorbringen. Die Hingabe an das Heilige erfaßt den ganzen Menschen. Für Kinder in frühen Jahren ist das Gefühl, von andern abhängig zu sein, nichts Ungewöhnliches. Sie bejahen diese Bindung, weil sie ihnen Sicherheit gibt und viele Schwierigkeiten erspart. In naiver Unbekümmertheit haben sie oft auch keine Bedenken bei der Absicht, das Heilige für eigene, profane Zwecke nutzbar zu machen. Ihre Phantasie erhält bei der Erzählung biblischer Geschichten reiche Nahrung, und ihr Interesse ist vor allem, ähnlich wie bei Märchen und Sagen, auf den geschilderten Inhalt gerichtet. Die einfache und bildhafte Sprache der Bibel ist leicht verständlich. Ihre Erzählungen sind so einprägsam, daß sie auch im Gedächtnis der Erwachsenen zeitlebens lebendig bleiben.

B. Methodische Hinweise zur Durchführung

1. Grundschule

Altes und Neues Testament, die Legenden von Heiligen, aber auch das eigene kirchliche Leben bilden eine Fülle von bildträchtigen Motiven, die den inhaltlichen Interessen der Grundschüler entgegenkommen. Bei unseren Abbildungen (Abb.1: Mädchen, 2. Schuljahr, und Abb. 2: Mädchen, 4. Schuljahr, Seite 17) wurde auf großen Formaten gleich mit dicken Pinseln und Wasserfarbe gearbeitet. Die Farbe erscheint uns für diese Thematik das geeignetste Verwirklichungsmittel zu sein, weil bei ihr unbewußt emotionales Engagement am leichtesten seinen Ausdruck finden kann. Dicke Borstenpinsel sind nötig, damit von Anfang an die größere Farbfläche wirkt und kritische Überlegungen bezüglich der Richtigkeit von Linien und Formen zurückgedrängt werden.

Das Abendmahl (Abb. 1) zeigt eine reife Lösung des schwierigen Problems, 12 Personen um einen Tisch zu gruppieren. Das Mädchen setzt Jesus in der hellsten Farbe (mit Weiß aufgehelltes Gelb) und einem Heiligenschein in die Bildmitte. Die Apostel erhielten die Lieblingsfarben des Mädchens bis auf den Verräter Judas, der sich mit einem schmutzigen Grau begnügen muß. Die schwierige Raumordnung führt in der Grundschule, vor allem bei runden Tischen zu Lösungen, bei denen die Figuren oft senkrecht auf der Tischkante stehend, also umgeklappt erscheinen. Das sollte nicht als Fehler moniert werden, weil sich nur zeigt, wie die Kinder aus dem Bedürfnis nach einer unmißverständlichen Aussage Bodenstrich- und Überschaubild miteinander verbinden. Erst allmählich wird es im Laufe der Entwicklung gelingen, alle Personen gleichzeitig und einheitlich in eine senkrechte Anordnung zu bringen. In unserem Beispiel gelang es sogar schon, die vorderen drei Apostel so vor den Tisch zu setzen, daß sie die Tischkante überschneiden.

Auch bei unserem zweiten Beispiel (Abb. 2, Gefangennahme Jesu) werden die Farben zum wichtigsten Ausdrucksmittel. Jesus steht gefesselt und mit der Lieblingsfarbe ausgemalt in der Mitte des Bildes. Der Verräter Judas (grau und schmutziges Blau) zeigt auf Jesus. Die 30 Silberlinge trägt er in einem Beutel in der anderen Hand. Links ist ein römischer Kriegsknecht dabei, Jesus abzuführen. Petrus aber, vom linken Bildrand überschnitten, hat sein Schwert erhoben, um dem Soldaten ein Ohr abzuschlagen. Er nimmt Partei für seinen Herrn und erhält deshalb ein Kleid aus Rotorange. Auf diese Weise wird mit Hilfe der Farben klar, worauf es ankommt: Warm steht gegen Kalt, Klar gegen Trüb, Hell gegen Dunkel. Im Hintergrund sieht man stellvertretend für den Garten Gethsemane einen Baum, rechts erscheinen durch einen Torbogen die Häuser von Jerusalem.

Auch bei der Abb. 3 (Mädchen, 2. Schuljahr) darf man sich nicht an einfachen Formen und falschen Proportionen stoßen. Worauf es ankommt, ist deutlich und eindrucksvoll beschrieben: Jesus wäscht dem Petrus die Füße. Als Hauptperson ist er größer als Petrus. Er hat sich hingekniet und eine Schürze umgebunden. Petrus aber erschrickt und hebt abwehrend die Hände, weil sich sein Herr vor ihm so erniedrigt.

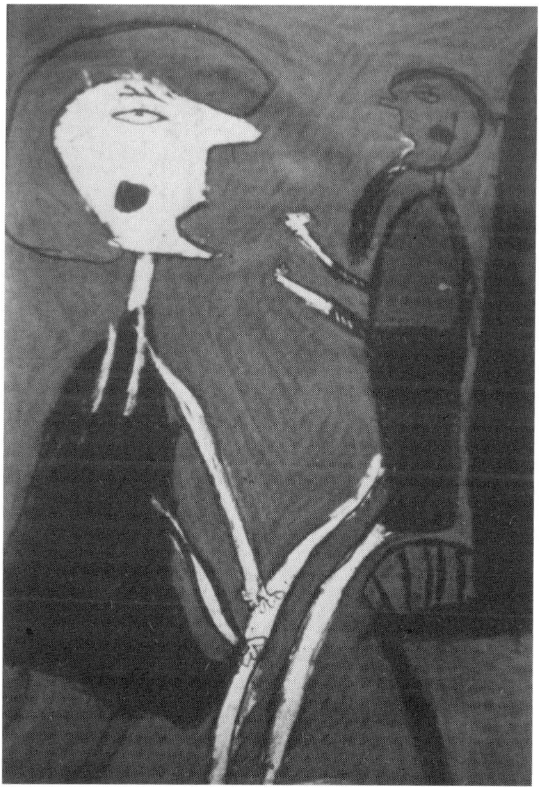

Abb. 3 Jesus wäscht Petrus die Füße, Mädchen 2. Schj.

Beispiel 1

2. Hauptschule

Wenn in der Hauptschule das inhaltliche Interesse an religiösen Motiven nachläßt, dann bietet sich die Gelegenheit, mehr auf fachspezifische formale Probleme und ihren Zusammenhang mit den dargestellten Inhalten hinzuweisen. Dafür sind vor allem frühe Wandgemälde und Buchmalereien aus romanischer Zeit wegen ihrer Nähe zur kindlichen Formauffassung geeignet. Die Kunstbetrachtung an Hand von Lichtbildern, auch im Rahmen besonderer Feierstunden (mit Liedern, Gedichten und Lesungen), sollte an unseren Schulen viel häufiger praktiziert werden, damit die Kinder lernen, daß sich der geistige Gehalt eines Bildes nur langsam und nur unter aktivem Einsatz des Betrachters erschließt (vgl. dazu die Beispiele 33, 34 und 35).

Abb. 4 Lebensweg Jesu von der Geburt bis zur Himmelfahrt, Gemeinschaftsarbeit 6. Schj.

Die Abb. 4 zeigt eine 70 × 100 cm große Gemeinschaftsarbeit aus einem 6. Schuljahr. Sie wurde als Fensterschmuck für eine religiöse Feierstunde aus farbigem Transparentpapier gefertigt und stellt in einzelnen Szenen den Lebensweg Jesu von der Geburt bis zur Himmelfahrt dar.

3. Vorschläge für weitere Themen

Altes Testament: Paradiesgarten, Sintflut, Turmbau zu Babel, Tanz um das Goldene Kalb, Moses und die Zehn Gebote, Wasser aus dem Felsen, David vor Saul, David und Goliath, der gute Hirte, die drei Männer im Feuerofen, Belsazars Gastmahl, Daniel in der Löwengrube, Jonas im Walfisch usw.

Neues Testament: Geburt Christi, die Weisen aus Morgenland, Flucht nach Ägypten, 12jähriger Jesus im Tempel, Taufe im Jordan, die Wunder Jesu, Einzug in Jerusalem, Jesus vor Pilatus, Kreuzigung usw.

Weitere Themen: Fronleichnamsprozession, Kreuzwegstationen, Franziskus predigt den Tieren, die Heiligen Martin, Nikolaus, Eustachius, Christophorus, Elisabeth usw.

Vgl. auch die Unterrichtsmodelle im Handbuch 55, Beispiel 12: Sankt Martin und der Bettler, 40/41: Christophorus, 64: Heilige Drei Könige.

Beispiel 2

Thema: *Fahren und Fliegen, Urlaubsreise*

Technik: *Malen mit Deckfarben*

Bildproblem: *Figur und Grund*

Altersstufe: *1.–9. Schuljahr*

A. Didaktische Analyse

1. Information über die Sachstruktur

Auto und Flugzeug sind aus unserer heutigen Wohlstands- und Freizeitgesellschaft nicht mehr wegzudenken. Daran hat bisher auch die Ölkrise nicht viel ändern können. Am Beispiel des Fahrens wird besonders deutlich, wie durch die stürmische Entwicklung der Technik eine fundamentale gesellschaftliche Revolution stattgefunden hat. Immer lauter werden die kritischen Stimmen, die vor einer weiteren Entwicklung und den Folgen dieses sogenannten „Fortschritts" warnen.

Man kann sich heute kaum noch vorstellen, daß *Dürer* zu Fuß von Nürnberg nach Venedig gewandert ist und allenfalls einmal auf kurzen Strecken ein Reitpferd benutzt hat; oder daß *Goethe* mit Pferd und Wagen auf seiner Reise nach Italien wochenlang unterwegs war. Heute ist ein Italienurlaub für viele zur Selbstverständlichkeit geworden. Trotz verstopfter Autobahnen und ausgebuchter Flugreisen sind viele Menschen kaum davon abzuhalten, auch schon bei wenigen Urlaubstagen weite Reisen zu unternehmen. Verlockend aufgemachte Prospekte wecken das Interesse für immer entfernter liegende Länder.

Von Generation zu Generation hat sich das Fahren gewandelt. War für den Großvater die Fortbewegung mit Pferd und Wagen noch ein besonderes Erlebnis, so lernte der Vater schon das Fahrradfahren. Der Sohn verzichtete bereits auf die eigene Muskelkraft und benutzte zuerst die Eisenbahn, später Motorrad und Auto. Für den Enkel aber ist das Flugzeug zu einem selbstverständlichen Verkehrsmittel geworden. Die Faszination, die von einer mühelosen Fortbewegung ausgeht, die Möglichkeit einer schnellen und bequemen Befriedigung des Fernwehs, die leicht zu bewerkstelligende Flucht aus dem grauen Alltag – all das, um das sich in unseren Familien die Gespräche, die Wünsche, die Sehnsüchte, die Anschaffungen und Vorbereitungen drehen, bleibt natürlich nicht ohne Einfluß auf unsere Kinder. Das Thema „Urlaubsreise" wird deshalb auch in allen Altersstufen großen Anklang finden.

2. Kennzeichnung des Bildungsgehaltes

Am Thema „Fahren und Fliegen" lassen sich viele fachspezifische Unterrichtsziele erarbeiten. So können z. B. im gestaltklärenden Zeichnen die verschiedenen Formen von Fahrzeugen und Flugzeugen untersucht und einfache Schemata differenziert werden. Die Palette grafischer Ausdrucksmittel kann vergrößert werden. Durch Erfinden unterschiedlicher Strukturen lassen sich Hell-Dunkel-Wirkungen erzeugen (Abb. 5). In

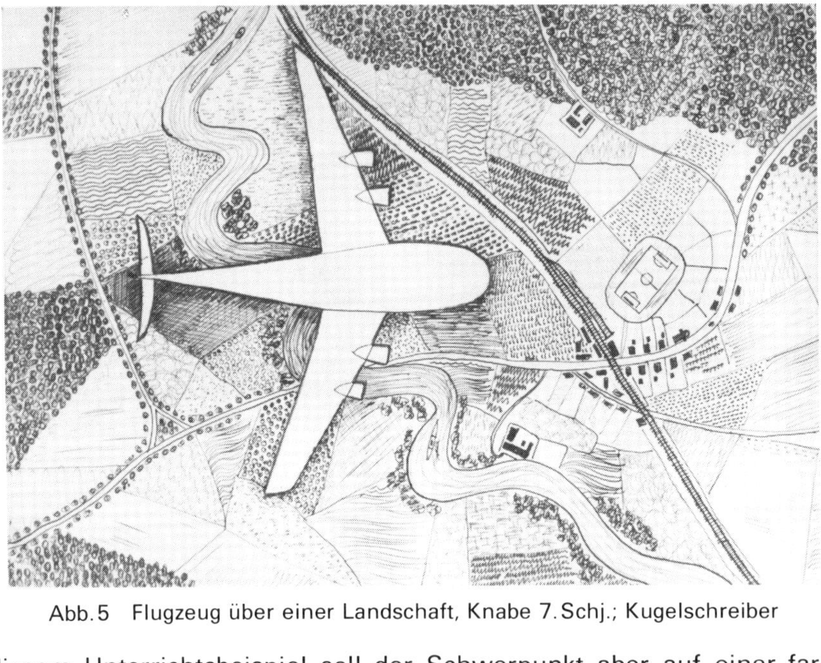

Abb. 5 Flugzeug über einer Landschaft, Knabe 7. Schj.; Kugelschreiber

diesem Unterrichtsbeispiel soll der Schwerpunkt aber auf einer farbwertigen Gestaltung liegen. Das Thema „Urlaub" ist so stark emotionsgeladen, daß die Farbe wohl das adäquateste Ausdrucksmittel ist. Das Thema umfaßt nicht nur die Mittel der Fortbewegung, sondern auch den durch die Urlaubsreise erweiterten Gesichtskreis, das fremde Land, die Überschaubarkeit der Erde von oben. Damit bietet sich die bildnerische Behandlung des Figur-Grund-Bezuges von selbst an.

3. Stellung des Kindes zum Unterrichtsziel

Pferd und Wagen gehörten früher zu den beliebtesten Spielsachen der Kinder. Auch das Schaukelpferd ist längst durch Dreirad, Roller und Go-Kart ersetzt worden. Kleine Auto- und Flugzeugmodelle in größerer Zahl fehlen heute in keinem Kinderzimmer. Für viele Großstadtkinder sind Pferde zu Tieren geworden, die man nur noch im Zoo oder Zirkus betrachten kann. Als vor etwa einem halben Jahrhundert Psychologen und Kunstpädagogen damit begannen, die freie Kinderzeichnung und ihre Entwicklung genauer zu untersuchen, war technisches Spielzeug noch selten. Darum gibt es auch kaum Untersuchungen über die kindliche Darstellung von Autos und Flugzeugen. Es wäre sicher sehr interessant, das heute einmal nachzuholen. Am Beispiel „Pferd und Wagen" soll gezeigt werden, wie sich die Einstellung der Kunsterzieher im Laufe der Zeit wandeln kann. Daraus lassen sich auch Schlußfolgerungen für die Darstellung von „Auto und Flugzeug" ziehen.

Vor etwa 20 Jahren wurde die Zeichnung eines Knaben (3. Schuljahr, Abb. 6) als mißglücktes Ergebnis einer ausführlichen thematischen Vor-

Abb. 6 Pferdefuhrwerk, Knabe 3. oder 4. Schj.; vgl. dazu in Beispiel 11, S. 68

besprechung veröffentlicht.*) Die Kritik richtete sich vor allem auf die ungenügende räumliche Darstellung des Wagens, dem durch den ständigen Wechsel der Betrachtungsstandpunkte eine einheitliche optische Erscheinungstreue fehle. Der Wagenboden wird von oben, die Wagen-

*) *Julius Dettmar:* Das Zeichnen an der Volksschule, o. J., S. 69

bretter von der Seite, die haltenden Stangen von hinten, die Räder von der Seite, die Achsen von oben gesehen dargestellt. Daraus wird auf die Ratlosigkeit des Kindes geschlossen, das sich nur zwiespältig und gequält mit der Aufgabe befaßte und wegen der fehlenden optischen Kontrolle zu keiner befriedigenden Lösung gelangte. Was bei dieser Beurteilung der Zeichnung ganz unberücksichtigt bleibt, ist das gefühlsmäßige Engagement des Schülers für dieses Thema und die erstaunliche gedankliche Auseinandersetzung mit der technischen Konstruktion des Wagens.

Zehn Jahre später wird dieselbe Zeichnung (diesmal als Arbeit eines Knaben des 4. Schuljahres) als hervorragendes Beispiel einer geistigen Auseinandersetzung analysiert.*) Der Vorgang des mühelosen Fahrens auf erhöhtem Sitz wird als ein für Kinder bedeutsames und packendes Erlebnis berücksichtigt. Emotionale Regungen gehen mit einer auf bewußtere Distanzierung gerichteten Einstellung Hand in Hand. Wecken die Zugtiere als Lebewesen vorwiegend von Sympathie, Mitleid oder Tierliebe bestimmte Gefühle, so sind das beim Wagen mehr technische Details, die auf höherer Bewußtseinsebene durchdacht werden. Die bildnerische Darstellung zeigt eine in echten Kinderzeichnungen immer wieder verblüffende einfache Lösung schwieriger Raumprobleme. Körperhaftes und Räumliches wird durch Abstraktion, Umklappung und ständigen Wechsel der Ansichtsseite in die Fläche gebracht. Trotz additiver Arbeitsweise und trotz des Festhaltens an einer strengen statischen und rechtwinkligen Bildordnung ist es dem Kinde gelungen, für das Erlebnis des Fahrens einen überzeugenden, lebendigen Ausdruck zu finden. (Vgl. auch das Beispiel 11 „Verändern einer Zeichnung", bei dem in Abbildungen gezeigt wird, wie diese Kinderzeichnung in andere Bildtechniken übertragen wurde.)

B. Methodische Hinweise zur Durchführung

1. Wir fahren in den Urlaub (Abb. 7, Seite 18, 2. Schuljahr)

Die Vorfreude auf die Ferienreise beflügelt die Gestaltungskraft der Kinder. Noch wissen sie nichts von der langen, ermüdenden Fahrt. Das Auto erfüllt alle Wünsche und bekommt die Lieblingsfarbe Rot. Hochbepackt mit Koffern und Taschen füllt es das Bildformat. Natürlich muß man deutlich sehen können, wer darin sitzt. Grüne Landschaft und blauer Himmel gehören dazu und kontrastieren mit dem roten Auto. Alles wird gleich mit einem dicken Pinsel aufgemalt, damit die Farben wirken können. Keine Stelle des Blattes bleibt weiß. Die Farben steigern sich gegenseitig in ihrer Wirkung. Das gibt einen starken, fröhlichen Klang, wie er dem Thema angemessen ist. Die Urlaubsziele, die den Kindern dabei vorschweben, sind verschieden. Wer will, darf sie auch in das Bild hineinschreiben: „Ich träume von Italien", „Ich möchte den Ätna in Sizilien sehen", „Wenn ich groß bin, fahre ich nach England".

---

*) *Kurt Staguhn:* Didaktik der Kunsterziehung, 1967, S. 165

2. Im Flugzeug über die Erde (Abb. 8, Seite 18, 6. Schuljahr)

Nicht das Großraumflugzeug, mit dem man als Massenmensch in großen Höhen über den Wolken transportiert wird und kaum etwas sehen kann, sondern der kleine Hubschrauber interessiert die Kinder. Der fliegt langsam und niedrig, so daß die Landschaft gemächlich unten vorbeizieht. Die Kinder kennen das aus dem Fernsehen. Es fasziniert sie, weil da unten alles so klein und überschaubar daliegt wie eine Spielzeugwelt. Sie können sich mit dem Piloten identifizieren und sich groß und erhaben fühlen wie Gulliver bei den Liliputanern.

Begonnen wird diesmal mit der Landschaft. Flüsse, Straßen, Schienenstränge teilen das Blatt zuerst groß auf. Es folgen kleinere Parzellen für Siedlungen, Wälder, Wiesen, Teiche und verschieden bestellte Felder. Auch hier entsteht ein Farbklang, vorwiegend aus Grün- und Brauntönen, die vielfältig abgestuft und strukturiert werden sollen. Hie und da eingestreute rote Dächer sorgen für eine kontrastierende Belebung. Der Hubschrauber gleitet zuletzt nur als schwarzer Schatten über die Landschaft.

3. Thematische Variationen

Schiffsreise, am Flughafen, an der Tankstelle, Campingplatz mit Zelten, Wohnwagenanhänger, an der Zollstation, Picknick auf dem Rastplatz, im Autostau, Karambolage, mit dem Auto am Strand, auf der Autofähre, Omnibushaltestelle, Schulbus, Schulausflug, Traktor auf dem Feld, Heu wird eingefahren, Holzabfuhr im Wald usw.

Beispiel 3

Thema: *Kaufladen*

Technik: *Alle bildnerischen Techniken*

Bildproblem: *Komposition durch Staffelung und Überschneidung*

Altersstufe: *1.–9. Schuljahr*

A. Didaktische Analyse

1. Information über die Sachstruktur

In einer Zeit, in der die kleinen Geschäfte immer mehr von großen Supermärkten und Einkaufszentren verdrängt werden, sehnen sich viele Leute nach den gemütlichen alten „Tante-Emma-Läden" zurück, die leicht und schnell erreichbar an der nächsten Straßenecke lagen und in denen man noch eine ganz persönliche Bedienung erhalten konnte. Das Einkaufen des täglichen Bedarfs war mit der Möglichkeit mitmenschlicher Kommunikation verbunden. Im kleinen Laden traf man Bekannte und Nachbarn, konnte ein bißchen plaudern, erfuhr allerlei Neuigkeiten, auch wenn man eigentlich nur eine Kleinigkeit einkaufen wollte. Es war so ähnlich wie früher, als sich die Frauen beim Wasserholen am Brunnen zu einem kleinen Plausch trafen. Auch die Kinder waren gern bereit, bei der „Tante Emma" kleine Besorgungen zu machen. Dort waren sie bekannt, wurden beim Namen genannt und bekamen beim Bäcker ein Plätzchen, beim Metzger eine Scheibe Wurst oder beim Kaufmann einen Bonbon geschenkt. Sicher ist es nicht nur Nostalgie, wenn man beim modernen Großeinkauf solche persönlichen Kontakte vermißt.

2. Kennzeichnung des Bildungsgehaltes

Der alte Laden mit seiner Theke und den dahinter bis zur Decke reichenden Regalen ist ein ausgezeichnetes Bildmotiv, Kinder schon in der Grundschule zu einer guten flächenfüllenden Komposition zu führen. Bei ihr müssen die neben den agierenden Personen freibleibenden Bildräume, die sonst als „nichtgemeint" unbeachtet bleiben, sinnvoll gefüllt werden. Die klare Gliederung der Anordnung in mehreren waagerechten Bodenstrichen (Fußboden, Theke, Regalböden, Decke) erleichtert den Kindern die Raumdarstellung, ohne daß schwierige Tiefenschrägen und Verkürzungen nötig sind. Das Hintereinander der Personen und Dinge kann durch einfache Staffelung, Überschneidung und Verdeckung wiedergegeben werden.

3. Stellung des Kindes zum Unterrichtsziel

Der Kaufladen als Spielzeug für Mädchen hat auch heute noch nichts von seiner Beliebtheit eingebüßt. Und wenn es da etwas zu naschen gibt, sind auch die Knaben gern bereit mitzuspielen. Es bedarf keiner umständlichen Erklärungen, Besprechungen und Einstimmungen, um die Kinder für dieses Thema zu motivieren, weil es ihnen bekannt und vertraut ist. Die Hintereinanderstaffelung der einzelnen Bildebenen muß vielleicht in den ersten beiden Klassen einmal mit Tischen demonstriert werden, die vor die Wandtafel gerückt werden. In diesem Alter gibt es bei einigen Kindern noch Röntgenbilder, weil ihnen die Darstellung ganzer Gestalten wichtiger ist als das Verdeckt- und Nichtsichtbarsein.

B. Methodische Hinweise zur Durchführung

1. Bildprobleme

Die streubildmäßige Anordnung der Bildgegenstände wird bei Schuleintritt von den meisten Kindern überwunden sein. Meist wird jetzt alles auf einen Bodenstrich aufgereiht. Das führt aber oft dazu, daß die Dinge zu klein geraten, weil das Kind möglichst viel auf seinem Erdboden unterbringen will. Die obere Bildhälfte zeigt dann eine gähnende Leere. Zu kleine Figuren füllen auch dann das Format schlecht aus, wenn sie streubildartig oder auf mehrere Bodenstriche übereinandergesetzt werden. Die Abb. 9 zeigt bei A, B und C drei Arbeiten desselben Mädchens in drei verschiedenen Schuljahren. Während von A nach B kein Fortschritt zu verzeichnen ist, wird bei C durch thematische Beschränkung, durch Größerzeichnen und vor allem durch Überschneidungen eine befriedigende Komposition erreicht. Das hätte auch schon viel früher sein können (wie D

Abb. 9 Kirchweihbuden, Mädchen 5., 6., 7. Schj.; Knabe 5. Schj.

Abb. 10 Spielzeugstand, Knabe 1. Schj.; Collage und Wachsstifte

aus einem 5. Schuljahr zeigt), wenn das Mädchen rechtzeitig geführt und sich nicht selber überlassen geblieben wäre. Wählt man für die Ausführung eine andere Technik, z. B. die Collage aus Einzelteilen, die aus Versandhauskatalogen ausgeschnitten wurden, dann läßt sich das Problem einer befriedigenden Anordnung viel leichter lösen, weil sich die Aufmerksamkeit der Kinder nicht auf die Darstellung einzelner Details richten muß (Abb. 10, Knabe, 1. Schuljahr).

2. Bildnerische Techniken

Das Thema Kaufladen eignet sich für alle bildnerischen Techniken. Außer dem üblichen Vorzeichnen mit anschließendem Ausmalen und dem oben erwähnten Collagieren sollen hier noch Absprengtechnik und Linolschnitt mit Beispielen belegt werden. Die Abb. 11 zeigt den Gemüsestand eines Mädchens des 8. Schuljahres, das schon über einige Erfahrungen mit diesem Reserveverfahren verfügte. Eine Bleistiftzeichnung wurde mit Deckweiß nachgearbeitet, nach dem Trocknen mit Tusche abgedeckt und nach einem weiteren Trocknungsprozeß abgewaschen. Erfolgt die Abdeckung mit einem Deckweiß, dem noch andere Farben beigemischt wurden, dann entsteht bei vorsichtigem Abwaschen auch eine farbige Absprengarbeit. (Ausführliche Beschreibung der Technik im Handbuch 55, S. 158.)

Abb. 11 Gemüsestand, Mädchen 8. Schj.; Absprengtechnik

Abb. 12 Metzgerladen, Knabe 9. Schj.; Linolschnitt

Die Abb. 12 zeigt einen Linolschnitt aus der Hauptschule. Wird die Linolplatte schwarz auf dünnes, auch farbiges Seidenpapier abgedruckt, dann können die Abzüge als Leuchtbilder am Fenster aufgehängt werden, wenn sie einen stabilen Rahmen aus stärkerem Karton bekommen. Sie lassen sich aber auch nachträglich mit Wasserfarben kolorieren.

3. Bildthemen

Für das Motiv des Kaufladens gibt es eine Fülle von Variationsmöglichkeiten: Metzgerei, Bäckerei, Kolonialwarengeschäft, Drogerie, Apotheke, Blumenladen, Uhrengeschäft, Spielzeugladen, Bücherei, Antiquitätenladen, Parfümerie, Teppichhändler, orientalischer Basar.

Aber auch allerlei Verkaufsstände für Gemüse, Obst, Eis, Töpferwaren, Christbaumschmuck, warme Würstchen, politische Agitation usw. sind mögliche Themen (Christkindlesmarkt, Jahrmarkt, Schießbude usw.).

Beispiel 4

Thema: *Die Bremer Stadtmusikanten*

Technik: *Zeichnung, Frottage, Linolschnitt*

Bildproblem: *Differenzierung der Tierdarstellung*

Altersstufe: *1.–9. Schuljahr*

A. Didaktische Analyse

1. Information über die Sachstruktur

Die Tierdarstellung im Kunstunterricht verliert mit zunehmendem Alter immer mehr an Beliebtheit. In der Grundschule, in der die Differenzierung der Wahrnehmung noch gering ist, können sich die Kinder noch mit einfachen Simplifikationen zufrieden geben. Die emotionale Zuwendung zu Tieren aller Art ist stärker als eine kritische, auf formale Richtigkeit bedachte Einstellung. Im Märchenalter werden Tiere vielfach noch vermenschlicht und sind Träger eigener Gedanken, Wünsche und Erlebnisse. Die Hauptschüler kapitulieren meistens vor der großen Vielfalt möglicher Tierformen. Viele Lehrer verzichten deshalb gern auf entsprechende Themen und berufen sich darauf, daß es nicht Aufgabe der Kunst sei, die Natur zu imitieren. Das stimmt zwar, doch liegt hier ein weit verbreiteter Irrtum vor: Der Künstler versucht, Naturformen zu vereinfachen, um das ihnen zugrundeliegende Bildungsgesetz mit größerer Überzeugungskraft zum Ausdruck zu bringen. Ihm geht es um Weglassen von Zufälligkeiten und um Verformung vorhandener Gestaltmerkmale zum Zwecke einer Erhöhung des Bedeutungsgehaltes. Geistiges soll sichtbar, lebendige Dynamik soll gesteigert werden. Die Kunst gibt weniger als die Natur, aber mehr an grundsätzlicher Bedeutung. Damit steht das Werk vieler Künstler der frühen Kinderzeichnung scheinbar näher, entspringt aber aus ganz anderen Antrieben.

Kinder dagegen streben vom einfachen Gestaltschema zur Differenzierung. Sie wollen sich der Natur annähern und betrachten naturalistische Darstellungen als höchstes Ziel. Hilft man ihnen dabei, diesem Ziel näherzukommen, dann ist zwar eine wichtige Voraussetzung des Kunstunterrichts erfüllt. Seine Hauptaufgabe beginnt aber erst dann, wenn die differenzierte Form, die sich relativ stark der Wirklichkeit annähert, jetzt, auf ihren wesentlichen Gehalt reduziert, in ein zusammenhängendes System von ungebrochener künstlerischer Einheit gebracht wird.

2. Kennzeichnung des Bildungsgehaltes

Am Beispiel der Bremer Stadtmusikanten soll gezeigt werden, wie die vier Tierformen auf kindgemäße Weise differenziert werden können. Die Ausführung des Themas in der Hauptschule in verschiedenen Techniken wird danach nicht mehr an der Formwiedergabe scheitern und gibt die Möglichkeit, bildnerische Gesamtzusammenhänge ins Auge zu fassen.

3. Stellung des Kindes zum Unterrichtsziel

Die Abb. 13 eines Kindes im 1. Schuljahr zeigt in etwa den Formbestand, mit dem der Lehrer rechnen kann: Die Tiere wurden sehr klein am unteren Blattrand aufgereiht. Hahn und Hund (Dackel!) zeigen einige Differenzierung, weil sie dem Kind bekannt waren. Der Esel ist noch ein formloser Fleck mit großen Ohren. Unter ihm ist Stroh, über ihm ein Fenster angedeutet, was bedeuten soll: Er schläft v o r dem Haus auf dem Misthaufen. Die anderen Tiere haben ihren Platz neben den im Märchen angegebenen Stellen: unter dem Tisch, am Ofen, hinter der Tür. Die Bildsprache wird durch Beifügung der neu gelernten Schrift ergänzt. Die Tiere schlafen nach ihrem abenteuerlichen Sprung jetzt im Räuberhaus, das den Bildrahmen abgibt. Dem Bodenstrich unten entspricht das Dach oben mit den darüberstehenden Sternen, mit Sonne und Mond. Das ganze Bild enthält eine ausführliche Aufzählung und zeugt von geistiger Arbeit, wenn es auch bildnerisch wenig befriedigen kann.

Abb. 13 Bremer Stadtmusikanten im Räuberhaus, Mädchen 1. Schj.

Abb. 14 Bremer Stadtmusikanten unterwegs, Knabe 2. Schj.

Die Abb. 14 stammt aus einem 2. Schuljahr. Der Gesamteindruck ist viel besser geworden, weil das Kind jetzt sicher die ganze Bildfläche grafisch belebt. Diesmal ist eine andere Phase des Märchens dargestellt. Aber die Differenzierung der Tierformen stagniert. Trotzdem steckt auch in diesem Bilde wieder viel gedankliche Arbeit. Da kommen die vier Tiere zunächst auf dem Bodenstrich von rechts heranmarschiert. Der Esel steht schon vor dem Räuberhaus. Die drei anderen Tiere brauchen sich nur noch auf seinen Rücken zu stellen. Und dann macht die Pyramide einen großen Satz in die Luft und fällt von oben auf das Haus herunter. Die überraschten Räuber flüchten so schnell sie können. Einige sitzen bereits sicher in den Baumkronen, andere klettern noch mühsam an den Ästen nach oben. Neu an dieser Darstellung ist, daß das Kind einen Geschehensablauf in vier verschiedenen Phasen im gleichen Bilde festhält. Das ist ähnlich wie beim Film. Vielleicht haben hier auch comicartige Bildfolgen eingewirkt (über Comics vgl. Beispiel 31). Jedenfalls ist für das Kind die Dramatik der Handlung die Hauptsache. Daß darüber die Differenzierung der einzelnen Tierformen leidet, stört hier kaum. Sie stehen alle in starrer Waagerecht-Senkrecht-Haltung da und unterscheiden sich kaum voneinander.

B. Methodische Hinweise zur Durchführung

Das kindliche Tierschema kann nur durch neue Anschauung bereichert werden. Dabei genügt das bloße Ansehen der Tiere nicht. Vorzeichnen durch den Lehrer an der Tafel oder Vorlegen von Abbildungen führen nur zu vorübergehenden Scheinerfolgen. Dabei liefert das Kind keine echte, eigene Arbeit. Es bleibt bei einem mechanischen Abzeichnen. Die schöpferischen Gestaltungskräfte des Kindes werden gelähmt. Wie das Wesen der einzelnen Tiere erlebnismäßig erfaßt werden kann, so daß nicht nur die Augen, sondern auch Tastsinn, Gehör und Motorik beansprucht werden, soll nachfolgend aus dem Protokoll einer Unterrichtseinheit ersichtlich werden. Zunächst kommt es darauf an, den Erlebniskomplex des Märchens durch Weglassen vieler Details zu vereinfachen und die Aufmerksamkeit der Kinder auf die Einzelgestalten der Tiere zu lenken. Erst wenn diese ihre schablonenhafte Sterilität verloren haben, wird den Kindern Gelegenheit gegeben, in einer neuen Gesamtdarstellung all das wieder hinzuzufügen, was ihnen persönlich an der Geschichte noch wichtig ist.

1. Protokoll der ersten Phase

Der Lehrer liest das Märchen langsam Stück für Stück noch einmal vor. Er betont dabei besonders:

„... ein Esel, dessen Kräfte zu Ende gingen ... wollte Stadtmusikant werden...". Unterbrechung. – Unterrichtsgespräch: Die Kinder tragen zusammen: „Es war ein alter Esel. Ein Esel sieht aus wie ein kleines Pferd. Aber er hat größere Ohren. Eselsohren gibt es auch in Büchern und Heften. Er hat auch Hufe wie ein Pferd mit Hufeisen darauf. Sein Schwanz sieht aber anders aus, der hat am Ende einen ‚Pinsel'. Er trägt dem Müller die schweren Säcke auf dem Rücken. Sein Rücken ist eingebogen, da rutschen die Säcke nicht so leicht ab. Er muß ja auch bergauf gehen können, weil die Windmühle auf einem Berg steht." – Impuls des Lehrers: „Stadtmusikant?" Der Esel glaubt vielleicht, daß sein Iah eine schöne Musik ist. Der muß aber dumm gewesen sein! Einen dummen Menschen nennt man ja auch einen Esel. Wir probieren gleich einmal das Eselsgeschrei mit der ganzen Klasse im Chor aus. Da nur wenige Kinder einen Esel gesehen haben, wird immer wieder mit einem Pferd verglichen. – „Wer zeichnet einen Esel an die Tafel?" Zaghaft melden sich zwei Knaben. Sofort kritisiert die Klasse: „Da rutschen ja die Säcke ab!" Der Lehrer läßt alle Kinder aufstehen und den schönen Schwung des Eselrückens in die Luft zeichnen. Angefangen bei dem großen Auf und Ab der Ohren, über Hals und Schulter abwärts bis zur Rückenmitte, dann im Bogen aufwärts über das Hinterteil bis in den Schwanz hinein. Das wird mehrmals wiederholt, bis alle diese Linie schwungvoll ohne Absetzen nachfahren können. – „Fünf Minuten Zeit: Jeder zeichnet nun einen Esel auf sein Zeichenblatt." Der Rumpf verliert seine Eiform; Kopf, Hals, Rücken, Schwanz werden nicht mehr additiv aneinandergesetzt.

Weiterlesen: „... einen jappenden Hofhund ... Warum jappst du so, Packan?". Unterbrechung. – „Warum Packan?" „Der fletscht die Zähne. Damit kann er gut zupacken. Mich hat schon mal einer ins Bein gebissen." Die Kinder sprudeln jetzt ihre Erlebnisse

---

Abb. 15 Bremer Stadtmusikanten, Lehrerstudent; Linolschnitt von zwei Platten
Abb. 22 Dornröschens Schloß, Mädchen 3. Schj.; zu Beispiel 6, S. 47

UteOpel

Margot Vogel

heraus. Begeistert wird wieder im Chor die Musik des Hundes nachgeahmt. Alles jault und bellt aus Leibeskräften. – „Wer zeichnet den zähnefletschenden Packan an die Tafel?" Fast alle melden sich jetzt stürmisch. Der Lehrer begnügt sich diesmal mit einer Skizze des Kopfes. Kritik der Klasse: „Die Zähne müssen spitzer und länger sein. Dazwischen sind Zahnlücken, weil er alt ist. Man muß das Zahnfleisch sehen. Wenn er jappst, dann muß die Zunge heraushängen." Die Besprechung und die Tafelskizze erfordern wieder etwa fünf Minuten. – Weitere fünf Minuten für die Zeichnung eines Hundes auf den Block. Selbstverständlich wird vorher die Wandtafel abgewischt.
Weiterlesen: „... ein Gesicht wie drei Tage Regenwetter ... alter Bartputzer!" Unterbrechung. – „Bartputzer?" „Die Katze hat einen Schnurrbart. Mit den Haaren kann sie schnurren (!). Wenn sie den Bart putzt, gibt es schönes Wetter." Vergleich mit dem Hund: „Ihr Fell ist weicher. Sie kann die Krallen einziehen. Darum geht sie ganz leise. Der Hund tappt." (Hier zeichnen die meisten Kinder noch schnell ihrem Hund Krallen an die Pfoten.) „Die Katze kann schmeicheln. Manchmal dehnt sie sich, dann macht sie einen Katzenbuckel. Sie hat auch nicht eine so lange Schnauze wie der Hund. Ihr Kopf ist rund. Der sieht fast aus wie ein Menschenkopf ohne Nase. Man nennt runde Steine auch Katzenkopfpflaster. Die Ohren sind viel kürzer. Sie hält ihren Schwanz anders. Der Hund wedelt damit hin und her." Die Katzenmusik darf natürlich nicht vergessen werden. – Eine Wandtafelzeichnung brauchen wir diesmal gar nicht. Aber den Katzenbuckel fahren wir wieder in der Luft nach. Das ist gerade umgekehrt wie beim Esel. Auch die Ohren machen wir ganz klein in die Luft. – Wieder folgen fünf Minuten für die Niederschrift.

Weiterlesen: „... Der Hahn Rotkopf ...". Die Kinder berichten: „Der Hahn hat einen gezackten Kamm, am Kopf hängen lange Lappen, die ‚Ohren' sind weiß." Schnabel, Zehen, Sporn werden beschrieben. Der Schwung der breiten Schwanzfedern wird in der Luft nachgefahren. Diesmal geht es viel höher hinauf als beim Hinterteil des Esels. Aber auch den Kopf reckt der Hahn stolz nach oben. Kopf und Schwanz sind gleich hoch. Beim Nachfahren in der Luft sagt einer: „Das geht ja wie in einer Schiffschaukel!" Ein anderer: „Nein, da hört ja der Schwung am Ende auf. Das ist eher wie eine Achterbahn!" Die Musik des Kikeriki vergißt natürlich niemand. – Wiederum folgen fünf Minuten für die Zeichnung.

Die Stunde ist zu Ende. Der Lehrer hat sich bei einem Rundgang in einem flüchtigen Überblick davon überzeugt, daß bei allen Kindern neue wesentliche Formenmerkmale in die Tierschemata hineingekommen sind.

2. Freie Gestaltung in einer zweiten Phase

Eine Woche später sollen die vier Tiere in einer Komposition zusammengefaßt werden. Von den Kindern selber kommt der Vorschlag, eine Tierpyramide zu zeichnen. Ein kurzer Hinweis genügt, daß dafür das Hochformat besser geeignet ist. Wer die Vorderfüße des Esels auf das Fensterbrett des Räuberhauses stellen will, muß den Rumpf des Tieres schräg stellen. Die Kinder sind fieberhaft bei der Sache. Ihre bereicherten Vorstellungen drängen auf Gestaltung. Niemand wird dabei beobachtet, daß er seine Skizzen aus der Vorwoche zu Rate zieht. Freilich wird jetzt nicht alles, was besprochen wurde, auch ins Bild gebracht. Es war für manchen zuviel. Aber jeder verbessert sich und keiner zweifelt an seinem Können.

Abb. 29 bis 32 Flaschengeister, Knaben und Mädchen 8. Schj.; zu Beispiel 8, S. 55

Beispiel 4

Tierbilder in der Hauptschule

Die soeben beschriebene Differenzierung der Tierschemata kann natürlich auch in der Hauptschule durchgeführt werden. Das wird sogar nötig sein, wenn es in der Grundschule versäumt wurde. Die starke emotionale Begeisterung der Kinder wird hier zwar vermißt werden, dafür wird aber verstandesmäßiger an die Bewältigung bestimmter Formprobleme herangegangen (z. B. an die Beinknickung bei Säugetieren). Weitere Hinweise zu Tierdarstellungen finden sich in den Beispielen 12: Hahnenkampf, 14: Pfau, 18: Siegfried, 19: Tierpaare und im Handbuch 55 in den Einheiten 13, 14, 47: Hahn, 48: Krokodil, 12, 19: Pferd, 11: Maus, 4, 48: Wolf.

Bekanntlich kann die Gestaltungsfreude der Kinder durch die Einführung neuer bildnerischer Techniken erhöht werden. Das geweckte Interesse wird aber bald wieder erlahmen, wenn sich herausstellt, daß durch neue Herstellungsverfahren die primitiven Formvorstellungen nicht bereichert werden. Leider werden solche Bilder aber wegen überraschender und ungewohnter materieller Reize oft bewundert. Es wird übersehen, daß Techniken nur Mittel zum Zweck sind und die geistige Auseinandersetzung nicht ersetzen können. Das vertraute Tierschema, das sich bequem und ohne Mühe beliebig oft produzieren läßt, wird nicht dadurch besser, daß es in Linolschnitt, Frottage oder Collage ausgeführt wird. Auch die Einkleidung in andere Motivzusammenhänge (z. B. Zirkus, Zoo, Arche Noah usw.) ändert daran nicht viel. Ergebnisse wie der zweifarbige Linolschnitt (Abb. 15, Seite 35) oder die Frottage mit weißer Wachsfarbe auf schwarzem Grund (Abb. 16) sind erst möglich, wenn an der Einzelform jedes Tieres gearbeitet wurde.

16a Scherenschnittfiguren aufgeklebt

16b Frottage von 16a mit Wachsfarbe

16c dasselbe mit schwarzer Wachsfarbe

Abb. 16a, b, c Bremer Stadtmusikanten, Mädchen 8. Schj.

Beispiel 5

Thema: *Schulweg und Schulhaus*

Technik: *Zeichnung mit Bleistift, Filzstift, Feder o. ä.*

Bildproblem: *Raumdarstellung (Überschaubild, Schrägbild)*

Altersstufe: *Schulweg (1.-4. Schuljahr) — Schulhaus (5.-9. Schuljahr)*

A. Didaktische Analyse

1. Information über die Sachstruktur

Die Raumvorstellung des Kindes ist das Ergebnis einer Vielzahl von Sinneseindrücken. Raum wird nicht nur mit den Augen erfahren. Vor allem Bewegungserlebnisse, oft auch Berührungs- und akustische Reize sind dabei von großer Bedeutung. Deshalb ist es verständlich, daß bei der Wiedergabe von Räumen und Raumkörpern für das Kind erhebliche Schwierigkeiten auftreten. Es geht dabei ja nicht nur darum, die drei Dimensionen des Raumes durch einen Abstraktionsprozeß auf die zweidimensionale Bildfläche zu bringen. Für das Kind sind die mit der Gewinnung der Raumvorstellung verbundenen motorischen und haptischen Eindrücke oft noch viel wichtiger und erlebnisbetonter, weil es sich damit identifizieren kann. Raum wird zunächst noch sehr subjektiv als ein „Ich-im-Raum" empfunden.

Hält man sich diese Schwierigkeiten bei der Raumdarstellung vor Augen, dann kann man nur staunen, auf welch einfache und geniale Weise Kinder damit fertig werden. Es sind doch immerhin Probleme, die auch die Künstler seit Jahrtausenden immer wieder neu beschäftigt haben. Darum ist es auch nicht verwunderlich, daß sich moderne Maler nach der Entdeckung der freien Kinderzeichnung begeistert über die unbekümmerte Sicherheit der kindlichen Darstellungen geäußert haben. Für den Lehrer aber ist es wichtig, diese frühkindlichen Lösungen zu kennen, damit er, darauf aufbauend, adäquat fördern kann und ihnen nicht Fremdes und Unverstandenes aufpfropft.

2. Bildungsgehalt und Verhalten der Kinder

In der Grundschule dominiert in der Raumvorstellung des Kindes eindeutig noch das Bewegungserlebnis. Das Zeichenblatt wird zum Spielfeld, auf dem es mit dem Stift in grobmotorischen Linienschwüngen, gradlinig oder kurvig, Straßen, Schienenstränge und Flußläufe festlegt. Dabei erhält das entstehende Bild durch sinnvolle Gliederung der Fläche eine erste bescheidene Komposition. Wir sprechen bei dieser Anordnung vom Überschau-, Flächen- oder Steilbild, weil der dargestellte Raumausschnitt aufsichtartig wie von oben gesehen gezeichnet wird. Die Bildfläche ist dabei Abbild der Erdoberfläche, auf der man mit dem Stift in verkleinertem Maßstab sich ebenso bewegen kann wie in der Wirklichkeit. Parallelen zum Heimat- und Sachkundeunterricht an Sandkasten und Bildkarte bieten sich an. In dieses Liniensystem werden dann Einzelobjekte wie

Häuser, Bäume, Fahrzeuge usw. eingetragen. Sie müßten, wenn das Kind seinen zuerst eingenommenen Standpunkt beibehalten würde, alle von oben gesehen gezeichnet werden. Das geschieht aber nicht. Die Dinge haben ihre prägnante orthoskopische Gestalt von der Seite her. Darum wechselt das Kind bedenkenlos seinen Standpunkt und benutzt die vorhandenen Linien als Bodenstriche, auf denen senkrecht stehend nun die Detailformen errichtet werden (Abb. 17, vgl. auch Beispiel 5 im Handbuch 55).

Hauptschüler denken anders. Sie betrachten die Dinge distanzierter, kritischer und lassen sich nicht mehr so stark von emotional bestimmten Erlebnissen leiten. Für sie treten neue Schwierigkeiten auf, wenn sie die Dreidimensionalität von Baukörpern auf der Fläche wiedergeben wollen. Sie wechseln den Standpunkt nicht mehr und versuchen mit Hilfe von Tiefenschrägen das Raumproblem zu bewältigen. Die Phase der Röntgenbilder und Umklappungen ist bei ihnen längst überwunden, und sie wissen genau, daß bei Überschneidungen manches Vorhandene nicht mehr sichtbar ist. Der optische Eindruck gewinnt jetzt das Übergewicht. Die intensive Beschäftigung mit dem Schrägbild erfordert eine Einschränkung des Motivs. Nur noch ein überschaubarer Architekturkomplex, allenfalls mit den angrenzenden Straßen und Gärten, sollte als Aufgabe gestellt werden, damit er sorgfältig bis ins Detail hinein bewältigt werden kann.

B. Methodische Hinweise zur Durchführung

1. In der Grundschule: Mein Schulweg (Abb. 17, 2. Schuljahr)

Wenn der erste Entwurf für den Bildbau aus motorischem Antrieb fertiggestellt ist (mit Bleistift, um noch kleine Änderungen vornehmen zu können), dann werden die Einzelobjekte gleich mit Filzstift, Kugelschreiber oder Feder eingezeichnet. Die Kinder dürfen dabei die von ihnen bisher erarbeiteten einfachen Sinnzeichen benutzen. Es kommt in diesem Falle nicht auf eine Differenzierung einzelner Details an. Das Ausfüllen des größeren Formates stellt große Anforderungen an Ausdauer und Konzentration, so daß eine Verwendung bequem und ohne große Anstrengung zu handhabender Formen erlaubt wird. Notwendig werdende Unterscheidungen von bestimmten Haus-, Baum-, Autoformen usw. ergeben sich von selbst. Die Größen der Einzelobjekte müssen auf die zwischen den Straßen liegenden freien Flächen bezogen werden. Durch die erste Aufteilung des Blattes mit großen Linien reduziert sich das Großformat in kleinere, überschaubarere Teilflächen. Ab und zu wird der Blick des Kindes das Ganze ins Auge fassen und hier und da noch leere Stellen entdecken. Sie reizen zur weiteren Ausgestaltung. Die Tendenz zum Streubild wird aber jetzt gelenkt von einer Grundordnung, die eine gewisse Einheitlichkeit und eine Zuordnung der Teile ergibt. Die Freude am Eintragen aller zur Verfügung stehenden Sinnzeichen ist groß und kann erheblich gesteigert werden, wenn an dem Bild mehrmals an verschiedenen Tagen gearbeitet wird. In der Zwischenzeit können die Kinder

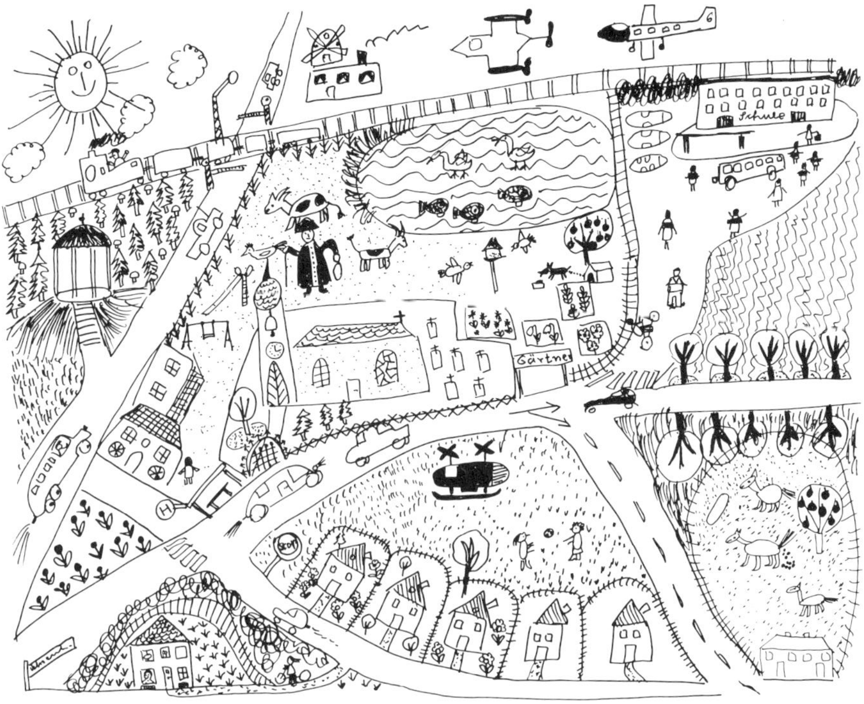

Abb. 17 Mein Schulweg, Mädchen 2. Schj.; Überschaubild, Filzschreiber

ihren täglichen Schulweg mit offeneren Augen zurücklegen und danach mit neuen Eindrücken an die Ausarbeitung gehen. Unser Beispiel wurde durch Flugzeug, Hubschrauber, Schulbus, Kettenhund und Schäfer auf solche Weise ergänzt. Bei manchen Kindern, deren Formenschatz erschöpft ist, genügt ein Hinweis auf die grafische Strukturierung verbliebener Leerflächen als Wiese, Sandboden, Pflaster, Wasserwellen usw.

2. In der Hauptschule: Unser Schulhaus (Abb. 18, 8. Schuljahr, Seite 44)

Die Darstellung von Baukörpern und Baukomplexen im Schrägbild entspringt einem natürlichen Bedürfnis der Kinder, vor allem der Knaben, die sich auf r a t i o n a l e Weise mit der Wiedergabe der dritten Dimension auf der Fläche beschäftigen. Wenn auch dieselben Probleme im gebundenen, vermessenden Linearzeichen (technisches Zeichnen) mit Lineal, Metermaß und Zirkel auftreten, so sollte der Kunstunterricht doch nicht darauf verzichten, freihändig und unter Einbeziehung emotionaler Motivationen ähnliche Aufgaben bearbeiten zu lassen. Die räumlich-körperliche Wiedergabe ist leicht erlernbar und wirkt sich auf freie bildnerische Arbeiten positiv aus. Im Grunde ist die Darstellung mit Hilfe von Tiefenschrägen nur eine Synthese aus den beiden in der Grundschule bereits vorhandenen Möglichkeiten des Bodenstrich- und Überschaubildes. Während wir uns beim ersteren die Zeichenfläche als senkrecht stehend vorstellen können, liegt sie bei der Draufsicht waagerecht und flach. Die jetzt auftauchende Tiefenschräge benutzt den zwischen Senkrecht und Waagerecht liegenden Winkel, um die Erstreckung in die Raumtiefe wiederzugeben. Sie hat nichts mit den in einem Fluchtpunkt zusammenlaufenden Linien der Zentralperspektive zu tun. Die Abb. 19 zeigt, wie sich die Entwicklung bei der Darstellung eines Hauses vollzieht.

3. Entwicklung der Darstellung des Hauses (Abb. 19)

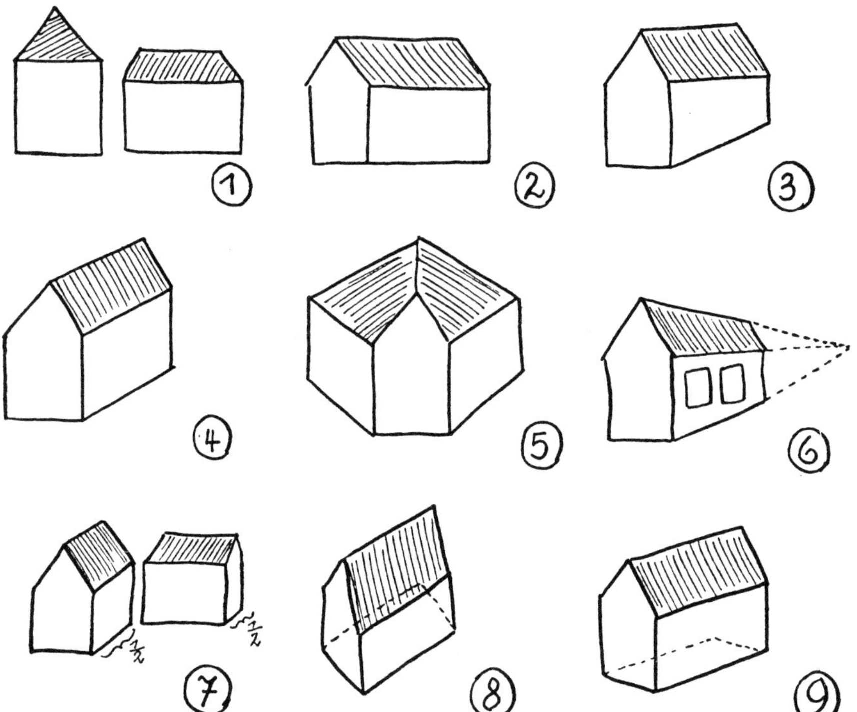

Abb. 19 Entwicklung der Schrägdarstellung am Haus

① Darstellung einer einzigen Hauswand. Das dazugehörige Dach befindet sich jeweils über der Wand. Das Kind begnügt sich mit den zwei Dimensionen des Zeichenblattes. Noch keine Raumtiefe.

② Darstellung von zwei aneinanderstoßenden Hauswänden. Das Dach muß beide Wände überdecken. Immer noch begnügt sich das Kind mit dem Neben- und Übereinander.

③ Erstes Auftreten der Tiefenschräge. Interessant ist, daß diese erstmals unten an der Hausecke auftritt. Hier hat das Kind das Um-die-Ecke-gehen beim Spielen wirklich erlebt (haptisch und motorisch). Das Dach ist noch nicht in die Tiefenschräge einbezogen.

④ Viel später wird nun auch das Dach in Schrägdarstellung gezeichnet. Das Kind hat erkannt: Parallel bleibt parallel; senkrecht bleibt senkrecht.

⑤ Der Versuch, die Tiefenschräge nach links und rechts anzuwenden, führt zu keiner befriedigenden Lösung. Die Zeichnung wird unverständlich. Diese Art der Darstellung wurde früher fälschlich als „umgekehrte Perspektive" bezeichnet.

⑥ Das Kind hat eine Belehrung im Sinne der früher praktizierten zentralperspektivischen Darstellung nicht verstanden. Es begreift nicht, wieso dieselbe Hauswand hinten „niedriger" sein soll als vorn. Die Fenster wurden deshalb ohne Verkürzung gleichgroß gezeichnet.

⑦ Die Tiefenschrägen wurden auf die Hälfte verkürzt. Das führt zu einem natürlicheren Aussehen der Schrägdarstellung, hat aber nichts mit Zentralperspektive zu tun.

⑧ Das Haus wurde über einem gedrehten rechteckigen Grundriß nach den obengenannten Regeln „aufgebaut".

⑨ Natürlicher sieht es aus, wenn die Tiefenschräge in einem kleineren Winkel (statt 45° nur etwa 30°) ansetzt. Der Grundriß verschiebt sich dann zu einem Schiefeck (Parallelogramm). Aber auch hier bleibt die genannte Faustregel gültig.

Haben die Kinder das einfache Prinzip des Schrägbildes verstanden (Senkrechtstehendes in der Natur bleibt auch auf der Zeichnung immer senkrecht und parallele Linien bleiben immer parallel), dann macht es ihnen viel Spaß, an immer komplizierteren Bauten ihr Wissen unter Beweis zu stellen (Abb. 20). Bei der Abb. 18 haben die Knaben eines 8. Schuljahres sogar mit Eifer das ganze Schulhaus ausgemessen, die gewonnenen Maße durch einen gemeinsamen Teiler verkleinert und vom Grundriß her den Komplex auf dem Papier aufgebaut. Im Handbuch 55 sind unter dem Thema „Ziegelsteinhaufen" (Beispiel 20) die Regeln der Schrägdarstellung noch ausführlicher behandelt worden.

Ein reizvolles Thema, bei dem die Kinder bildnerische und architektonische Kreativität entwickeln können, ist das Phantasiebauwerk (Abb.

Abb. 20
Mehrere Häuser, in Schrägdarstellung zum Bauerngehöft und Dorf zusammengestellt

Beispiel 5

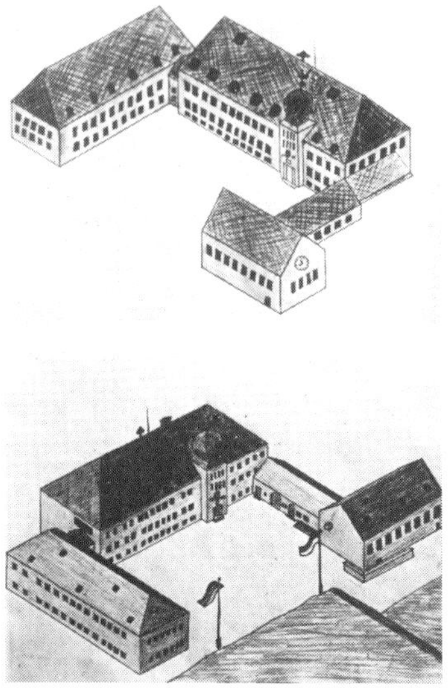

Abb. 18
Unser Schulhaus, Knaben 8. Schj.; Schrägdarstellungen von zwei verschiedenen Seiten

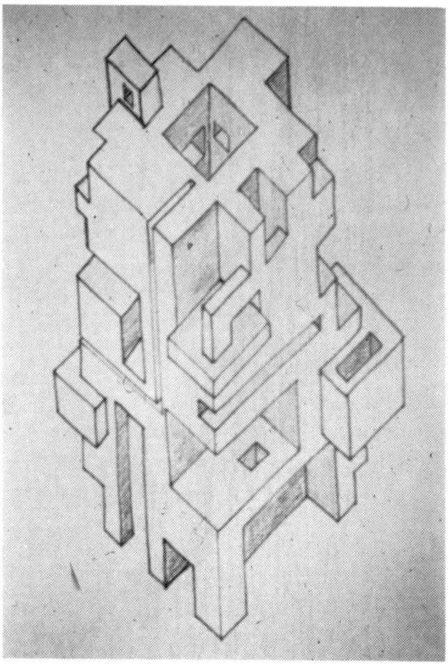

Abb. 21
Phantasiebauwerk, Knabe 9. Schj.

21). Zunächst wurde ein großer, das Hochformat füllender Block oder Quader mit Bleistift in Tiefenschrägen aufgezeichnet. Durch „Herausschneiden" oder Ansetzen kleinerer Blöcke entstand ein immer reichhaltiger gegliedertes wolkenkratzerähnliches Gebilde. Es mußte darauf geachtet werden, daß keine Schnittkante ganz durchlief, damit die Stabilität des Bauwerkes nicht verloren ging. Architektonische Stabilität und bildnerische Komposition entsprechen bei dieser Aufgabe einander. Die erlernte Regel, daß Senkrechtes stets erhalten bleibt und daß bei den Tiefenschrägen Paralleles immer parallel bleibt, konnte auf vielfältige Weise variiert werden. Die endgültige Ausführung erfolgte zuletzt mit Filzstift, nachdem sich die Schüler darüber klar geworden waren, welche Linien überflüssig waren und wegradiert werden konnten. Eine Abschattierung der einzelnen Bauelemente nach Hell, Mittel, Dunkel hätte die plastische Wirkung noch erhöht.

3. Variationsmöglichkeiten in der Grundschule

Abenteuerspielplatz, Schulausflug, Schnitzeljagd, Spiele auf dem Schulhof, Spaziergang am Sonntag, Treibjagd, Autorennen, Spielzeugeisenbahn, Zoologischer Garten, Schlaraffenland, Gulliver bei den Liliputanern, Jahrmarkt, Hafenviertel.

4. Variationsmöglichkeiten in der Hauptschule

Phantasieschloß, Moschee, Ritterburg, Pagode, Pyramide, buddhistischer Tempel, Baustelle, Raketenabschußrampe, Schiffsdock, Bohrinsel in der Nordsee, Palast in Venedig, Pfahlbauten.

Beispiel 6

Thema: *Burg und Schloß*
Technik: *Filzstift, Wachsstifte, evtl. Pinsel*
Bildproblem: *Entwicklung der Bauphantasie, gute Flächenfüllung*
Altersstufe: *3.–9. Schuljahr*

A. Didaktische Analyse

1. Information über die Sachstruktur

Bauwerke, die von der allgemein üblichen und alltäglichen Bauweise gewöhnlicher Wohnhäuser abweichen, haben schon immer großes Interesse gefunden und weitverbreitetes Aufsehen erregt. Noch heute leben viele Städte und Landschaften von den dort zu besichtigenden Sehenswürdigkeiten. Bestes Beispiel dafür sind die Schlösser, die der bayerische König Ludwig II. errichten ließ. Obwohl sie als unzeitgemäße und nachempfundene Werke längst vergangener Zeiten kaum jemals richtig bewohnt wurden, locken sie doch alljährlich viele Tausende erlebnishungriger Besucher an. Einfache Menschen suchen gern das Besondere, das sie bewundern und mit dem sie sich in ihren Träumen identifizieren können. Mit dieser Einstellung ähneln sie den Kindern des Märchenalters, allerdings mit einem großen Unterschied: Während sich die Kinder in phantasievoller Naivität noch eine Zukunft voller Wunder und Abenteuer ausmalen, flüchten die Erwachsenen gern in eine heile Welt zurück, die ihnen im grauen Alltag abhanden gekommen ist. Nur wenigen Reichbegüterten gelingt es, sich Häuser zu bauen, die aus dem allgemeingültigen Klischee unserer nüchternen und anonymen Neubauviertel herausfallen. Dieses Unterrichtsbeispiel soll den Kindern die Möglichkeit geben, ihrer Bauphantasie freien Lauf zu lassen, ohne daß sie durch Überlegungen der Zweckdienlichkeit, der Rentabilität oder der finanziellen Aufwendungen behindert werden.

2. Kennzeichnung des Bildungsgehaltes

Nachdem die Kinder in den ersten beiden Schuljahren Sinnzeichen für verschiedene Häuser erfunden und auch schon die eine oder andere Differenzierung vorgenommen haben, kommt es jetzt darauf an, größere Baukomplexe zu gestalten, die aus einer Vielzahl unterschiedlicher Baukörper zusammengesetzt werden. Burgen und Schlösser sind meist Ergebnisse einer langen Bauzeit, in der viele Generationen tätig waren. Durch Kriege und Brände wurde manches zerstört, Um- und Anbauten wurden erforderlich und Baustile wandelten sich. Die Aufgabe läßt sich am leichtesten mit grafischen Mitteln bearbeiten, weil die Kinder dabei schnell zu einem flächenfüllenden und doch in sich gegliederten Bild gelangen. Für die Unterstufe eignen sich Filzstifte besonders gut, weil sie ein zügiges Arbeiten erlauben und kräftige Linien abgeben. Das entstehende Werk wirkt dadurch intensiver auf seinen Urheber zurück.

Beispiel 6

Rhythmische Bewegungen finden leichter einen Niederschlag, der dann ansteckend die weitere Ausgestaltung beflügelt. Die bildhafte Phantasie soll bei dieser Aufgabe nicht durch Schwierigkeiten perspektivischer Darstellungen behindert werden. Das Hintereinander der einzelnen Baukörper wird durch einfache Staffelung und Überschneidung wiedergegeben. Auch auf eine farbige Ausgestaltung wird verzichtet. Dafür finden sich weitere Unterrichtsbeispiele im Handbuch 55: Beispiel 53: Burgruine, 39: Sultanspalast, 17: Moschee, 23: Wolkenkratzerstadt.

3. Stellung des Kindes zum Unterrichtsziel

Knaben interessieren sich mehr für die Burg. Sie kommt ihrer vorwiegend architektonischen Phantasie entgegen. Mit einem Ritter oder Burgherrn können sie sich gut identifizieren. Mädchen bevorzugen das Märchenschloß, in dem die Prinzessin lebt und das sich auf vielfältige Weise dekorativ ausschmücken läßt. Für beide ist der Bodenstrich wichtig, von dem aus sowohl Burg wie Schloß sich auf stabilem Fundament in die Höhe erheben können. Auf diesem werden zunächst vielerlei Gebäudeformen aufgereiht, die sich in ihrer Breite und Höhe voneinander unterscheiden, aber doch so dicht beieinanderstehen, daß sie einen Baukomplex ergeben. Erst später wird die leere obere Bildhälfte mit weiteren Formen, meist Türmen, Dächern und Zinnen gefüllt, die dahintergestaffelt, teilweise verdeckt und nicht mehr ganz zu sehen sind. Diese flächenhafte Raumordnung entspricht der kindlichen aperspektivischen Darstellungsweise. Ganz zuletzt werden durch Binnenzeichnungen für Fenster, Mauerwerk oder andere Details weitere Differenzierungen vorgenommen und bestimmte Schwerpunkte gesetzt. Die Dominanz der Senkrechten und Waagerechten kann dadurch nicht mehr gestört werden. Sie gibt dem Bildgefüge den Ausdruck der Ruhe und Stabilität, der auch vom wirklichen Bauwerk ausgeht. Bauen ist hier wie dort ein additives Aneinanderfügen.

B. Methodische Hinweise zur Durchführung

1. Formprobleme

Die einfache Schemaform des Hauses, die sich im Kritzelalter bereits durch die Kastenbildung angedeutet hat, sollte jetzt differenziert und bereichert werden. Hier liegt aber nicht der Schwerpunkt dieses Unterrichtsbeispiels. So etwas läßt sich leichter an einem Einzelgebäude durchführen. Hier soll es um das vielfältige Ineinander-verschachtelt-sein kubischer Baukörper gehen, mit denen sich schnell von unten nach oben die ganze Bildfläche füllen läßt, so daß ein dichtes Liniengeflecht entsteht, in dem die Senkrechten und Waagerechten dominieren. Dafür, daß dabei trotzdem kein langweiliges Einerlei entsteht, sorgt der große Reichtum unterschiedlicher Bauformen, der sich im Laufe der Architekturgeschichte herausgebildet hat. Beobachtungen in der eigenen Stadt, bei Schulausflügen oder auch Abbildungen können die Phantasie der Schüler anregen. Da gibt es Türme, Portale, Terrassen, Freitreppen, Wehrgänge, Zugbrücken über Burggräben (Wasserburg), Erker und Balkone, unterschiedlich geformte Dächer, getreppte Giebel usw. Die Mauern sind aus grob behauenen Steinquadern erbaut und tragen Zinnen mit Schießscharten. Die Fenster sind nur klein und mit hölzernen Fensterläden versehen. Einzelne Felder können durch wechselnde Oberflächenstrukturen belebt werden: rauhes gegen glattes Mauerwerk, festgefügtes gegen zerbröckelndes, Ziegeldächer gegen Kupfer- oder Strohdächer usw. Grasbüschel können aus Mauernischen wachsen; Efeu kann sich bis hoch hinauf ranken usw. Wappen, Fahnen, alte Kanonen, gemusterte Steinverkleidungen und andere Details können diejenigen Schüler noch beschäftigen, die mit ihrer Arbeit schneller fertig geworden sind. Wird die Burg auf einen Berg gestellt (Hochformat), dann verlagert sich der Schwerpunkt des Bildes und schließt ihren steilen und beschwerlichen Zugang mit ein.

2. Variationsmöglichkeiten

Für Grundschüler wird das Schloß des Dornröschens von besonderem Reiz sein. Vor allem Mädchen lassen zum Schluß das nüchterne Bauwerk gern hinter einer üppig wuchernden Rosen- und Dornenhecke verschwinden. Bei der Abb. 22, S. 35, hat ein Mädchen (3. Schj.) sein auf gelbes Tonpapier gezeichnetes Schloß ausgeschnitten und auf ein weißes Papier geklebt. Die einzelnen Gebäudeteile stehen noch nebeneinander aufgereiht auf dem Bodenstrich. Der leere obere Bildteil wurde nachträglich mit emporrankenden Rosenzweigen geschickt ausgefüllt.

Abb. 23 Ritterburg, Knabe 4. Schj.; Filzstift

Knaben arbeiten im allgemeinen weniger dekorativ. Die Abb. 23 zeigt die Zeichnung eines Jungen (4. Schuljahr). Hier staffeln sich bereits vielerlei Türme flächenfüllend hinter den am Boden aufgereihten Häusern. Verbleibende Leerstellen sind geschickt mit Fahnen, Rauchwolken, Vögeln usw. ausgefüllt. Angreifende Feinde und verteidigende Ritter sorgen dafür, daß etwas Spannendes geschieht, das den Jungen die Möglichkeit gibt, auch eigenen emotionalen Regungen Ausdruck zu verleihen.

In der Hauptschule können Architekturzeichnungen von *Paul Klee* *) wertvolle Anregungen geben, um von erstarrten Klischeevorstellungen und mühsamen perspektivischen Darstellungen loszukommen. Die Kinder werden überrascht sein, wie der Künstler durch eine einfache, oft im Einlinienzug ausgeführte, ununterbrochene Aneinanderreihung von senkrechten und waagerechten Linien den Eindruck ganzer Stadtkomplexe erwecken kann. (Über Einlinienzug vgl. im Handbuch 55 die Ausführungen zum Beispiel 14.)

Weitere Themenvorschläge

Kirchen, Tempel, Moschee mit vielen Minaretts, Hafenstadt, mittelalterliches Stadttor, Ruinen nach einem Erdbeben, Bauarbeiten an einem Neubau, Bergklöster in Tibet, Turmbau zu Babel, Industriearchitektur, Brückenbauten, Raumstation im Weltall, Abschußrampe für Raketen, Achterbahn auf dem Rummelplatz, Architektur im Bühnenbild, allerlei Ruinen usw.

Beispiel 7

Thema: *Friedhof*

Technik: *Malen mit begrenzter Palette*

Bildproblem: *Gedämpfte Farbigkeit*

Altersstufe: *1.–9. Schuljahr*

A. Didaktische Analyse

1. Information über die Sachstruktur

Das ungewöhnliche Thema dieses Unterrichtsbeispiels scheint auf den ersten Blick für Kinder ungeeignet zu sein. Der Erwachsene urteilt aus einer anderen Einstellung. Für ihn bedeuten Tod und Sterben das unerbittliche und unabdingbare Ende des Lebens, dem er Tag für Tag ein Stück näher rückt. Sein Glaube an eine Auferstehung und Erlösung aus dem irdischen „Jammertal" ist nicht mehr so stark wie in früheren Zeiten. Darum wird alles, was damit zusammenhängt, von vielen Menschen

*) Z. B. Stadt mit Wachtürmen (1929) – Lagunenstadt (1927) – Die große Kuppel (1927) – Vorort von Beride (1927) – Sängerhalle (1930) – Orgelberg (1934) – Auserwählte Stätte (1927) – Kleine Felsenstadt (1932) – Dorf mit Sonnenblumen (1925) – Haus der Opera Buffa (1925)

heute gern verdrängt. Es gibt ja so viele Dinge, mit denen man unangenehme Gedanken betäuben und vertreiben kann. Nur am Ende des Kirchenjahres wird man etwas nachdenklicher. Allerseelen, Allerheiligen, Totensonntag, Volkstrauertag geben dann Gelegenheit, durch den Besuch der Gottesdienste und durch Schmücken der Gräber sich einer für viele lästigen Pflicht zu entledigen. Heldengedenkfeiern sind vielfach nur noch eine Formsache, die immer weniger Interesse findet. Der graue November ist dazu angetan, für kurze Zeit einmal eine ernstere und traurigere Stimmung aufkommen zu lassen.

2. Stellung des Kindes zum Unterrichtsziel

Kinder denken anders. Für sie liegt der Tod noch in weiter Ferne. Er schreckt sie weniger, als daß er ihre Neugierde weckt. Der Friedhof mit seiner stillen Abgeschlossenheit ist für sie ein ungewohntes Milieu. Eine Beerdigung, an der sie vielleicht schon einmal teilgenommen haben, beeindruckt sie sehr. Schwarze Trauerkleidung, feierliche Reden, Gesang und Musik, weinende Menschen wecken in ihnen besondere Gefühlsregungen. Trauer steckt an, auch wenn sie rational noch nicht restlos verstanden wird. Ein Kind ist in der Lage, durch den Klang in der Stimme seiner Mutter oder durch die Melodie eines Liedes in eine bestimmte Stimmung versetzt zu werden. Das gilt auch für Märchen und biblische Geschichten, in denen von Tod und Auferweckung die Rede ist (z. B. Aschenputtel am Grabe der Mutter, Schneewittchen im Glassarg, Lazarus usw.). Stirbt ein geliebtes Haustier, der Kanarienvogel, der Goldfisch, dann kann das Kind darüber bittere Tränen vergießen.

B. Methodische Hinweise zur Durchführung

In der Grundschule wird das Thema im Sinne eines erzählenden Zeichnens bearbeitet werden. Die Kinder zählen die Dinge auf, die ihnen gerade einfallen und wichtig erscheinen. Ihre innere Stimmung ist nicht ohne weiteres aus den Zeichnungen abzulesen. Trotzdem fließen Gefühlsregungen mit ein, etwa wenn Gräber mit besonderer Liebe und Sorgfalt geschmückt werden, um den Verstorbenen noch eine Freude zu machen. Manchen Kindern gelingen oft auch treffende Farbzusammenstellungen, wenn sie an großzügiges Malen gewöhnt sind. Im allgemeinen fehlt ihnen aber noch die Kenntnis der bildnerischen Mittel, mit denen Unsichtbares ausgedrückt werden kann.

Die beiden Abb. 24 und 25 stammen aus einer Grundschulklasse. Im linken Bild kniet Aschenputtel mit einer brennenden Kerze vor dem Grab seiner Mutter. Vom Baum fallen die gewünschten Kleider und Schmucksachen herunter. Das rechte Bild stellt eine Beerdigungszene dar. Der Sarg mit dem Verstorbenen (Röntgenbild) ist bereits ins Grab hinabgelassen worden. Der Pfarrer liest aus einem Buch das letzte Gebet vor, und die Trauergäste werfen Blumen ins Grab.

Ältere Schüler, bei denen die naive Freude an leuchtenden und bunten Farben nachläßt, sind jetzt zugänglicher für gedämpftere Farbklänge. Mit ihnen können mit Erfolg Überlegungen angestellt werden, wie sich be-

Beispiel 7

Abb. 24
Aschenputtel am Grab der Mutter, Mädchen 3. Schj.

Abb. 25
Beerdigungsszene, Knabe 3. Schj.

stimmte Stimmungen bildnerisch ausdrücken lassen. Schwarz, Weiß und die dazwischenliegenden Graustufen sind dafür besonders geeignet. Wird graues Packpapier benutzt, dann fehlt von Anfang an schon die Versuchung, mit leuchtend-kräftigen Farben zu arbeiten. Der mittlere Grauton des Papiers kann aufgehellt oder verdunkelt werden. Andere Farben wie Grün oder Blau kommen nur spärlich und dann auch immer gebrochen und trüb zur Anwendung. Mit der Beschränkung der Farbpalette auf zurückhaltende kühle Töne geht eine geringe Differenzierung der Formen Hand in Hand. Geschlossene Baumkronen, säulenartige Zypres-

Abb. 26 Gräberfeld, Lehrerstudent

sen und Lebensbäume, einfache Grabplatten und Steinkreuze, ruhige Mauerflächen, ein dunkler wolkenverhangener Himmel, vielleicht eine kleine Grabkapelle passen dazu. Sie erfordern kein besonderes Zeichentalent. Ihre ruhigen Flächen und Konturen unterstützen den Eindruck der weltabgewandten Stille. Mit schmutzigem Deckweiß können zum Schluß einige Akzente gesetzt werden. In der Abb. 26 eines Gräberfeldes erscheinen die vielen Kreuze wie vom Mondlicht beschienene Mahnzeichen.

Kunstbetrachtung

Es gibt eine Fülle von Bildern, auf denen sich namhafte Künstler mit dem Thema „Tod" auseinandersetzen. Für Kinder sind die Totentanz-Darstellungen besonders eindrucksvoll, z. B. die Holzschnittfolge von *Hans Holbein d. J.* (1538) oder der von *Alfred Rethel* aus dem Erlebnis der Revolution von 1848 geschaffene Zyklus „Auch ein Totentanz". Viele Friedhöfe bieten Gelegenheit, Vergleiche an Grabdenkmälern anzustellen. Liebe zu Verstorbenen, aber auch Repräsentationsbedürfnis der Überlebenden haben mancherorts zu Erscheinungen geführt, die an geschmacklosen Kitsch grenzen und dem Ernst des Todes kaum noch Rechnung tragen.

Beispiel 8

Thema: *Geister und Gespenster*

Technik: *Wasserfarben, Tusche, Feder, Kohle, Kreide*

Bildproblem: *Rhythmisierung des Zeichen- und Malvorganges*

Altersstufe: *1.–9. Schuljahr*

A. Didaktische Analyse

1. Information über die Sachstruktur

In unserer aufgeklärten Zeit glaubt kaum noch jemand ernstlich an übernatürliche Wesen. Das schließt nicht aus, daß manche Leute ihres Wissens doch nicht ganz sicher sind. Sonst gäbe es ja keine Talismane, Maskottchen, Amulette und andere Glücksbringer. Reste eines magischen Denkens und eines Glaubens an die vermeintlichen Zauberkräfte unheilabwehrender Schutzmittel sind im Volk noch weit verbreitet, auch in beschwörenden Redensarten und Handlungen. *Geister* sind mit Gestalt und Willen begabte Mächte, die uns Schaden zufügen, durch bestimmte Opfergaben und Kulthandlungen aber auch günstig gestimmt werden können. Sie verkörpern sich gern in menschenähnlicher Erscheinung, bleiben aber letzten Endes doch unfaßbar und daher unheimlich, erschreckend und schaudererregend. Sie treten gern dann auf, wenn äußere Umstände die Kraft der menschlichen Vernunft herabsetzen, z. B. im Schlaf und Traum, oder bei starken inneren Erregungen (Geister Verstorbener, unheilbare Krankheiten, Besessenheit u. ä.). *Gespenster* sind lockende Spukgestalten und Trugbilder, die auf dem Glauben an eine innere Beseelung der Natur beruhen (vgl. Erlkönig). Das Wort Gespenst kommt von Gespinst und bedeutet etwas Verworrenes, Unerklärliches, Unauflösbares (vgl. Gordischer Knoten). Schon Kindern ist bekannt, daß der Ausdruck „der spinnt" soviel wie „geistig verwirrt" bedeutet.

2. Kennzeichnung des Bildungsgehaltes

Das Wesen der Geister und Gespenster erfordert bei der bildhaften Darstellung besonderer Überlegungen. Ihre übernatürliche und weder optisch noch haptisch eindeutig greifbare Erscheinung läßt sich nur zu Papier bringen, wenn vom üblichen Zeichnen in festen Konturen und mit einer deutlichen Gliederung der Gestalt abgewichen wird. Schon in der Grundschule sind befriedigende Arbeiten zu erhalten, wenn dafür die geeigneten bildnerischen Techniken angeboten werden. Linien als Konturen erfordern stets eine genaue, vom Verstand gelenkte Festlegung. Werden sie aber als Linienknäuel aus der kreisenden Bewegung und rhythmisch niedergeschrieben, dann entsteht gerade das „Gespinst", aus dem ein Gespenst entsteht. Bei den Farben ist es ähnlich: Naß in Naß aufgetragen, ineinander verlaufend, ohne deutliche Kontur, mehr Anmutung als deutliche Aussage, erzeugen sie am besten den Eindruck, den wir von unheimlichen und beängstigenden Wesen erwarten.

3. Stellung des Kindes zum Unterrichtsziel

Man könnte der Meinung sein, es wäre falsch, Kinder mit solch aufregenden und gespenstigen Ungeheuern zu belasten. Für sie gehört aber Gut und Böse zu ihrer von moralischem Rigorismus geprägten Märchen- und Abenteuerwelt. Spannungsgeladene Geschichten und emotional begründete Bildmotive geben ihnen die Möglichkeit, ihrer starken seelischen Erregbarkeit Ausdruck zu verleihen und aufgestaute Ängste abzureagieren. Ihr großer Erlebnishunger erhält heute vielfach in gewalttätigen Fernsehsendungen unverdauliche Nahrung, ohne daß dafür Entspannungsventile geöffnet werden. Bösewichte und übernatürliche Wesen verlieren ihre Kraft, wenn sie von den Kindern selbst auf das Papier gebannt werden. Dort werden sie ungefährlich und müssen dem Willen des Kindes gehorchen.

B. Methodische Hinweise zur Durchführung

1. Formprobleme

Das Märchen von dem armen Fischer, der eine schwere Kupferflasche aus dem Meer angelte (aus „Tausend und eine Nacht"), soll uns die ersten Anregungen für die Gestaltung geben. Da heißt es:

Abb. 34 bis 37 Verschiedene Leuchtbilder; zu Beispiel 9, S. 57

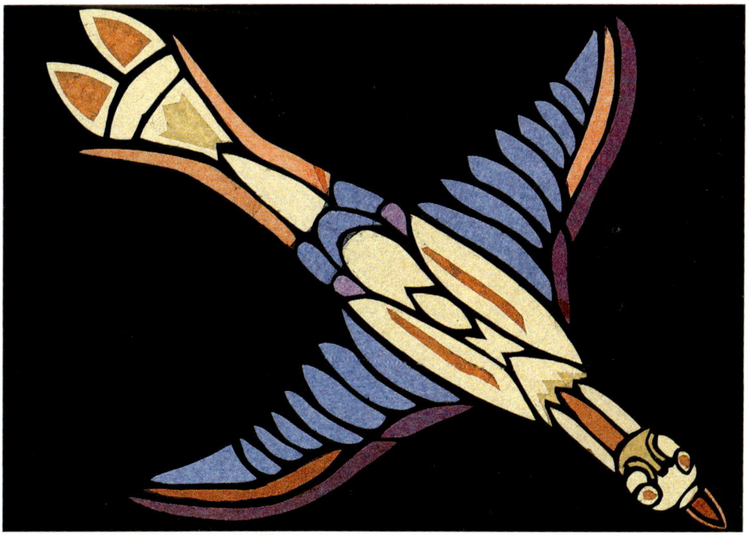

„Plötzlich drang Rauch aus der Flasche, der stieg zum Himmel empor. Und der Rauch verdichtete sich, sank nieder und wurde zu einem Geist, der war riesenhaft von Gestalt, und seine Beine standen auf dem Sand wie Säulen, und sein Scheitel streifte die Wolken. Sein Kopf schien wie eine Kuppel, seine Hände waren wie Heugabeln, und sein Mund glich einer Grotte im Gestein. Seine Augen glühten wie Laternen in der Nacht und sein Blick war wild. Mit Donnerstimme brüllte er: ‚Ich bin ein aufrührerischer Geist, und das Chaos ist mein Element.'"

Bei der Gestaltung kommt es darauf an, aus Rauch, Dampf, Qualm – also aus einer leicht veränderbaren, beweglichen, transparenten und nicht greifbaren Materie – eine Form zu schaffen, der man den ständigen Wechsel zwischen Verfestigung und Auflösung und deren Übergängen ansieht. Bewegungsvorgänge sind also ihr charakteristisches Merkmal und Ausdruck der ihnen zugrundeliegenden Kräfte. Der körperliche Bewegungsdrang des Kindes kann bei dieser Aufgabe in ausgezeichneter Weise für die Gestaltung eingesetzt werden. Das geschieht entweder mit dem Pinsel malend oder mit Stiften und Federn zeichnend. In beiden Fällen erwächst die Form aus dem Fleck, der langsam, auf Ausdehnung drängend, größer wird, aber auch an bestimmten Stellen nicht vorwärts kommt und zerreißt. Dadurch entsteht erst im nachhinein eine lebendige, oft unbestimmte und verschwimmende Kontur. Auf keinen Fall soll der Umriß vorher aufgezeichnet werden. Die Hand kreist, Spuren hinterlassend, ununterbrochen über dem Papier und wird vom Auge hierhin und dorthin gelenkt. So entstehen dichtere und weniger dichte Strichlagen, hellere oder dunklere Flecken und Tonwerte. Das Hochformat füllt sich immer mehr, und der Geist nimmt Gestalt an. Zum Schluß kann in gemalte Flecken noch hineingezeichnet oder in gezeichnete Knäuel und gespinstartige Figuren noch mit dem Pinsel hineingearbeitet werden.

2. Zu unseren Abbildungen

Der Flaschengeist auf den Abb. 27 und 28 (Mädchen, 6. Schuljahr) wurde mit Deckweiß auf nasses schwarzes Papier gemalt. Die Arbeit besticht durch die vielfältigen Helligkeitsabstufungen. Die rotierenden Bewegungen des Pinsels sind noch deutlich zu erkennen. Hände, Haare und Umriß wurden anschließend mit Feder und weißer Tusche oder wässerigem Deckweiß grafisch weiter ausgeführt, wiederum auch hier knäuelartig kreisend. Zum Schluß haben die Mädchen die unheimliche Wirkung noch gesteigert, indem bei Augen und Mund in die weiße Untermalung wieder schwarze Tusche eingetragen wurde.

Die Abb. 29 bis 32 (S. 36) wirken durch ihre Farben. Sie stammen aus einer 8. gemischten Klasse. Auch hier wurde auf nassem Papier gearbeitet. Der bedrohliche Hintergrund steigert die Ausdruckskraft des gefährlichen Flaschengeistes. Das Rot und Orange am Himmel wurde widerräumlich eingesetzt, drängt nach vorn und gibt den Bildern eine zusätzliche Spannung.

Abb. 39 Lebensbaum, Lehrerstudent; Wachsauswaschtechnik; zu Beispiel 10, S. 64

Beispiel 8

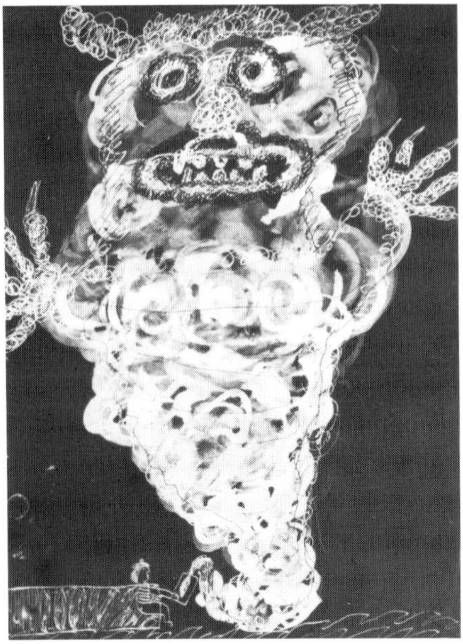

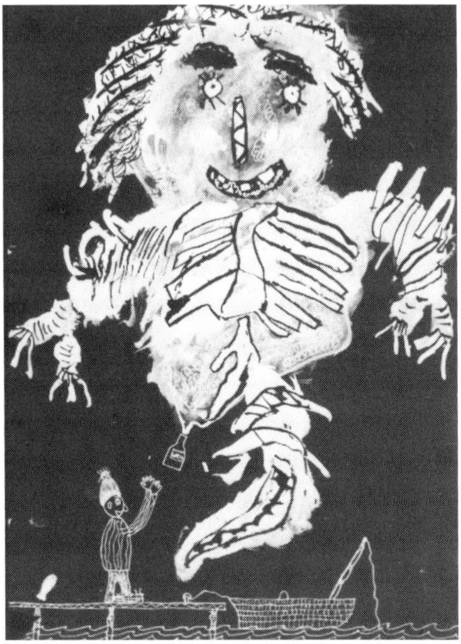

Abb. 27 und 28 Flaschengeister, Mädchen 6. Schj.

Abb. 33 Friedhofsgespenster, Knabe 7. Schj.

Das Bild von den Friedhofsgespenstern (Abb. 33, Knabe, 7. Schuljahr) ist eine reine Federzeichnung. Sie zeigt, wie das Thema auch nur grafisch bearbeitet werden kann. Durch dichtere oder lockerere Strichlagen und Strukturierungen werden verschiedene Helligkeitswerte erzeugt. Nachträgliches Übermalen mit wässeriger Deckfarbe hätte die Tonwerte noch verstärkt.

Verschwimmende Konturen und vielfältig abgestufte Tonwerte lassen sich auch sehr gut mit Kohle (auf weißem Papier) oder Kreide (auf schwarzem Papier) herstellen, wenn der Farbauftrag mit dem Finger verwischt oder stellenweise mit dem Radiergummi wieder beseitigt wird.

3. Weitere thematische und formale Anregungen

Der Flaschengeist, noch eingesperrt in seinem Gefäß; Hexenmeister, Hexentanz (Beispiel 25 in Handbuch 55); Moosweiblein (Beispiel 8 in Handbuch 55); Teufel (Beispiele 3 und 35 in Handbuch 55); Nebeldrache, Riesen, Räuber, Vogelscheuchen, Wahrsagerin, Dämonen, böser Zauberer, Erlkönig, Wotans wilde Jagd, qualmender Ofen, Tintenfisch im Meer.

Gefährliche Kerle haben riesige Köpfe mit wilden Haarmähnen, oft auch eine behaarte Brust, stechende Augen, bleckende Zähne, wütend erhobene Arme, zupackende Hände, zerlumpte Kleidung, trübe, dunkle und unbeliebte Farben usw. Bei einer Vorbesprechung mit den Kindern wird sich zeigen, wie leicht ihre Phantasie zu wecken ist und wie sie sich mit immer neuen, ausgefallenen Ideen gegenseitig übertreffen möchten. Mancher Lehrer wird staunen, wie vielseitig und originell ihre Einfälle sind, wenn ihre Kreativität nicht durch schulmeisterliche Vorschriften unterdrückt wird. Oft werden sie die Fabulierkunst und Phantasie des Lehrers weit übertreffen.

Beispiel 9

Thema: *Leuchtbilder am Fenster*

Technik: *Papierschnitt*

Bildproblem: *Farbige Lichtwirkung, Einheitlichkeit von Gemeinschaftsarbeiten*

Altersstufe: *1.–9. Schuljahr*

A. Didaktische Analyse

1. Information über die Sachstruktur

Farbige Papiertransparentbilder an den Fenstern geben den Räumen ein gedämpftes Licht und erzeugen eine besondere Stimmung. Vor allem in der Zeit der Romanik und Gotik wurden in Kirchen und Kathedralen gern die Fenster mit bunten Gläsern geschmückt. Sie dienten der Sammlung der Gemeinde. Ihr feierliches und unwirkliches Licht steigerte durch glutvolle Farbenpracht die Andacht der Gläubigen. Farben waren schon immer bildnerische Mittel, die besonders starke gefühlsmäßige Einstellungen erzeugen konnten. Auch Synagogen und Moscheen wurden mit farbigen Fenstern ausgestattet, wenn man dort auch aus religiösen Gründen auf figürliche Darstellungen verzichtete und nur stilisierte abstrakte Ornamente benutzte. Kindern, die so etwas noch nie gesehen haben, sollte man wenigstens durch Diaprojektion im verdunkelten Klassenzimmer einen Eindruck von solchen Fenstern und Maßwerkrosetten, aber auch von der orientalischen Pracht aus „Tausend und eine Nacht" vermitteln. Vielleicht kennen sie bunte Fenster in den Treppenhäusern der Jugendstilhäuser aus der Jahrhundertwende. Manche Gastwirtschaften versuchen auf ähnliche Weise eine anheimelnde Stimmung durch farbige Butzenscheiben oder durch gerahmte Glasbilder zu erzeugen, die vor die Fenster gehängt werden.

2. Kennzeichnung des Bildungsgehaltes

Die Kirchenfenster bestanden aus bunten Glasstücken, die mit Bleiruten zusammengehalten wurden. Bei unserem Unterrichtsbeispiel ersetzen wir beides durch Papier und können auf diese Weise eine ähnliche Wirkung erzielen. Es kommt darauf an, daß möglichst viel farbiges Licht durch die Bilder in den Raum dringt und daß die verbindenden Stege (aus stärkerem schwarzem Karton) schmal sind und doch dem Bild die nötige Stabilität geben. Bei der Wahl der Farben braucht man nicht allzu ängstlich sein, weil die Stege als Grenzen und neutrale Zonen zu starke Kontraste entschärfen. Trotzdem sollten um einer einheitlichen Gesamtwirkung willen nicht mehr als zwei, höchstens drei Farben und diese in Hell-Dunkel-Abstufungen verwendet werden. Obwohl das Ausschneiden der Farbfelder eigentlich mehr ein Zeichnen mit Schere oder Schneidfeder ist, liegt der Schwerpunkt der Arbeit auf dem Gebiet einer farbwertigen, malerischen Gestaltung. Um bei der Zusammenstellung aller einzelnen Schülertransparente zu einer Gemeinschaftsarbeit eine größere Einheitlichkeit zu erreichen, können alle Arbeiten zum Schluß auf der Rückseite noch mit demselben gleichen hellen Farbpapier überzogen werden.

3. Stellung des Kindes zum Unterrichtsziel

Am Anfang fällt es den Kindern schwer, beim Schneiden nicht nur die Löcher, sondern auch die stehenbleibenden Restflächen zu beachten. Das hängt mit dem Unterschied zwischen gemeinter Form und nicht gemeintem Bildgrund zusammen. Leider sieht man immer wieder Fensterbilder, die nur aus zusammenhanglos herausgeschnittenen Löchern bestehen. Solche Arbeiten ließen sich aber vor dem Aufkleben der Farbpapiere noch wesentlich verbessern, wenn die Löcher vergrößert und den Nachbarlöchern in ihrer Form so angepaßt würden, daß nur noch schmale schwarze Stege übrigblieben, die das ganze Bild wie ein Gitternetz überziehen. Daß dieses, mehr der Grafik zugehörige Netz ebenso wichtig für den Gesamteindruck ist wie die bunten Farben, muß den Kindern immer wieder gezeigt werden. Sie begreifen dann auch bald, daß große schwarze Restfelder die Leuchtkraft des Bildes verringern.

B. Methodische Hinweise zur Durchführung

1. Faltsterne

Ein quadratisches Papier wird dreimal zusammengefaltet. Nimmt man dafür gummiertes schwarzes Scherenschnittpapier, dann macht das Falten weniger Schwierigkeiten, und für die Hinterklebung braucht die Gummierung nur leicht angefeuchtet werden. Beim ersten Falten entsteht ein Rechteck, beim zweiten wieder ein Quadrat, bei der dritten (Diagonal-)Faltung ein rechtwinkeliges Dreieck, bei dem das Papier jetzt in acht Lagen aufeinanderliegt. Liegt die Diagonale richtig, dann liegen an der einen Spitze des Dreiecks die vier Ecken des Ausgangsquadrats übereinander. Die andere Ecke des Dreiecks bildet den Mittelpunkt des späteren Sterns. Es ist gut, wenn man sich diese Stelle merkt. Von dort aus strahlt der Stern nach allen Seiten aus. Das Herausschneiden beginnt an der offenen Dreiecksseite. Nach jedem Schnitt wird auseinandergefaltet und die Wirkung überprüft, weil jeder Einschnitt sich verachtfacht. Hat der Stern eine befriedigende Kontur bekommen, dann beginnt das Herausschneiden der Farbfelder. Dabei werden jetzt an den gefalteten Dreiecksseiten Stücke herausgeschnitten. Sie sollten zuerst sehr klein sein und erst nach Überprüfung am auseinandergefalteten Stern vergrößert werden. Dabei ist es gut, wenn sie in ihrer Form das Auseinanderstrahlen von der Mitte aus betonen. Auf keinen Fall dürfen aber die Faltränder des Dreiecks ganz weggeschnitten werden, weil sonst der Stern in viele Teile zerfällt. Vorgezeichnet sollte nach Möglichkeit nicht werden. Die schnittigen oder bogigen Linien der Schere verhindern kleinliche Einzelheiten und Verschnörkelungen, die den Stern nur unruhig und unübersichtlich machen. Breitere Stege können die Hauptformen betonen, schmälere dienen der Untergliederung (Abb. 34, Seite 53).

2. Farbige Ausgestaltung

Die Durchbrüche in der Ausgangsfläche müssen durch Überkleben mit Seiden- oder Drachenpapier einen farbigen Lichtdurchfall erhalten. Jüngeren Kindern, die noch additiv jedes Feld einzeln zukleben, macht das oft große Schwierigkeiten. Diese lassen sich leicht meistern, wenn der Stern auf der Rückseite zunächst mit einem einzigen Transparentpapier beklebt wird. Das kann gewöhnliches Butterbrotpapier, Architektenpauspapier oder helles Seidenpapier sein. Bei Stern und Fisch (Abb. 34 und 35) haben die Kinder das hinterklebte weiße Pergamentpapier an den äußeren Konturen noch 1–2 cm breit überstehen lassen. Zeigen die Stege bereits ein interessantes Muster, dann kann auf Farbe auch einmal verzichtet werden. Auf das hintere weiße Deckblatt können von hinten Farben aufgemalt werden, wenn das Papier stabil genug ist (Pergamentpapier). Dafür eignen sich Wasser- oder Wachsfarben. Wachsfarben lassen sich in zwei Schichten auftragen (Dunkel auf Hell). Dann können noch zusätzliche Strukturen eingekratzt werden (Abb. 34 und 35). Auch Übergänge von einer Farbe zur andern durch Mischen sind möglich.

Wird mit farbigen Papieren gearbeitet, dann erfolgt eine Farbabstufung nach Hell und Dunkel durch Verdoppelung oder Verdreifachung der

Papierschichten. Bei Abb. 36 wurden die blauen Felder der Flügelspitzen des Vogels mit 2–3 Lagen desselben hellblauen Transparentpapiers beklebt. Zum Kleben eignen sich am besten Klebestifte, weil mit ihnen sparsam gearbeitet werden kann und sie das Papier nicht aufweichen. Nur wenige Klebestellen sind nötig, weil die fertigen Arbeiten am Fenster (Tesafilm) fest anliegen.

3. Thematische Variationen

Es müssen nicht immer nur Sterne sein, die in der Adventszeit das Klassenzimmerfenster schmücken. Auch Engel, Weihnachtsmänner und Christbäume mit brennenden Kerzen und bunten Kugeln lassen sich zu Gemeinschaftsarbeiten zusammenstellen. Sehr gut eignen sich Fische und fliegende Vögel, die auch zu anderen Jahreszeiten angefertigt werden können. Für sie genügt eine einmalige Faltung des Papiers, wodurch eine zweiseitig symmetrische Form entsteht. Dickerer schwarzer Karton, Heftumschläge, Aktendeckel können auch ungefaltet mit Schneidfedern, Universalmessern oder umwickelten Rasierklingen auf einer Pappunterlage geschnitten werden.

Weitere Anregungen bringen im Handbuch 55 die Beispiele 18: Rosette, 42: Fachwerkhaus, 46: Nußknacker, 62: Fische und 63: Früchtekorb.

Auch mit Hilfe der im Beispiel 29 (Seite 158) beschriebenen Umklappung lassen sich bei Transparenten überraschende Wirkungen erzielen. Rosetten mit kreisrundem Rand können, mit Buntpapier, Gold- und Silberpapier hinterklebt, zu Untersetzern für Vasen und andere Gefäße auf Kaffeetafeln werden.

Beispiel 10

Thema: *Lebensbaum*

Technik: *Wachsauswaschtechnik*

Bildproblem: *Farbharmonisierung, doppelseitige Symmetrie*

Altersstufe: *1.–9. Schuljahr*

A. Didaktische Analyse

1. Information über die Sachstruktur

Der Lebensbaum gehört zu den wichtigsten Motiven der Volkskunst, die sich meist aus vorchristlichen, germanischen Runen ableiten lassen. Die große Fülle der verschiedenen Schmuckzeichen, die sich im Laufe der Jahrhunderte herausgebildet hat, geht letzten Endes auf wenige Urformen zurück, die immer wiederkehren und Sinnzeichen für den rhythmischen Ablauf des menschlichen Lebens sind. Sie waren in ihrem Wesen zuerst nicht Abbild bestimmter Gegenstände, sondern hatten – ähnlich wie die Höhlenzeichnungen der Steinzeit – Bannkraft, symbolische und glückbringende Bedeutung. Wenn uns heute das Verständnis für diese gleichnishafte Sinngebung verlorengegangen ist und wir in diesen Formen nur noch eine dekorative Ausschmückung von Gegenständen in unseren Wohnungen sehen, so hat sich doch noch – z. B. bei Talisman, Amulett usw. – ein Rest jener frühen vorrationalen Lebensauffassung erhalten.

Volkskunst war immer Gebrauchskunst einfacher Handwerker und Bauern. Sie war niemals „Kunst an sich", sondern stets auf die Werterhöhung von Gebrauchsgegenständen mit profaner oder sakraler Funktion gerichtet. Freilich wurden im Laufe der Zeit Anregungen der Renaissance und des Barock übernommen und sorgten dafür, daß sich der überlieferte Formenschatz bereicherte und der Natur annäherte. Trotzdem blieb der Tenor der Volkskunst gleich. Stets war sie ein Schaffen in festgefügten Traditionen, die sich ebensowenig änderten wie der ewige Kreislauf der Natur mit Sommer und Winter, Saat und Ernte, Geburt und Tod, in den sich die Menschen eingebunden fühlten.

Gerade der Lebensbaum ist ein besonders sinnfälliges und leichtverständliches Motiv, in dem ähnlich wie in der germanischen Lebensrune ᛘ von unten nach oben das Streben nach Höhe und Entfaltung zum Ausdruck kommt. Da verzweigt sich ein Stamm oder Stengel zum Drei- oder Fünfsproß; da wachsen aus Zweigen und Ästen neue Seitentriebe, Blätter und Ranken; da treiben an ihren Enden Knospen und Früchte heraus und steigern sich in ihrer Pracht bis in die Spitze des Lebensbaumes hinein. Alle Teilformen unterstehen dieser einheitlichen Tendenz, die zusammen mit der symmetrischen Anordnung für einen leicht überschaubaren Gesamteindruck sorgen.

2. Kennzeichnung des Bildungsgehaltes

Es geht bei dieser Aufgabe nicht darum, die Mode der zur Zeit allenthalben eifrig betriebenen „Bauernmalerei" mitzumachen. Was da – meist nach Vorlagen – verfertigt wird, mag bei Erwachsenen einem echten Schmuckbedürfnis, vielleicht auch einem Unbehagen an unserer nüchternen, naturentfremdeten und von übertriebenem Funktionalismus geprägten Umwelt entspringen. Es soll auch nicht die im Dritten Reich ausgiebig strapazierte Volkskunst wiederbelebt werden. Der Bildungswert liegt vielmehr in den Möglichkeiten, die dieses Thema für die Entwicklung des bildnerischen Denkens der Kinder aller Altersstufen bietet. Weil Volkskunst in erster Linie angewandte Gebrauchskunst ist, ist sie stets auf zweidimensionale Flächen bezogen, z. B. auf Schränke, Truhen, Schachteln, Teller, Gefäße, Backmodel, Trachten, bestickte Stoffe usw. Darum gibt es bei ihr keine Probleme einer scheinräumlichen (perspektivischen) oder plastischen Illusion. Stets begnügt sie sich mit einer einfachen, verflachten Darstellung, deren Komposition durch bilaterale oder radiale Symmetrie bestimmt wird. Aber auch Imitationen naturalistischer Formen liegen ihr fern, wenn sie auch von dorther Anregungen aufnimmt. Der Schwerpunkt liegt nicht auf dem getreuen Abbild bestimmter Blüten, Blätter usw., sondern auf der Freiheit gestalterischer Phantasie. Solche Phantasie kann sich nur entfalten, wenn sie durch keinen kritischen

Vergleich mit der Natur eingeengt wird. Sie muß durch die rhythmische Wiederholung eigener, einfachster Formerfindungen beflügelt werden. Aus vielen gleichen Teilen entsteht durch Aneinanderreihung und Gruppierung ein überraschendes Ganzes, das auf seinen Urheber zurückwirkt und ihn zu neuen Formerfindungen inspiriert. Auf diese Weise kommen die Kinder nach und nach dazu, ihre additive Arbeitsweise zu überwinden und größere Gesamtzusammenhänge zu überblicken. Das Gleiche gilt auch für die Farbgebung. Die zunächst noch beziehungslos aufgesetzten Farben, die oft zu einer schreienden Buntheit führen, werden allmählich aufeinander abgestimmt und einem einheitlichen Farbklang untergeordnet. Die in diesem Unterrichtsbeispiel beschriebene Auswaschtechnik berücksichtigt vor allem dieses zuletzt genannte Bildproblem.

3. Stellung des Kindes zum Unterrichtsziel

Die bei Kindern von frühester Jugend an anzutreffende naive Freude am Ausschmücken und Verzieren kommt unserer Aufgabe weitgehend entgegen. Kinder sind in der Lage, ihr optimistisches Lebensgefühl in überraschenden Formerfindungen und Farbzusammenstellungen auszudrücken, wenn sie noch nicht verbildet und durch schlechte Vorbilder der Erwachsenen beeinflußt wurden. Für sie sind Blumen und Tiere, ähnlich wie im Märchen, noch Lebewesen, mit denen sie sich identifizieren können. Mit ihnen können sie fühlen, sprechen, sich freuen oder traurig sein – kurz: auf eine besondere Weise kommunizieren. Darum drücken sie unbewußt beim Malen und Zeichnen sich selbst aus. Das unkomplizierte bildnerische Gestalten des volkstümlichen Ornaments kommt ihrer Mentalität weitgehend entgegen. Das einfache, additive Aneinanderreihen gleicher oder ähnlicher Formelemente erfolgt aus einem rhythmischen Körpergefühl heraus und führt zu stiller, unabgelenkter Konzentration. Deutlich konturiert werden die gemeinten Formen vom nichtgemeinten Bildgrund abgehoben. Leere Stellen im Bildgrund reizen zum weiteren Ausfüllen. Der Lebensbaum wächst, sich ausbreitend und entfaltend, zu einer immer dichter werdenden Füllung des vorgegebenen Bildformats heran. Blüten, Blätter, Ranken, aber auch eingefügte Vögel und Tiere werden dabei stets orthoskopisch, d.h. mit ihrer einprägsamsten Ansichtsseite dargestellt, so daß der Lebensbaum wie eine im Herbarium flachgepreßte Pflanze erscheint.

B. Methodische Hinweise zur Durchführung

1. Formprobleme (Abb. 38)

Aus den von der Kritzelphase her geläufigen beiden Formen des Urknäuels und des Urkreuzes lassen sich die in der Bauernmalerei am häufigsten auftretenden Blütenformen der Rose und der Sternblüte ableiten. Die Rose hat eine in sich geschlossene Form. Bei ihr kreisen (wie beim Urknäuel) die einzelnen Blütenblätter in immer größeren Bogenformen um ein Zentrum (ähnlich auch bei Pfingstrose, Anemone, Begonie, Stiefmütterchen usw.).

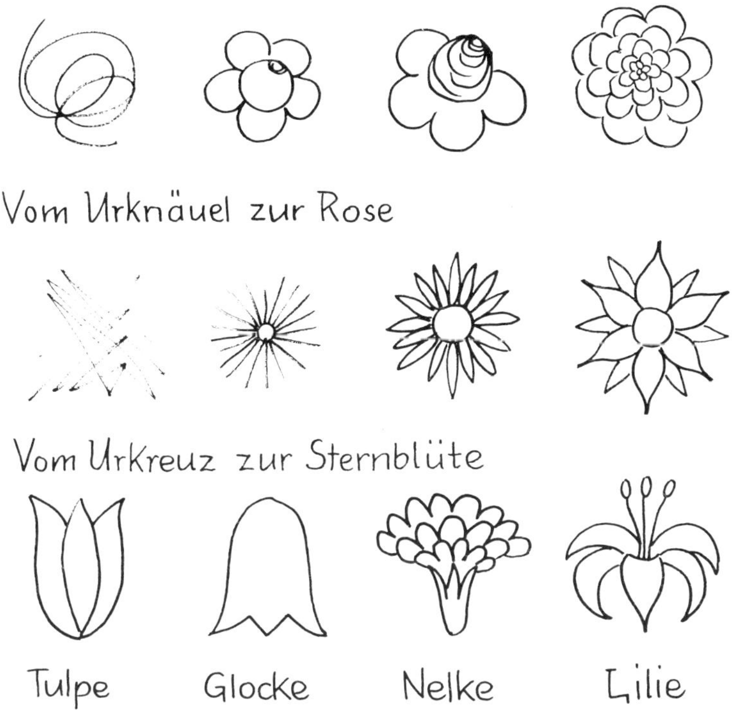

Abb. 38 Ableitung verschiedener Blütenformen aus der Kritzelphase

Dagegen strahlen die Blätter der Sternblume radkreuz- oder rosettenartig vom Zentrum nach allen Seiten auseinander und führen zu einer offenen Form (Margerite, Aster, Sonnenblume, Dahlie usw.).

Bekannt sind die in der frühen Kinderzeichnung vorkommenden Kombinationen beider Prinzipien (z. B. bei der Darstellung des Menschen als Kopffüßler oder bei der Sonne). Auch beim Zeichnen von Blattformen lassen sich beide Gestaltungsweisen nachweisen. Da gibt es geschlossene Blattspreiten (z. B. bei Linde, Buche, Alpenveilchen, Seerose usw.) und offene (z. B. bei Lupine, Ahorn, Wein, Esche, Rose). Trichterförmige Blüten (wie Tulpe, Glockenblume, Nelke), aber auch aufbrechende Knospen können so verstanden werden, daß sie zur einen Hälfte geschlossen, zur anderen aber ausstrahlend offen sind (Krokus, Fuchsie, Schwertlilie usw.).

Es gibt also eine sehr große Zahl von Differenzierungsmöglichkeiten der Urformen. Darum empfiehlt es sich, mit den Kindern in einer vorbereitenden Stunde erst einmal solche Variationen auszuprobieren und neue eigene Phantasieformen zu erfinden. Das kann vor der ganzen Klasse an der Wandtafel geschehen, so daß von originellen Ideen einzelner Schüler Anregungen für weniger einfallsreiche ausgehen. Auch der Gesamtaufbau des Lebensbaumes mit der aufstrebenden und ausfächernden Richtungstendenz aller Teilformen sollte besprochen werden, damit später eine einheitliche Gesamtform entsteht. Dabei ist auf die Möglichkeit hinzuweisen, nichtssagende Lücken und Leerstellen durch untergeordnetes Blatt- und Rankenwerk aufzufüllen. Eingefügte Früchte und Vögel, am Boden auch größere Tiere und Menschen, gehorchen dabei dem Gesetz der bilateralen Symmetrie und treten stets paarweise auf. Sehr hilfreich kann es sein, wenn Vorübungen und Entwürfe auf dem Papier durch Zweihandzeichnen (mit zwei Stiften) ausgeführt werden. Eine ganz exakte Symmetrie, auf die aber kein besonderer Wert gelegt werden muß, entsteht durch senkrechte Faltung des Zeichenblattes. Die Formen der einen Hälfte können an einer Fensterscheibe leicht auf die andere Hälfte übertragen werden, weil sie durch das Papier durchschimmern.

2. Wachsauswaschtechnik (Abb. 39, S. 54)

Für die Ausführung der endgültigen Arbeit eignet sich diese weniger bekannte Technik besonders deswegen, weil sie sehr leicht zu einer alle Formen verbindenden Gesamtfarbigkeit führt. Sie wirkt damit einer zu lauten und schreienden Buntheit entgegen. Echte Bauernmalerei zeigt immer ein gedecktes Ineinanderverwobensein der Farben. Bei der Wachsauswaschtechnik läßt sich das auf sehr einfache Weise auch schon in der Grundschule erreichen. Auf ein mit dickflüssiger Deckfarbe grundiertes kräftiges Zeichenpapier wird nach dem Trocknen die Zeichnung des Lebensbaumes mit einer gewöhnlichen farblosen Kerze aufgebracht. Für die Grundierung können alle dunklen Farben (grün, blau, rot, braun, schwarz) verwendet werden. Grundiert wird aber nur mit e i n e r Farbe. Beim Auftrag der Zeichnung muß sehr stark aufgedrückt werden. Eventuell müssen die Linien mehrmals nachgefahren werden, damit die darunterliegende Farbe gut abgedeckt wird. Daraus ergibt sich, daß allzu differenzierte Einzelformen ungeeignet sind. Das Wachs wird durch das Aufdrücken und Reiben warm und weich. Hält man die entstehende Zeichnung schräg gegen das Licht, dann kann man an ihrem Glanz erkennen, wo noch nicht genügend Wachs aufgetragen wurde. Anschließend wird das ganze Blatt unter fließendem Wasser abgewaschen (Schwamm oder Borstenpinsel). Bei großen Klassen können die Kinder das Abwaschen ihrer Arbeiten auch zu Hause vornehmen. Die Grundfarbe löst sich nur dort, wo kein Wachs aufgetragen wurde. Die Zeichnung erscheint jetzt dunkelfarbig auf hellerem Grund. Dieser Grund wird aber nicht mehr ganz weiß. Dadurch entsteht der einheitliche Farbzusammenhang zwischen Figur und Bildgrund. Durch Differenzierung der Auswaschstärke können besondere Effekte (hell – dunkel) erzielt werden. Die nassen und durchgeweichten Blätter werden zum Trocknen flach auf dem Fußboden ausgebreitet, damit sie faltenfrei und glatt werden. Zur weiteren Ausgestaltung lassen sich in die Blüten und Blätter andere Farben einmalen. Das kann Naß in Naß oder erst nach dem Trocknen der Blätter erfolgen. Die einheitliche Farbigkeit der ganzen Arbeit kann nun nicht mehr zerstört werden, weil alle neuen Farben von der Grundfarbe beeinflußt werden. Sparsam aufgesetzte Lichter aus Deckweiß werden das Bild noch lebendiger erscheinen lassen.

3. Variationen

- Lebensbäume auf Tellern, Vasen, Glückwunschkarten, Krügen, Trachten, Schachteln, Dosen, Truhen, Stuhllehnen, Schrankfüllungen, Kacheln, Ostereiern;
- Lebensbäume aus Herzen, Gefäßen, Körben herauswachsend;
- paarweise Anordnung von Vögeln, Hähnen, Hirschen, Menschen am Fuße des Lebensbaumes;
- Einordnen eines Lebensbaumes in unterschiedliche Formate: Rechteck, Quadrat, Trapez, Rhombus, Dreieck, Kreis, Spitz- und Rundbogenfeld;
- Blumensträuße, Blumenstöcke;
- Ausführung in anderen Techniken, z. B. Faltschnitt, Kartoffelstempel, Linolschnitt, Papierbatik;
- Anwendung der doppelseitigen Symmetrie bei anderen Themen: Hampelmann, Puppe, Nußknacker, Weihnachtsengel, Fachwerkhäuser, Pullover, Trachten, Krüge, Schalen, Plakate; Tiere wie z. B. Adler, Schmetterling, Käfer, Spinne, Pfau, Eule; Grabkreuze, Maibaum, Maske, Faschingsfigur, Turnerpyramide usw.

4. Weitere Anregungen

finden sich im Handbuch 55 in den Beispielen 15: Schmetterling, 17: Moschee, 18: Rosette, 29: Herbstlaub, 31: Maikäfer, 35: Teufelsmaske, 42: Fachwerkhaus, 46: Nußknacker, 55: Totempfahl, 61: Eule und Zweihandzeichnen Seite 97.

Beispiel 11

Thema: *Verändern einer Zeichnung*

Technik: *Alle Techniken*

Bildproblem: *Bewußter Einsatz bestimmter Bildmittel*

Altersstufe: *1.–9. Schuljahr*

A. Didaktische Analyse

1. Information über die Sachstruktur

Man kann es als ein Charakteristikum der modernen Malerei bezeichnen, daß die Künstler den Herstellungsprozeß ihrer Werke dem Betrachter nicht mehr verheimlichen wollen. Im Gegenteil: Dadurch, daß man am fertigen Bild erkennen kann, wie es entstanden und gemacht worden ist, soll dem Betrachter ein unmittelbarerer Zugang zu dem Tun, Denken und Fühlen seines Schöpfers eröffnet werden. Das erfordert vom Betrachter eine Veränderung seiner vertrauten Sehgewohnheiten und stieß auch zunächst auf Unverständnis und Ablehnung. Denn er wurde dadurch gezwungen, selber aktiv zu werden und sich nicht mit der stillen Bewunderung eines fertigen Endproduktes zu begnügen. Die Zwiesprache mit dem Bild, also die wechselseitige Kommunikation zwischen Künstler und Betrachter war es, worauf es ankam. Kunst sollte kein totes Museumsobjekt sein, sondern ein lebendiger Prozeß werden, der im Kopf des Künstlers entsprang und vom Betrachter so oder so zu Ende gedacht wurde. Dazu *Paul Klee*: „Der Künstler erlaubt sich den Gedanken, daß die Schöpfung heute kaum schon abgeschlossen sein könnte, und dehnt damit jenes weltschöpferische Tun von rückwärts nach vorwärts, der Genesis Dauer verleihend."

2. Kennzeichnung des Bildungsgehaltes

„Der Genesis Dauer zu verleihen", dieser Gedanke kann dem Kunstunterricht in unseren Schulen wertvolle Impulse geben. Das Verändern und Weiterdenken von Endresultaten, das Infragestellen ihrer mehr oder weniger befriedigenden Gültigkeit, das neue Ingangsetzen und Verlängern ihres Entstehungsprozesses aktiviert kritisches Denken und ist als Mobilität und unkonventionelle Umgestaltungsfähigkeit ein wesentlicher Faktor kreativen Verhaltens. Gerade der Kunstunterricht erscheint dafür besonders prädestiniert, weil es darin nicht in dem Maße wie in anderen Fächern richtige und falsche Ergebnisse gibt. Die Zeiten des alten Zeichenunterrichts, bei dem die Übereinstimmung der Zeichnung mit dem Erscheinungsbild der Natur als alleiniger Wertmaßstab galt und in denen der Lehrer mit dem Rotstift die Schülerarbeiten wie Diktate oder Aufsätze korrigierte, sind längst vorbei. Durch Dadaismus und Surrealismus sind wir belehrt worden, daß bestimmte erstarrte Konventionen nicht unbedingt ewige Gültigkeit haben müssen. Wenn *M. Duchamp* der berühmten und verehrten Mona Lisa *Leonardos* einen Schnurrbart aufmalte, wenn *M. Chagall* seine Geiger auf Hausdächer postierte, wenn *S. Dali* Taschenuhren weich werden ließ usw., dann taten sie das alles nicht nur zum Spaß, sondern verfolgten dabei ganz bestimmte Ziele.

3. Stellung des Kindes zum Unterrichtsziel

Die Formen in der Kinderzeichnung sind Verwirklichungen einer geistigen und seelischen Auseinandersetzung mit den Dingen ihrer Umwelt. Aber Kinder sind keine Erwachsenen, Kinder durchlaufen in ihrer Entwicklung mehrere Phasen, lernen ständig dazu und differenzieren ihre Ausdrucksmöglichkeiten. Warum sollte man ihnen nicht einmal eigene Zeichnungen aus zurückliegenden Phasen wieder vorlegen, damit sie auf anschauliche Weise erkennen können, wie sie in der Zwischenzeit darüber hinausgewachsen sind? Es geht nicht darum, daß sie diese nur geringschätzig als mißglückte und primitive Versuche abwerten. Vielmehr sollen sie jetzt zeigen, daß sie inzwischen mehr von Komposition, Farbklängen, Rhythmus, Kontrast, Harmonie usw. verstehen. Sie werden jetzt auch wissen, daß eine ihnen damals noch unbekannte bildnerische Technik zu einem überzeugenderen Ergebnis geführt hätte. Vielleicht werden sie aber auch spüren, daß sie früher im Zustand unbefangener Naivität noch Aussagen machen konnten, zu denen sie jetzt nicht mehr fähig sind. Das alles kann auch erreicht werden, wenn ihnen Arbeiten fremder Schüler vorgelegt werden. Die Freude am Erleben des eigenen Gewachsenseins verleiht den Gestaltungskräften einen unerhörten Auftrieb. Der älter gewordene Schüler kann nach einer längeren Wachstumspause mit sachkundigerer Einstellung an die Arbeit gehen und sein Können beweisen. Die Nachgestaltung oder Veränderung wird zu einer fesselnden und ungewöhnlichen Aufgabe, in der sich der Schüler mit einer bewußteren Einstellung Rechenschaft über das System künstlerischer Ordnungen, Prinzipien und Gesetzlichkeiten ablegen kann. Das, was allgemein mit Bildgrammatik oder Gestaltungslehre bezeichnet wird, findet eine sinnvolle Anwendung. Der Schüler wird gleichsam zu seinem eigenen Lehrer. Der Lehrer aber hat die Möglichkeit, früher vergessene, unterlassene oder falsch gegebene Impulse jetzt nachzuholen oder zu korrigieren. Der große Deutungs- und Differenzierungsspielraum früher Kinderzeichnungen gibt genügend gestalterische Freiheit, den damals begonnenen Prozeß wieder neu in Gang zu setzen und weiterzuführen. Für viele Kinder, die gern lange überlegend und ohne Einfälle vor einem leeren Zeichenblatt sitzen, besitzt die angefangene Arbeit einen aktivierenden Aufforderungscharakter. Versuche dieser Art bei der Ausbildung von Lehrerstudenten haben gezeigt, mit welch großem Interesse sie dabei waren und wie schnell sich ihre Einstellung zu Kunst und Kunsterziehung zum Positiven wandelte*).

B. Methodische Hinweise zur Durchführung

1. Veränderung der bildnerischen Techniken

Es gibt kaum ein bildnerisches Verfahren, das bei der Umgestaltung von Zeichnungen nicht angewendet werden könnte. Die materiellen Verwirklichungsmittel können den Gesamteindruck einer Zeichnung von Grund auf wandeln und ihr neue Aussagequalitäten verleihen. Nicht von ungefähr sind die Betrachter in Ausstellungen von Kinderarbeiten immer wieder von dieser Wirkung überrascht. Lehrer sollten möglichst viele Techniken kennen und auch praktisch erprobt haben, um den Kindern das für ihr persönliches Ausdrucksbedürfnis geeignetste Mittel anbieten zu können. Die neue Technik kann oft angewendet werden, ohne daß der Formbestand der Zeichnung verändert werden muß (vgl. Abb. 40–47). Schon eine einfache Bleistiftzeichnung macht einen ganz anderen Eindruck, wenn sie mit Filzstift, Feder, Kohle, Wachsstift, Pinsel ausgeführt wird. Noch größer ist die Wirkung, wenn flächenwirksame Werkverfahren eingesetzt werden wie z. B. Absprengtechnik mit Deckweiß, Papierbatik, Wachssgraffito, Scherenschnitt, Monotypie, Kartoffelstempel-, Linol-, Spritz-, Pappe-, Kordel-, Siebdruck oder Radierung.

---

*) Vgl. *W. Böhm*: Kunstpädagogik in der Lehrerbildung in: Festschrift zum zehnjährigen Bestehen der Pädagogischen Hochschule Bayreuth 1958–1968. Verlag Ellwanger, Bayreuth 1969

Beispiel 11

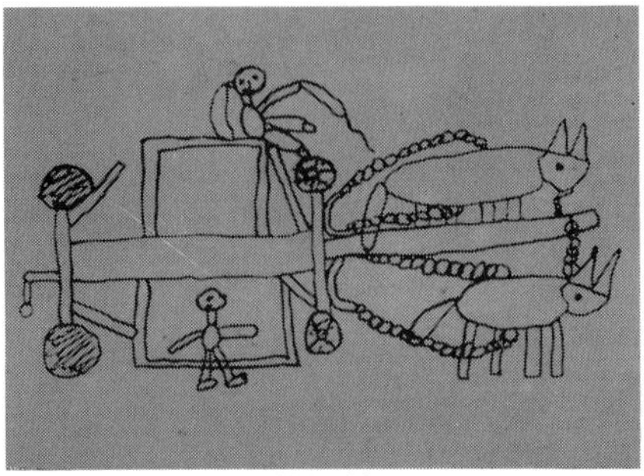

Abb. 40

Abb. 41

Abb. 42

Abb. 43

Abb. 44

Abb. 45

Abb. 46

Abb. 47

Abb. 40 bis 47 Veränderung einer Kinderzeichnung (Abb. 40 und Abb. 6) durch Übertragung in verschiedene bildnerische Techniken

2. Veränderung der bildnerischen Mittel

2.1 Komposition

Oft genügt eine kleine Änderung in der Anordnung der Einzelformen auf der Bildfläche, um einen geschlosseneren Gesamteindruck zu erzeugen. Beispiel: Die Abb. 48 stammt von einem Mädchen des 8. Schuljahres. Es hat sich zusammen mit zwei Freundinnen im Sonntagskleid dargestellt. Die rechte Bildhälfte zeigt gähnende Leere. Der Hund trottet beziehungslos hinterdrein. Die Scheunenwand drückt als schwere, undifferenzierte Fläche von oben. Der Wagen ist nur halb zu sehen, weil er perspektivische Schwierigkeiten machte. Scheune und Wagen passen nicht zum Thema des Bildes. Das eingezeichnete schwarze Rechteck soll zeigen, wie aus dem Bild eine schlüssige Komposition entstehen könnte. Die drei Mädchen füllen das neue Hochformat gut aus. Der obere Baum könnte noch nach unten rücken, der Hund fände in der unteren Ecke einen passenderen Platz.

Abb. 48 Sonntagsspaziergang, Mädchen 8. Schj.; Verbesserung einer mangelhaften Komposition

Bildordnungen können verbessert werden durch Beschneiden der Bilder; durch Verändern der Formate; durch Weglassen von Nebensächlichkeiten; durch Größerzeichnen der Hauptmotive; durch andere Gruppierung und Schwerpunktbildung; durch Stiften von Beziehungen und Zusammenhängen, etwa durch Wiederholung und Rhythmisierung von

Linien, Formen und Farben; durch Herstellung eines Bezuges zum Bildrahmen, so daß die Blicke des Beschauers nicht aus dem Bild herausgeführt werden; durch Mitbeurteilung negativer, nichtgemeinter Bildräume (Figur-Grund-Bezug); durch größere Dichte der gesetzten Einzelformen (Überdeckungen und Überschneidungen). Verbesserungen von Kompositionen lassen sich am leichtesten durchführen, wenn skizzierte Einzelformen zunächst ausgeschnitten und noch beliebig verschoben und angeordnet werden können, bevor man an die Herstellung des endgültigen Bildes geht (vgl. dazu Beispiel 16: Plakate).

2.2 Grafische Gestaltungsmittel

Linien können statt schwarz auf weiß auch umgekehrt erscheinen (Linolschnitt, Wachskratztechnik usw.). Linien können auch farbig sein; dann aber durchwegs in einer einzigen Farbe; mit grafischen Mitteln lassen sich leere Formen mustern oder strukturieren, damit sie eine deutlichere Aussage erhalten. Umgekehrt kann aber auch eine störende Binnenzeichnung weggelassen werden, wenn die Kontur bereits genügend Aussagekraft hat. Diese kann betont werden durch Umrahmen mit vielen Parallelen, so daß die Form allmählich in den Bildgrund übergeht (Abb. 41). Mit mehr oder weniger dichten Schraffuren lassen sich Hell-Dunkel-Wirkungen erzielen. Das alles kann gemacht werden, ohne daß die einzelnen Formen wesentlich verändert werden.

Andererseits können undifferenzierte Formen aber auch weiterentwickelt werden. Starre Formen werden lebendiger, wenn die anfangs noch dominierenden Senkrechten und Waagerechten schräg gestellt, geknickt oder gebogen werden (z. B. Gliedmaßen bei Mensch und Tier), wenn die Frontaldarstellung zum Profil wird, wenn durch die Vermehrung der Bodenstriche Mehrstreifenbilder entstehen und damit eine gewisse tiefenräumliche Darstellung ermöglicht wird. Einzelformen können verdoppelt oder vervielfacht werden, so daß durch rhythmische Wiederholung größere Dichte ins Bild kommt (z. B. wird aus einem Tier eine Herde, aus einem Menschen eine Familie oder Gruppe, aus einem Haus ein Dorf, aus einem Baum ein Wald usw.). Der Rhythmus ist eine ordnende Kraft, über die schon Kinder auf vorrationaler Entwicklungsstufe verfügen. Die Veränderung von Einzelformen kann zu einer interessanten Aufgabe gemacht werden, wenn sie in kleinen Schritten vollzogen wird. Beispiel: Aus einem Fisch wird ein Schmetterling, indem zuerst die Flossen größer werden, sich verbreitern, der Leib Einkerbungen erhält und schließlich auch die Farbe allmählich in eine andere übergeht (vgl. auch Beispiel 31: Comics).

2.3 Verändern der Farben

Begrenzung der Farbwahl (reduzierte Palette) führt meist zu überraschenden Ergebnissen. Die knallige Buntheit verschwindet zugunsten eines

---

Abb. 60 Die Krähe schmückt sich mit fremden Federn, Knabe 3. Schj.; zu Beispiel 14, S. 85

Abb. 100 Teufel und Hexen, Gemeinschaftsarbeit als Wandfries, Knaben 8. Schj. Jeder Schüler malte ein Kopfpaar in natürlicher Größe; vgl. Beispiel 23, S. 131

3.Kl. Bayreuth
Oswald

harmonischeren Farbklanges. Die Schüler werden gezwungen, wenige Farben abzustufen und zu differenzieren, damit ihr Bild nicht an Mitteilungswert verliert. Grenzlose Übergänge sorgen für bessere Beziehungen zwischen den einzelnen Bildteilen. Weniger Farben, aber eindeutig betonte Kontrastierungen sorgen für Steigerung der Spannung im Bild. Auch hier spielt die rhythmische Wiederkehr gleicher oder ähnlicher Farben als Ordnungsprinzip eine entscheidende Rolle. Oft genügt es, wenn nur der bisher nicht beachtete Bildgrund Farbe bekommt. Die bisher im Weiß des Zeichenblattes ertrinkenden Einzelformen erhalten mehr Gewicht. Bekannt ist das nachträgliche Übermalen von Wachsstiftbildern mit Tinte. Auf die gleiche Weise lassen sich aber auch Bilder behandeln, die mit Deckfarben gemalt wurden. Die Formen brauchen nur vor dem Übermalen mit einer weißen Kerze abgedeckt werden.

3. Praktische Möglichkeiten

Die ganze Klasse kann an der gleichen Zeichnung Veränderungen vornehmen, wenn das Bild mit dem Episkop projiziert und zunächst von allen Kindern genau kopiert wird. Oder: Eine einfache Linienzeichnung wird mit dem Kopierapparat vervielfältigt und den Schülern zur Weiterbehandlung übergeben. Sie kann auch vom Lehrer an der Tafel oder am Pultschreiber nachgezeichnet werden, so daß die Kinder ihre Verlaufgestalt, ihren Werdegang erleben können. Schließlich sind auch Bilddiktate (vgl. Beispiel 44 in Handbuch 55) oder Rekonstruktionen nach ausführlicher Besprechung aus dem Gedächtnis möglich.

Können nicht alle Schüler an derselben Zeichnung arbeiten, bietet sich noch eine andere Möglichkeit an: Es werden kleinere Schülergruppen gebildet, die zunächst alle mit einem einheitlichen Thema beginnen. Nach 5–10 Minuten werden die begonnenen Arbeiten dem Nachbarn zur Weiterbearbeitung übergeben. Das wiederholt sich mehrmals, so daß jede Zeichnung im Laufe von zwei Stunden einmal durch die ganze Gruppe gelaufen ist und jeder Schüler etwas daran geändert oder hinzugefügt hat. Dieses Verfahren scheint zunächst sinnlos zu sein, weil die Endergebnisse ja nicht mehr Ausdruck eines einzigen Schülers sind. Wir fertigen aber in der Schule Gemeinschaftsarbeiten an, gegen die man denselben Einwand bringen könnte. Der Nachteil wird durch den großen Vorteil aufgewogen, daß sich der einzelne Schüler jetzt spezialisieren kann und daß bei der Schlußbetrachtung der Arbeiten ein viel größeres Interesse vorhanden ist. Im übrigen wurde auch in der Kunst etwas Ähnliches längst praktiziert. Schüler kopierten ihre Meister oder erhielten von ihnen den Auftrag, begonnene Arbeiten zu Ende zu führen.

Abb. 82 Arche Noah, Gemeinschaftsarbeit einer 8. Knabenklasse; zu Beispiel 19, S. 110

Abb. 85 Arche Noah, Gemeinschaftsarbeit, Knaben 8. Schj.

Beispiel 12

Thema: *Hahn oder Hahnenkampf*

Technik: *Alle bekannten Techniken*

Bildproblem: *a) Differenzierung einer Schemaform*
b) Dynamische Komposition

Altersstufe: *1.–9. Schuljahr*

A. Didaktische Analyse

1. Information über die Sachstruktur

Hähne haben zu allen Zeiten die Menschen fasziniert. Das liegt wohl an ihrem auffälligen Aussehen und an ihrem besonderen Verhalten. Darum finden wir sie in den volkstümlichen und künstlerischen Gestaltungen aller Völker ebenso oft wie in ihren Märchen, Fabeln und in ihrer Mythologie. Ganz gewiß spielt dabei die Möglichkeit der Identifikation eine große Rolle. Dem Hahn werden positive Eigenschaften zugeschrieben, die man gern selbst haben möchte. Wachsamkeit, Kampfbereitschaft, Fürsorglichkeit, Stolz und Selbstbewußtsein. Mit erhobenem Haupt, gekrönt vom leuchtend roten Kamm, schreitet er, ab und zu seinen Ruf ertönen lassend, gravitätisch und stets mit stolz geschwellter Brust neben seinen Hühnern daher, die ständig nur nach Nahrung pickend ihre Köpfe senken. In unserer Sprache finden sich viele Ausdrücke, die von diesem Interesse Zeugnis ablegen: Hahn im Korbe sein, dem schwillt der Kamm, da kräht kein Hahn mehr danach usw.; Kampfhahn, Streithahn, roter Hahn, Schnapphahn, Wasserhahn, Zapfhahn, Wetterhahn, Hahnrei, Hahnentritt, Hahnenfuß usw. sind weitere Beispiele. Für die Franzosen wird der gallische Hahn zur Symbolfigur. Das Wort „Hahn" ist uralt und kommt aus der indogermanischen Wurzel „Kan". Es bedeutet soviel wie Sänger, Rufer, Verkünder, Töner. Wörter wie Kantor, Kantate, Chanson weisen noch heute darauf hin. In einer österreichischen Mundart heißt der Hahn „Singerl".

2. Kennzeichnung des Bildungsgehaltes

Der Schwerpunkt im Kunstunterricht kann verschieden gelegt werden. Der Hahn eignet sich hervorragend als Motiv sowohl für dekorative, farbwertige oder grafische Gestaltungen und läßt sich in allen bildnerischen Techniken ausführen. Darum ist er in unseren Schulen auch so beliebt. Darin liegt aber die große Gefahr, daß er zum abgeklapperten Allerweltsthema wird und daß der eigentliche Bildungsauftrag des Faches verwischt und verfehlt wird. Deshalb sollte sich der Lehrer vor Beginn des Unterrichts darüber im klaren sein, was die Schüler lernen sollen. Sollen sie in ihren Arbeiten sich selbst ausdrücken, dann ist die farbige Gestaltung das adäquate Verwirklichungsmittel. Mit Farben lassen sich Gefühle, Stimmungen, Anmutungen am leichtesten wiedergeben. Je differenzierter das Farbunterscheidungsvermögen entwickelt ist, desto besser wird das gelingen. Geht es aber darum, primitive und schematische Formvorstellungen zu bereichern, dann werden grafische Mittel geeigneter sein.

3. Stellung des Kindes zum Unterrichtsziel

In der Grundschule werden zunächst Sinnzeichen für allerlei Vögel zu erfinden sein, bei denen erst allmählich der Hahn mit seinen charakteristischen Merkmalen als solcher deutlich zu erkennen ist. Gelingt das nach einiger Zeit – vor allem auch, ohne daß den Kindern irgendwelche Schemata oder Klischees vorgezeichnet werden –, dann wird der freigebliebene Bildgrund in die Gestaltung einbezogen. Die Umgebung des Hahnes, der Misthaufen, der Bauernhof, die Wiese, die pickenden Hühner usw. bieten dazu genügend Anregungen, um die Aufmerksamkeit der Kinder auf eine gute Flächenfüllung zu lenken. Für ältere Schüler im Robinsonalter eignen sich phantasieanregende Variationen des Vogelthemas wie z. B. Pfau, Phönix, Greif usw. Hauptschüler verlangen nach dramatischeren Motiven, die ihrem Bedürfnis nach Erlebniszuwachs und der Vorliebe für das Messen ihrer Körperkräfte entsprechen. Für sie wird die Gestaltung kämpfender Hähne zum Motiv, mit dem sie sich identifizieren können.

B. Methodische Hinweise zur Durchführung

1. Formprobleme beim Hahn

Am besten eignet sich die Ansicht von der Seite, weil dabei alle charakteristischen Körperteile am deutlichsten wiedergegeben werden können. Eiförmiger Rumpf, durch dichte Federkrause verdeckter Hals, weit ausschwingende Schwanzfedern, gespreizte Beine mit Federhöschen, drei nach vorn und eine nach hinten gerichtete Zehe mit Krallen, der charakteristische große Sporn an der Rückseite der Beine, die Flügel mit kleinen Deckfedern an der Ansatzstelle und langen Schwungfedern am Ende, Kamm, Kehllappen, Hakenschnabel, scharf und wachsam blickendes Auge. All das sollte anschaulich ins Bewußtsein gehoben werden, entweder durch Beobachtungen an lebenden Tieren (Schulausflug, Zoo), wobei in flüchtigen Skizzen Einzelheiten notiert werden, oder wenigstens anhand von Bildern, Filmen und Fotos.

2. Formprobleme beim Hahnenkampf

Kämpfende Hähne werden nur in seltenen Fällen zu beobachten sein. Darum spielt hier eine bildträchtige und packende Schilderung eine besondere Rolle. Der Hahn kämpft mit seinen Sporen, die als Waffen dienen. Sie stehen aber, anders als bei Elefant, Nashorn, Hirsch usw., nach hinten. Darum muß der Hahn versuchen, seinen Gegner zu überfliegen, um ihn mit zurückschlagenden Beinen zu treffen. Zur Abwehr duckt er sich möglichst klein am Boden. So entsteht im Kampf ein ständiger Wirbel von geducktem Anlauf und fliegendem Angriff. Dieser Wirbel, bei dem alle Formen um einen Mittelpunkt kreisen, wird am überzeugendsten dargestellt, wenn es im Bild weder Senkrechte noch Waagerechte gibt.

Beispiel 12

3. Geeignete bildnerische Techniken

3.1 Malen

mit Deck-, Plaka-, Finger-, Kleister-, Dispersionsfarben: Malen ist kein Zeichnen. Die Farben werden von Anfang an mit dicken Pinseln flächig aus dem Fleck heraus aufgetragen. Am besten beginnen die Kinder mit einem großen Farbfleck für den Rumpf, aus dem die anderen Körperteile später herauswachsen. Zur farbigen Differenzierung werden weitere Farben Naß in Naß (verlaufend) oder nach dem Abtrocknen der Grundierung aufgetragen. Stets muß jede Farbe auf eine andere Farbe (heller oder dunkler) abgestimmt werden. Wird von Anfang an ein farbiger Bildgrund vorgegeben (Grundieren oder Tonpapier), dann gilt das auch schon für den ersten großen Fleck, aus dem der Rumpf entsteht. Auf diese Weise gelingt es am besten, zu einem harmonischen Farbzusammenhang zu kommen (Abb. 49, 1. Schuljahr). Vgl. auch Beispiel 2 „Fliegende Vögel" in Handbuch 55.

Abb. 49
Hahn, Knabe 1. Schj.; Deckfarben

Abb. 50
Krähender Hahn, Mädchen 4. Schj.; Filzstift, Buntstifte

3.2 Zeichnen

mit Bleistift, Feder, Filzstift, Radierung, Monotypie, Wachssgraffito: Zeichnen ist kein Malen. Dabei soll mit Linien und grafischen Strukturen gearbeitet werden. Das nachträgliche Ausmalen gezeichneter Figuren hat wenig Sinn, weil der Farbe dabei nur eine untergeordnete, meist dekorative Rolle zugewiesen wird. Die eigentliche Bildaussage steckt in der Kontur der Formen und in der Wiedergabe stofflicher Beschaffenheit ihrer Oberfläche (verschiedene Federstrukturen, schuppige Beine) (Abb. 50, 4. Schuljahr)*).

*) Vgl. auch Abb. 37 (Einlinienzug) und Abb. 129 und 130 (Monotypie) in Handbuch 55.

3.3 Collage

aus Buntpapier, Transparentpapier, Herbstlaub, Katalogfotos, Textilien, Sämereien: Collagen sind Klebebilder und Applikationen aus vorgegebenem Material, bei denen es darauf ankommt, sich durch bereits vorhandene Farben, Formen und Texturen anregen zu lassen. Sie sollen sinnvoll umgedeutet und für die beabsichtigte Bildwirkung ausgenutzt werden. Der Zufall, d.h. das beim aufmerksamen Suchen und Wahrnehmen Zufallende, wird aufgegriffen und weiterverwendet. Selbsthergestelltes Buntpapier aus bemalten Zeitungen erlaubt reichere Farbdifferenzierungen als gekauftes Buntpapier (vgl. Eule, Abb. 169 in Handbuch 55). Dasselbe gilt für Transparente aus Seidenpapier. Dabei wird die Farbwirkung der übereinandergeklebten Papiere bei durchscheinendem Licht an der Fensterscheibe überprüft (Abb. 51). Hähne, die aus verschieden geformten Herbstblättern geklebt werden, haben immer einen harmonischen, warmen Farbklang, wenn sie auch keine lange Lebensdauer besitzen (Abb. 52). Collagen aus Textilien eignen sich wegen ihres unterschiedlichen, reliefartigen Oberflächencharakters auch für Frottagen oder sind nach dem Einwalzen mit Linolfarbe als Druckstöcke zu verwenden. Dasselbe gilt für Bilder, die aus aufgeklebten Bind- und Wollfäden bestehen (vgl. „Kordelhahn" Abb. 30/31 in Handbuch 55). Die Abb. 53 zeigt einen Hahn, bei dem in ein Plastilinrelief allerlei Samen (Erbsen, Sonnenblumenkerne, Reis, Hirse usw.) eingedrückt wurden und auf diese Weise eine lebendige Musterung entstand.

3.4 Mit Wachsfarben,

die nicht wasserlöslich sind, lassen sich überraschende Wirkungen erzielen, wenn das farbige Bild nach der Fertigstellung ganz mit Tinte oder Tusche übermalt wird. Die Übermalung wird von den Wachsfarben abgestoßen. Läßt man die entstehenden Tropfen eintrocknen, dann erhält das Bild interessante und belebende Strukturen. Wachsbilder können auch mit schwarzer Plaka- oder Wachsfarbe abgedeckt werden. Durch Wegkratzen wird das darunterliegende Bild wieder sichtbar. Mit Bedacht ausgeführt, entstehen auch auf diese Weise reizvolle Veränderungen.

3.5 Kartoffel- und Fingerstempel

Die Kinder schneiden sich aus Kartoffeln, Rüben, Möhren oder alten Radiergummis kleine Stempel, die, mit dickflüssiger Deckfarbe eingefärbt, mehrmals neben-, aber auch übereinander dicht auf das Papier abgedruckt werden. Dadurch entstehen viele Farbabstufungen und eine lebendige Strukturierung. Als Stempel können auch die Fingerspitzen benützt werden. Länglich geschnittene Stempel eignen sich für Schwung- und Schwanzfedern oder für Beine und Zehen (Abb. 54).

3.6 Relief aus Metallfolie und Gipsabguß

Der Hahn wird auf einer weichen Unterlage mit einem stumpfen Bleistift auf einer dünnen Aluminium- oder Kupferfolie eingedrückt. Kleinere Flächen lassen sich mit Falzbeinen oder Löffeln herauswölben und anschließend noch mit Federstrukturen beleben. Wenn die fertige Arbeit in eine passende Pappschachtel gelegt und mit Gipsbrei übergossen wird,

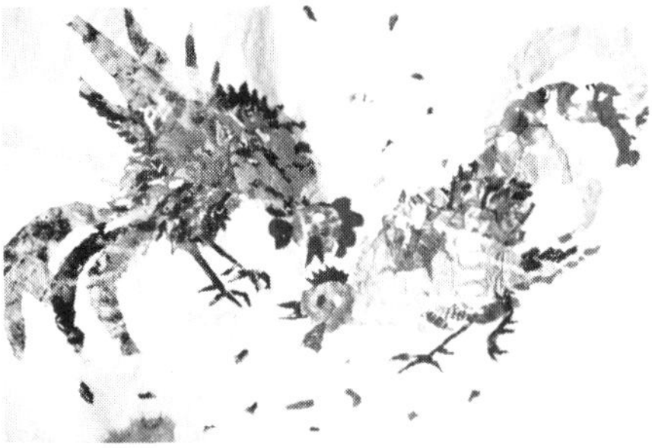

Abb. 51 Collage aus Transparentpapier, Knabe 9. Schj.

Abb. 52 Collage aus Herbstlaub, Knabe 4. Schj.

Abb. 53 Collage aus Sämereien, Mädchen 6. Schj.

Abb. 54
Kartoffelstempel, Mädchen 7. Schj.

Abb. 55
In Metallfolie gedrückt, Lehrerstudent

Abb. 56
Gipsabguß von Abb. 55

entsteht nach dem Abbinden ein Gipsrelief, das sich einfärben oder durch Kratzen weiterbearbeiten läßt (Abb. 55 und 56).

3.7 Linolschnitt „Hahnenkampf"

Die Schwierigkeiten der Schüler, einen wirbelnden Hahnenkampf treffend wiederzugeben, können leichter überwunden werden, wenn eine aussagekräftige Komposition mit beweglichen Formelementen ausprobiert wird. Ein gezeichneter Hahn wird aus zwei aufeinanderliegenden Papieren gleich zweimal ausgeschnitten und in seine einzelnen Körperteile zerlegt. Durch Hin- und Herschieben und flächenfüllendes Einfügen der Teile in ein bestimmtes Format, gelangen die Kinder schneller zu einer befriedigenden Anordnung (Abb. 57 und 58). Die beste gefundene Lösung wird dann auf die Linolplatte übertragen und geschnitten.

3.8 Weitere bildnerische Techniken,
die sich für dieses Thema anbieten, sind Papierbatik, Hinterglasmalerei, Faltschnitt, Lavierte Prittkreide, Kratzbild auf Plakatkarton.

4. Thematische Variationen

Wetterhahn auf der Kirchturmspitze, Hahn und Sonne, Hahn mit Gold- und Pechmarie, Hahn und Petrus, Bremer Stadtmusikanten (vgl. Unterrichtsbeispiel 4), Hahn mit Hennen und Küken, Hahn in Zierleisten, auf Glückwunschkarten, in Poesiealben, Buchumschlag, Teller, Kissenstickerei, Wirtshausschild. Andere Vögel: Krähe, fliegende Vögel, Vogelhochzeit, Adlerwappen (Münzen), Pfau (Unterrichtsbeispiel 14), Fasan, Paradiesvogel, Auerhahn, Pinguin, Strauß usw.

Abb. 57 Ausprobieren einer befriedigenden Komposition mit beweglichen Teilen

Abb. 58 Ausführung als Linolschnitt, Knabe 8. Schj.

Beispiel 13

Thema: *Zweihandzeichnen*

Technik: *Kreide, Filzstift, Pinsel*

Bildproblem: *Rhythmisches Zeichnen als Lockerungsübung aus motorischem Antrieb*

Altersstufe: *1.–9. Schuljahr*

A. Didaktische Analyse

1. Information über die Sachstruktur

Als der Amerikaner *Tadd* vor etwa 100 Jahren Kinder mit zwei Kreidestücken vor die Wandtafel stellte und mit beiden Armen gleichzeitig zeichnen ließ, wurde er zunächst ausgelacht. Bald erkannte man aber, daß er damit einen Weg beschritten hatte, mit dem das Zeichnen wieder auf seinen Ursprung, nämlich auf das Herstellen einer aus der Bewegung der Hände resultierenden Spur zurückgeführt wurde. Was bei diesen Übungen (bimanual training) entstand, waren bilaterale Figuren, die an griechische Ornamente und pflanzliche Formen erinnerten. Vor allem junge Künstler interessierten sich für Tadds Methode, weil sie darin eine Möglichkeit sahen, von der im Naturalismus erstarrten Kunst des 19. Jahrhunderts loszukommen. Um 1900 wurde das Zweihandzeichnen in den englischen Schulen eingeführt und breitete sich von dort aus nach Deutschland aus. Das war die Zeit, in der in der Kunst der Jugendstil seine Blüte erlebte und in ähnlicher Weise mit bewegten Linien arbeitete. Der schnelle Wandel der Kunststile in den folgenden Jahren sorgte dafür, daß neue didaktische Konzeptionen im Kunstunterricht Eingang fanden, vor allem Expressionismus, Kubismus, Surrealismus und Abstraktion. Das Zweihandzeichnen geriet darüber leider in Vergessenheit, obwohl es hervorragend geeignet ist, in allen Altersstufen Verkrampfungen zu lösen und die Formphantasie der Kinder zu steigern. Gerade heute, in einer Zeit, wo eine öde, geometrische Architektur das Bild unserer Städte verschandelt und sich der Wunsch der Menschen nach lebendigeren Formen als Nostalgie bemerkbar macht, dürfte dem Zweihandzeichnen wieder mehr Bedeutung und Beachtung zukommen.

2. Kennzeichnung des Bildungsgehaltes

Unsere Kinder werden als Beidhänder geboren, d. h. sie entwickeln ihr Raum- und Körpergefühl durch die gleichmäßige Betätigung beider Hände. Tasterlebnisse haben im Anfang Vorrang vor Augenerlebnissen. Für die Bildung von Vorstellungen sind haptische Wahrnehmungen mindestens ebenso wichtig wie optische. Davon zeugen viele Besonderheiten bei der Entwicklung der Kinderzeichnung. Selbst der Erwachsene verläßt sich sehr oft auf sein Tastgedächtnis, ohne sich dessen bewußt zu sein. In unserer technisierten Welt, in der die Menschen immer mehr zu einhändigen Bedienern von Tasten, Hebeln, Schaltern, Klinken degradiert werden, verkümmert die angeborene Anlage der Beidhändigkeit. Das begann schon damit, daß die Menschen schreiben lernten. Die Bewegungen der rechten Hand werden von einem Zentrum in der linken Gehirnhälfte gesteuert. Dort liegt aber auch das Sprachzentrum. Wenn heranwachsende Kinder das Schreiben lernen und sich immer differenzierter sprachlich ausdrücken können, kommt die Entwicklung der Geschicklichkeit der linken Hand zum Stillstand. Die einseitige Förderung der Motorik einer Hand ist ein großer Verlust, der sich nicht nur beim Klavierspielen mit der linken Hand bemerkbar macht.

Das Zweihandzeichnen bietet die Möglichkeit, den natürlichen Bewegungsdrang beider Hände voll auszunutzen. Das Erlebnis rhythmisch ablaufender Schwünge, Gegenschwünge, Kurven, Zickzacklinien und Spiralen wird von den Kindern mit Begeisterung ausgekostet. Tanzende Hände sind ein Spiel wie alle anderen Bewegungen, die ihnen so viel Spaß machen: Gymnastik, Sport, Gesang, Reigen. Die entstehenden Linien als Spuren von Bewegungen drücken, auch wenn sie nicht die Kontur eines Gegenstandes oder die Formen vorgeschriebener Buchstaben nachfahren, etwas vom Wesen und augenblicklichen Empfinden ihres Urhebers aus. Der Betrachter folgt ihnen unwillkürlich mit den Augen und wird von ihnen in ähnlicher Weise angesteckt wie vom Rhythmus der Musik oder des Tanzes.

3. Stellung des Kindes zum Unterrichtsziel

Der Primat des motorischen Antriebs in der Kritzelphase des Kindes ist allgemein bekannt. Ohne Darstellungsabsicht werden rotierende, spiralige, kurvige und zickzackförmige Bewegungen grafisch fixiert und sind Ausdruck elementarer Körpergefühle. Der Rhythmus ist dabei das entscheidende Ordnungsprinzip. Beide Arme sind zunächst bei diesem *„Spiel der Hände"* in beliebigem Wechsel und auch gleichzeitig beteiligt. Bei vielen anderen Tätigkeiten kann dasselbe beobachtet werden. Es gibt noch keine besondere Bevorzugung einer Hand: beim Essen, beim Zugreifen, beim Handgeben, bei Fadenspielen usw. Eine Störung dieser unbeschwerten Freude an der Bewegung tritt erst dann ein, wenn sich der Verstand kritisch einschaltet und vom Bewußtsein gelenkte Formen entstehen sollen. Dann stockt der Bewegungsfluß und gerät nach und nach immer stärker unter den Einfluß bequem und routinemäßig herzustellender Formschemata.

Das Zweihandzeichnen soll diesem Erstarrungsprozeß entgegenarbeiten und als Lockerungsübung den Antrieb aus dem Körperrhythmus wieder freilegen. Lehrerstudenten, die solche Übungen an der Wandtafel durchführten, waren stets überrascht davon, was sie zustande brachten, wenn sie nach ersten zögernden Versuchen ihre Hemmungen überwunden hatten. Daß ihre linke Hand auch schreiben gelernt hatte, wußten sie noch gar nicht. Sie konnte nämlich – zwar noch etwas ungeschickt – spiegelbildlich nach links schreiben, wenn die Rechte gleichzeitig nach rechts schrieb. Der Schreiber aber, der gewohnt war, auf die rechte Hand zu schauen, wußte jetzt nicht mehr, wohin er blicken sollte. Am besten gelang das Experiment, wenn er die Augen einfach zumachte. In der Folgezeit zeigte sich dann, daß solche Lockerungsübungen mit zwei Händen auch das Zeichnen mit einer Hand förderten.

Beispiel 13

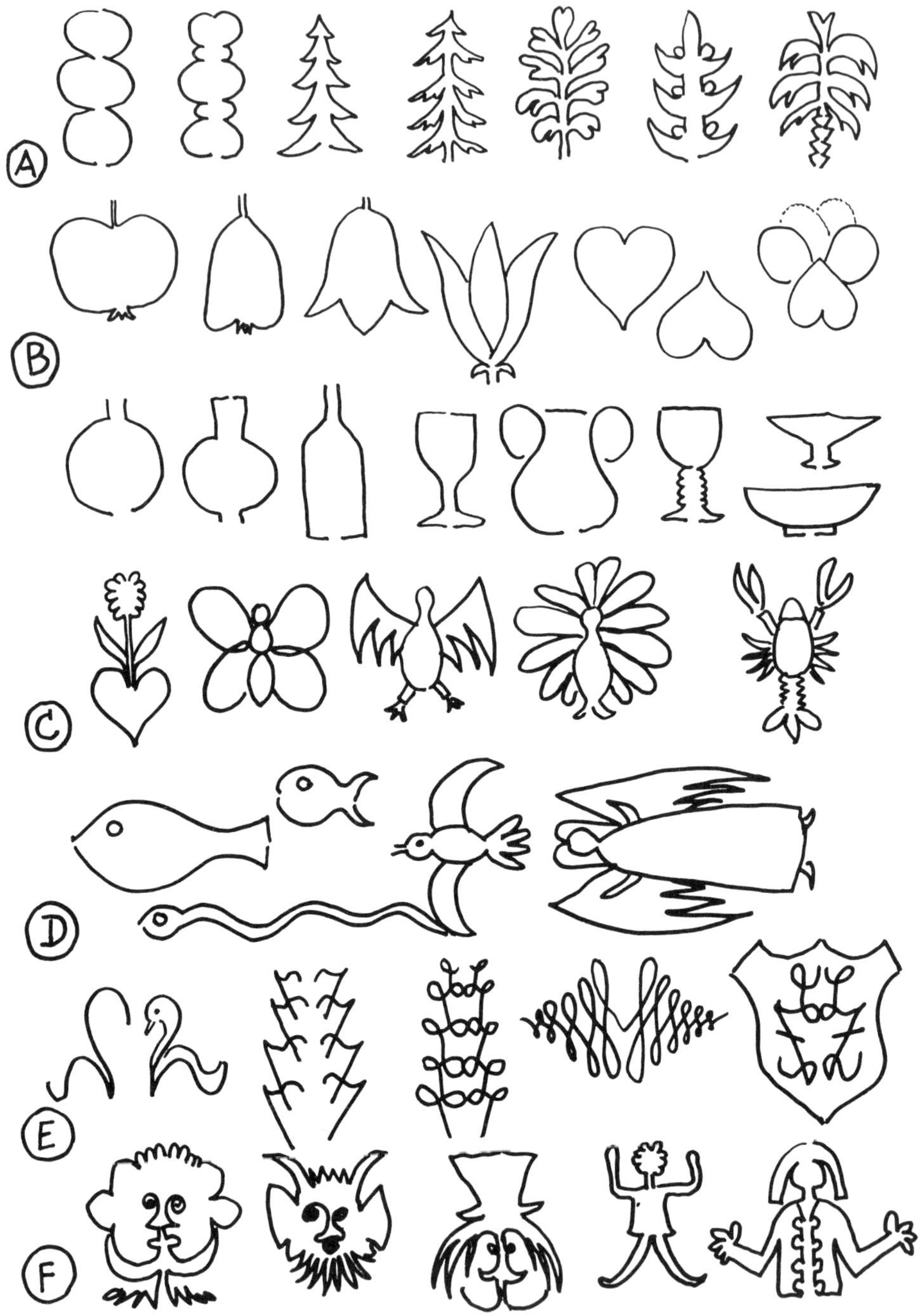

Abb. 59 Beispiele und Möglichkeiten für das Zweihandzeichnen

B. Methodische Hinweise zur Durchführung

Bevor mit dem Zweihandzeichnen auf Papier begonnen wird, sollten vorbereitende Lockerungsübungen in großen Bewegungen aus dem Schultergelenk mit den Armen durchgeführt werden. Schwungvolle Zeichnungen in der Luft oder an der Wandtafel werden allmählich immer kleiner, bis sie auf den Zeichenblock passen. Wichtig sind leicht abfärbende Werkzeuge. Außer Kreiden, Pinseln, Wachsstiften sind dafür auch Filzschreiber gut geeignet. Die Übungen werden am besten im Stehen ausgeführt. Die Handballen sollten dabei nicht aufgelegt werden, und die Papiere dürfen bei der Arbeit nicht verrutschen. Je länger vorgeübt wird, um so sicherer werden die endgültigen Niederschriften. Es ist wie beim Sport. Übung und Training erbringen erst die nötige Fertigkeit. Zu frühe Orientierung an gegenständlichen Zielen ist vom Übel. Ergeben sich aus der Motorik ausdeutbare Zufallsformen, dann können sie mit beiden Händen weiter ausgeführt und schließlich auch mit einer Hand zu Ende geführt werden. Wie die Schwierigkeiten allmählich gesteigert werden können, zeigt die Tafel (Abb. 59). Zunächst entstehen bilateral-symmetrische Formen, wenn beide Hände auf dem Weg von oben nach unten sich voneinander entfernen und wieder annähern (A). Die Schwünge können kurvig oder eckig geführt werden. Dasselbe kann auch von unten nach oben gemacht werden, ist aber schwieriger, weil gegen die Schwerkraft gearbeitet wird. Bei einiger Sicherheit lassen sich jetzt auf die gleiche Weise gegenständliche Formen zeichnen: Früchte, Glocken, Herzen, Blüten, Gläser usw. (B). Komplizierte Figuren entstehen, wenn die Hände nach Fertigstellung einer Grundform an anderen Stellen neu beginnen und diese Form weiter ausgestalten, z. B. zu einem Schmetterling*), Adler, Pfau, Krebs usw. (C). Wird das Blatt gedreht, dann liegen die Symmetrieachsen waagerecht und es entstehen auf die gleiche Weise Fische, fliegende Vögel, Engel oder Insekten (D). Der vom Schreiben her geläufige Bewegungsfluß kann ausgenutzt werden. Mit zwei Händen geschriebene Zahlen und Buchstaben führen zu senkrechten und waagerechten Zierleisten oder abstrakten Ornamenten. Neu dabei ist, daß sich die Linien nun auch gegenseitig überschneiden (E). Besonderen Spaß wird es den Kindern machen, allerlei groteske Masken zu zeichnen (F). Das bekannte stotternde „Punkt, Punkt, Komma, Strich" wird überwunden, wenn dabei zur Bedingung gemacht wird, daß die Hände möglichst nicht abgesetzt werden dürfen. Die Köpfe entstehen also weitgehend im Einlinien- (besser gesagt: im Zweilinien-)zug. Dabei kann mit den Augen, den Haaren, den Ohren, dem Mund o. a. begonnen werden. Jedesmal wird eine andere lustige Fratze entstehen, die durch ihre formale Einheitlichkeit überrascht. Dasselbe kann anschließend bei der Gestaltung ganzer menschlicher Figuren ausprobiert werden. Die weitere Ausführung der entstandenen Zeichnungen, z. B. das Ausmalen mit Farbe oder das Strukturieren mit grafischen Mitteln, erfolgt dann nur noch mit einer Hand.

---

*) Vgl. auch Beispiel 15 im Handbuch 55: Schmetterlinge

Beispiel 14

Thema: *Pfau*

Technik: *Deckfarben oder Wischen von Schablonen*

Bildproblem: *Dekoratives Gestalten*

Altersstufe: *3.–9. Schuljahr*

A. Didaktische Analyse

1. Information über die Sachstruktur

Der Pfau stammt aus Indien und wird von den Hindus als heiliger Kultvogel verehrt. Von dort kam er zu den Griechen und Römern, wurde auf besonderen Pfaueninseln gezüchtet und erhielt auch hier als Attribut der Juno oder Hera besondere Bedeutung. Sogar die ersten Christen übernahmen ihn als Symbolfigur für die Auferstehung Christi. Davon künden heute noch viele Darstellungen auf Steinreliefs, Sarkophagen, Münzen der damaligen Zeit. Erst viel später wurde er zum Sinnbild der Eitelkeit und des Stolzes.

Sein prächtiges Gefieder und seine lange Schleppe, die er in der Balz zu einem riesigen Rad aufschlagen kann, waren wohl der Grund dafür, daß ihm so viel Aufmerksamkeit gewidmet wurde. Auf den Hühnerhöfen der Bauern wurde er häufig nur zur Zierde gehalten, obwohl sein Fleisch sehr wohlschmeckend sein soll.

2. Kennzeichnung des Bildungsgehaltes

Die auffällige Form und das metallglänzende, grün und violettblau schillernde Gefieder machen den Pfau zu einem beliebten Motiv für das dekorative Gestalten. Flecken am Kopf lassen seine Augen größer erscheinen. Aufrechtstehende Scheitelfedern wirken wie eine kleine Krone. Das alles zeichnet ihn besonders aus und assoziiert die Vorstellung von einem König der Vögel (vgl. Pfauenthron). Beim Radschlagen bilden die langen, mit Augenflecken versehenen Oberschwanzfedern ein radialsymmetrisches Ornament, das wegen seiner überschaubaren Ordnung beim Zeichnen kaum Schwierigkeiten bereitet. Eine gute Flächenfüllung ergibt sich dabei ganz von selbst.

3. Stellung des Kindes zum Unterrichtsziel

Das Schmuckbedürfnis der Schüler kann bei diesem Thema einmal auf ungewöhnliche Weise befriedigt werden. Sie werden zwar nur in seltenen Fällen Gelegenheit haben, den Pfau auf einem Hühnerhof zu beobachten. Vielleicht ergibt sich diese Möglichkeit bei einem Zoobesuch. Notfalls müssen Filme, Dias und andere Abbildungen genügen. Trotzdem halten wir dieses Thema für wichtig, weil es geeignet ist, erstarrte und schematisierte Schmuckformen aufzulockern und zu bereichern.

B. Methodische Hinweise zur Durchführung

1. Farbe oder Form

Beides kann zum Hauptanliegen dieses Unterrichtsbeispiels gemacht werden. Es wird gut sein, wenn der Schwerpunkt eindeutig gesetzt wird, damit die bildnerischen Mittel nicht gedankenlos miteinander vermengt werden und keines in seinen Möglichkeiten tiefer ausgeschöpft wird.

2. Die Krähe, die sich mit fremden Federn schmückt

In Abb. 60 (Seite 71, Knabe, 3. Schuljahr) liegt der Schwerpunkt auf der Farbe. Auf grauem Packpapier wurde die schwarze Krähe mit dem Pinsel aus dem Fleck heraus gestaltet. Sie sitzt im braunen Geäst eines flächenfüllend verzweigten Baumes. Weiße Schneeflocken beleben den grauen Hintergrund. Die Krähe hat ein paar bunte Pfauenfedern gefunden und sich in ihren Schwanz gesteckt. Eitel und stolz, eingebildet und überheblich präsentiert sie diesen Schmuck ihren Artgenossen, was ihr am Ende schlecht bekommen wird. Farblich gesehen kontrastieren hier leuchtende, bunte Farben mit dem tristen Einerlei eines grauen Wintertages.

3. Der Pfau schlägt ein Rad

Bei dieser Arbeit (Abb. 61 und 62, Mädchen, 8. Schuljahr) wurde der radschlagende Pfau durch Wischen von sehr wenigen und einfachen Formschablonen hergestellt. Von einem flaschenförmigen Rumpf strahlen nach allen Seiten die Schwanzfedern aus. Sie tragen am Ende jeweils ein großes „Pfauenauge". Die Technik des Wischens macht nach ein paar

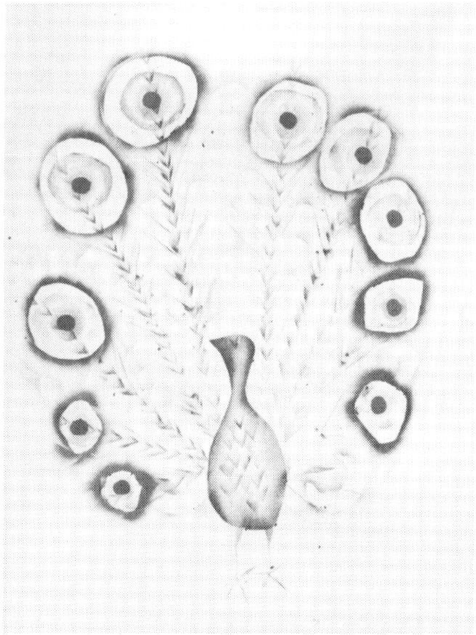

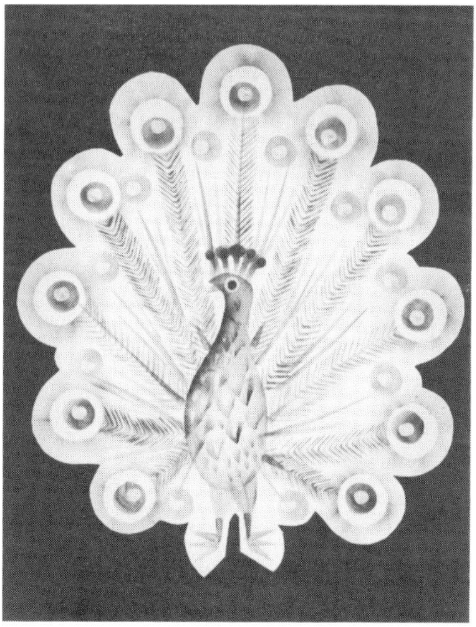

Abb. 61 und 62 Der Pfau schlägt ein Rad, Mädchen 8. Schj.; Wischen von Schablonen

einleitenden Experimenten in der Hauptschulstufe kaum Schwierigkeiten.

Ausführliche Beschreibung der Technik: Beispiel 58 „Schatzkiste am Meeresgrund" im Handbuch 55, daselbst auch Variationsmöglichkeiten technischer und thematischer Art. Die Wischtechnik läßt sich auch mit weißer oder farbiger Tafelkreide auf schwarzem Papier durchführen. Allerdings müssen dann die fertigen Bilder noch mit Fixativ übersprüht werden.

Die rhythmische Wiederholung gleicher Elemente, die zum Wesen des Ornaments gehört, läßt sich hier durch die Anwendung von Schablonen leicht bewerkstelligen. Es kommt dabei nicht darauf an, möglichst differenzierte Formen auszuschneiden. Der dekorative Gesamteindruck entsteht auf additive Weise. Jedem Schüler bleibt genügend Freiheit, trotz festgelegter Anordnung durch kleine Variationen zu einer individuellen Schöpfung zu gelangen. Bei der Abb. 62 wurde der fertige Pfau ausgeschnitten und auf farbiges Papier geklebt.

Beispiel 15

Thema: *Computer und Roboter*

Technik: *Filzstifte, Wasserfarben, Gold- und Silberbronze*

Bildproblem: *Komposition aus technischen Bauelementen*

Altersstufe: *4.–9. Schuljahr*

A. Didaktische Analyse

1. Information über die Sachstruktur

Technik ist so alt wie die Menschheit selbst. Der Mensch besitzt Gestaltungskräfte besonderer Art, die es ihm ermöglichen, in einer unwirtlichen Umwelt zu überleben. Was ihm im Vergleich zu den Tieren an spezialisierten Organen und Instinkten fehlt, ersetzt er durch die Fähigkeit, mit Hilfe seiner Intelligenz nach Mitteln und Wegen zu suchen, die seine Existenz sichern und verbessern. Das geschieht unter naturgesetzlich bestimmten Voraussetzungen aus menschlichen Bedürfnissen heraus. Dabei resultiert das technische Handeln nicht nur aus rationalen Überlegungen. Irrationale Antriebe, wie sie sich im magischen Denken und im Glauben an allerlei Zauberkräfte bei allen Völkern finden lassen, entspringen dem Wunsch, die unvorhergesehenen und gefährlichen Unregelmäßigkeiten im Naturverlauf beeinflussen und stabilisieren zu können. Rhythmische Abläufe, die nach genau festliegenden Regeln funktionieren, haben seither die Menschen besonders beeindruckt, weil sie Gleichförmigkeit garantierten; vielleicht auch deshalb, weil der Mensch im Herzschlag, in der Atmung usw. analoge Vorgänge in sich selbst erlebt und die Möglichkeit einer Identifikation besitzt.

Trotz aller technischen Fortschritte in unserer Zeit ist auch heute noch der Wunsch nach Daseinsstabilisierung und -verbesserung in allen Menschen wach. Daß Technik von Anfang an zweideutig war, daß sie nicht nur zum Guten, sondern auch zum Bösen verwendet werden konnte, ist nicht allen bewußt. Technik stellt den Menschen immer vor diese „Entscheidung zwischen Selbstvernichtung und Selbsterhöhung" *(Theodor Litt)*.

2. Kennzeichnung des Bildungsgehaltes

Technische Geräte, Apparate und Maschinen haben unsere Umwelt in einem Maße verändert, daß auch der Kunstunterricht seine lange Zeit eingenommene negative Einstellung nicht mehr aufrecht erhalten kann, wenn er nicht in ein musisches Getto abgedrängt werden will. Die vielen neuen Bauelemente technischer Erfindungen gehören heute längst zur vertrauten Umgebung der Kinder und finden sich nicht nur im Haushalt der Eltern, sondern auch bereits an vielen modernen Spielsachen. Sie sind meist leicht zu zeichnen, wenn auch ihre Funktion noch nicht verstanden wird. Mit ihnen kann die bildnerische Phantasie der Kinder auf eine neue, unkonventionelle Weise angeregt und der Katalog tradierter Bildthemen erweitert werden. Dabei geht es in erster Linie um eine originelle Zusammenstellung technischer Detailformen zu einer einheitlichen Komposition, die für die Kinder noch genügend Möglichkeiten bietet, persönliche Wünsche und Erlebnisse zum Ausdruck zu bringen.

3. Stellung des Kindes zum Unterrichtsziel

Es gibt nur wenige Menschen, die Einblick in die Arbeitsweise von Computern und Robotern haben. Am wenigsten werden Kinder dafür das notwendige Verständnis aufbringen können. Trotzdem sind sie von allem fasziniert, was auf automatische Weise funktioniert, besonders wenn sie dabei selber handelnder Verursacher eines Prozesses sein können. Es gibt so vieles in ihrem Leben, was sie noch nicht begreifen, mit dem sie aber umgehen und dessen Wirkungen sie sich nicht entziehen können. Faszination geht dabei ebenso von zwecklosen Spielautomaten aus wie von nützlichen, aber unverstandenen Maschinen. Das magische Denken und die lebhafte Phantasie helfen den Kindern, mit Dingen fertig zu werden, die sie geistig noch nicht fassen können. Aus ihren Märchen wissen wir, wie das vor sich geht. Ein einfacher Zauberspruch macht alles möglich, was notwendig ist, damit die Geschichte ein gutes Ende nimmt und alle geheimen Wünsche in Erfüllung gehen.

In diesem Sinne sollen auch Computer und Roboter als erfreuliche Zaubermaschinen gestaltet werden. Technische Details, soweit sie den Kindern von anderen Maschinen her bekannt sind, dürfen sich mit Wörtern und Sätzen mischen, mit denen das niedergeschrieben wird, was sich nicht so leicht zeichnen läßt. Dabei spielt die Logik der Technik keine Rolle. „Ein Computer arbeitet nur dann richtig, wenn ein Mensch für ihn denkt." Und der gemalte Computer ist vom Kind erdacht und soll zum Ausdruck bringen, was es dabei gefühlt und gedacht hat. Nicht technisches Denken und Wissen, sondern bildnerisches Denken bestimmt diese Arbeit.

Beispiel 15

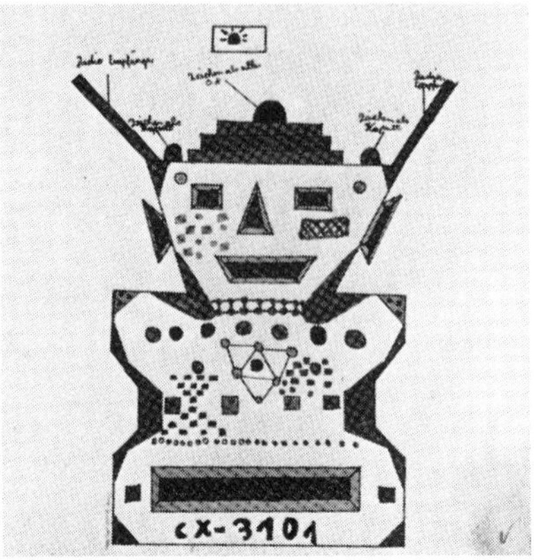

Abb. 63

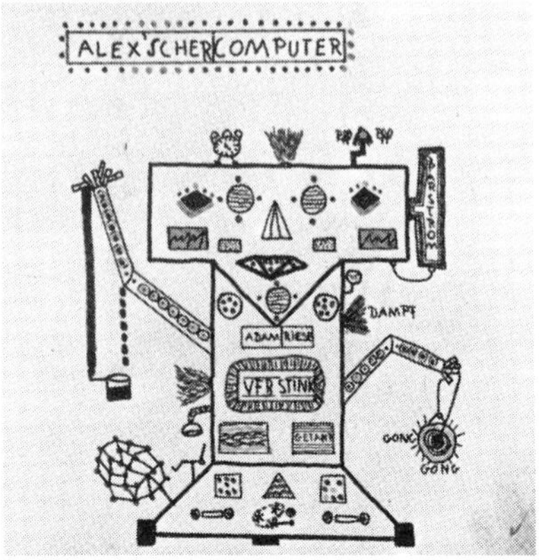

Abb. 64

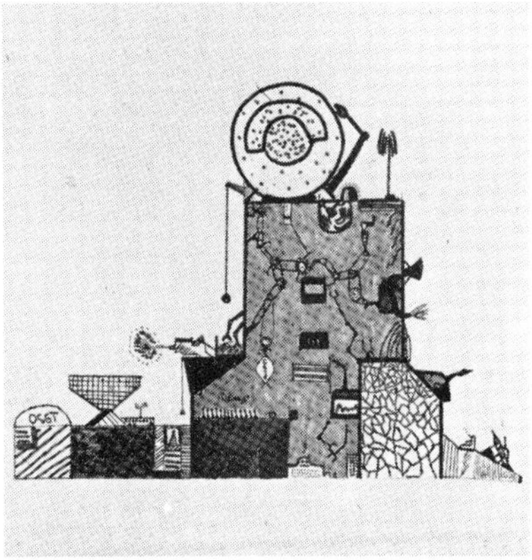

Abb. 65

Abb. 66

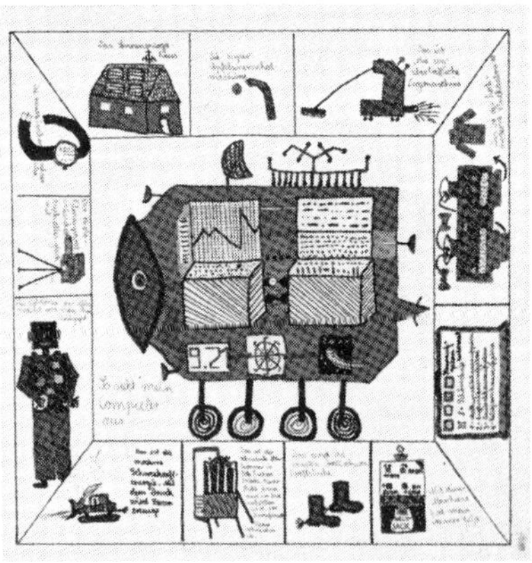

Abb. 67

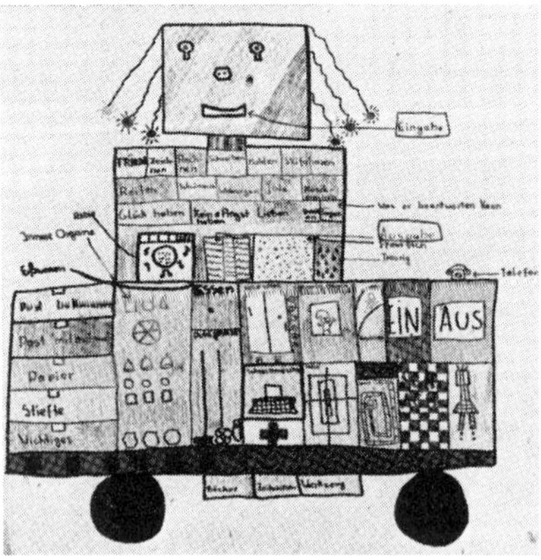

Abb. 68

Abb. 63 bis 68 Wie sich 11–12jährige einen Computer vorstellen

B. Methodische Hinweise zur Durchführung

1. Wie sich 11-12jährige einen Computer vorstellen

Die Abb. 63-68 stammen aus einem Wettbewerb, den eine Computerfirma zu Werbezwecken von Kindern zeichnen ließ.*) Erstaunlich ist dabei, auf wie mannigfache und unterschiedliche Weise sich die Kinder mit dem Thema auseinandergesetzt haben. Da gibt es Roboter mit menschenähnlichen Attributen (Abb. 63-64), Aufbauten, die an Wolkenkratzer und Pyramiden erinnern (Abb. 65-66), und Fahrzeuge mit Rädern, die man überallhin mitnehmen kann. Die einprogrammierten Wünsche sind eindeutig. Meist handelt es sich um Schulprobleme, Spielsachen und allerlei Naschwerk. Die Zahl der verwendeten technischen Bauteile ist noch klein. Immerhin gibt es bereits Schalter, Tasten, Knöpfe, Hebel, Kontrollampen, Uhren, Alarmglocken, Anzeigegeräte, Lautsprecher und eine Menge von Kabelverspannungen. Die Verwendung von Filzstiften bewährt sich hier, weil kleine Details und Inschriften leichter wiedergegeben werden können.

2. Astronaut im Raumschiff (Abb. 69: Knabe, 5. Schuljahr)

Hier wurden technische Geräte aus Katalogen in einer Collage zusammengefügt und durch Untermalung mit Wasserfarben zu einem überzeugenden Gesamteindruck gebracht. Der (unrasierte) Astronaut steht in der Mitte der Komposition und beherrscht auch bildnerisch souverän die erdrückende Fülle der Apparate.**)

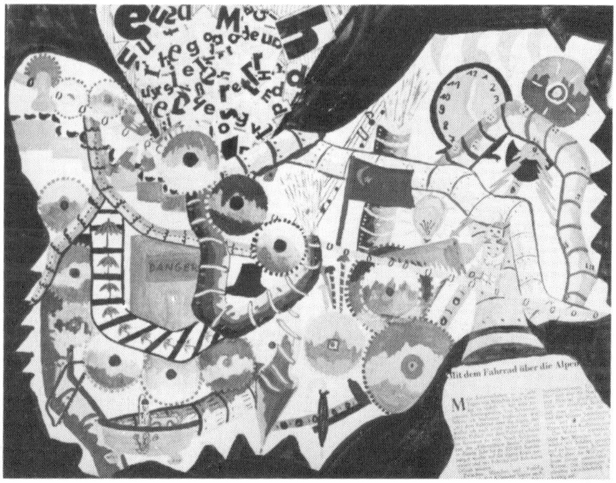

Abb. 70
Aufsatzschreibmaschine, Mädchen 7. Schj.

Abb. 69
Astronaut im Raumschiff, Knabe 5. Schj.

*) Die IBM Deutschland GmbH in Stuttgart hat uns freundlicherweise diese Bilder zur Verfügung gestellt

**) Vgl. dazu auch das Beispiel 67 im Handbuch 55: Phantasiemaschine

Beispiel 15

3. Wunschmaschine (Abb. 70: Mädchen, 7. Schuljahr)

Die Abbildung zeigt, daß sich auch Mädchen für dieses Thema interessieren. Es handelt sich um eine „Aufsatzschreibmaschine", bei der oben nur Buchstaben eingefüllt zu werden brauchen, damit unten ein fertiger Aufsatz herauskommt. Bei diesem Bild wurde vorwiegend mit Röhren und Zahnrädern gearbeitet, die das Format in einer äußerst lebendigen und verwirrenden Dramatik ausfüllen. Der Charakter des Technischen und Metallischen wurde durch die Verwendung von Silber- und Goldbronze erheblich gesteigert. Viele Überschneidungen und die Schattierung bei den Röhren betonen die Raumwirkung.

4. Variationsmöglichkeiten

Bildnerische Techniken: Das Thema läßt sich auch gut im Bilddruck- oder Schablonierverfahren ausführen. Dadurch wird es möglich, häufig wiederkehrende Detailformen schnell und leicht zu vervielfältigen, z. B. können kleine Zahnräder aus Uhren eingefärbt und auf Papier abgedruckt werden (Materialdruck!).

Bildmotive: Armaturenbretter in Auto, Flugzeug, Lokomotive; Fluglotsen vor ihren Geräten mit Blick auf die Landebahn; Laboratorium des Chemikers; Eisenbahner im Stellwerk; in einer Sternwarte, im Unterseeboot, hinter der Fernsehkamera, unter dem Röntgenapparat, im Elektrizitätswerk, am Schachcomputer, in einer Zeitungsdruckerei, am Wahlcomputer, auf einer Bohrinsel, Ölraffinerie in Flammen, Inneres eines Radio- oder Fernsehapparates, Beleuchter hinter den Theaterkulissen, Roboter montieren Autos usw.

Oft haben gerade Grundschüler noch viel originellere Ideen. Ein Mädchen (4. Schuljahr) zeichnete eine „Augendeckelanstrichmaschine" (Lidschattenzeichner). Ein anderes Mädchen konstruierte eine „Gesichtswählmaschine" (Abb. 71). Aus einer Tafel mit aufgeklebten Schauspielerköpfen entnimmt ein Hebel das gewünschte Gesicht und setzt es dem Kunden auf. Dessen eigenes Gesicht wandert in einen Abfallkübel.

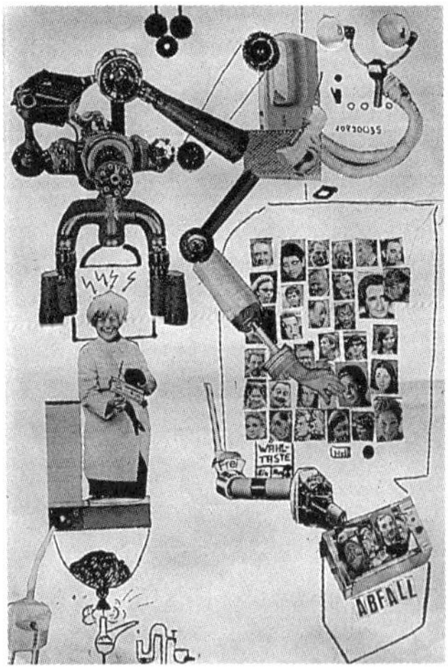

Abb. 71
Gesichtswählmaschine, Mädchen 7. Schj.
Diese Collage ist eine typische und besonders aufschlußreiche Arbeit aus der Pubertätszeit. Das Mädchen betrachtet sich selbstkritisch, ist vielleicht nicht zufrieden mit sich und möchte schöner sein. Der Zwiespalt zwischen den Bedürfnissen, seine Gefühle auszudrücken, andererseits sich aber auch nicht zu offenbaren, findet in der Collage mit anonymen Fotos ein ideales Mittel, das nebenbei noch Witz und Ironie offenbart

Beispiel 16

Thema: *Plakate*

Technik: *Alle Techniken*

Bildproblem: *Kompositionelle Einheit von Bild und Schrift*

Altersstufe: *3.–9. Schuljahr*

A. Didaktische Analyse

1. Information über die Sachstruktur

Mit dem Plakat wendet sich eine Bildkomposition an einen größeren Kreis von Betrachtern, der nicht vorwiegend ästhetisch interessiert ist. Sein Zweck ist praktischer Art und dient in erster Linie der Information, Warnung oder Werbung. Dieser Nutzwert schließt aber nicht aus, daß Plakate trotzdem nach bildnerischen Gesichtspunkten gestaltet werden. Sie gehören zum umfangreichen Gebiet der angewandten und zweckgebundenen Künste, die eine größere Wirkung haben, weil sie sich an die breite Öffentlichkeit und nicht nur an Museumsbesucher und Kunstinteressenten wenden. Es gibt gute und schlechte Plakate, wobei die Prädikate „gut" und „schlecht" verschieden gegeben werden können. Das hängt davon ab, ob man mehr ihre Werbewirksamkeit oder ihre Bildqualität beurteilt. Daß beides gleichzeitig vorhanden sein kann und sich nicht gegenseitig ausschließen muß, wird durch viele alte Beispiele bewiesen, deren künstlerischer Wert erhalten bleibt oder ständig steigt, obwohl ihr aktueller Anlaß längst ohne Bedeutung ist (vgl. z. B. die Plakate von *Toulouse-Lautrec* gegen Ende des 19. Jahrhunderts).

Selbsthergestellte Plakate können nur selten befriedigen, weil ihre Urheber sich über grundlegende Formprobleme wenig Gedanken machen. Für den Kunstunterricht ergibt sich daraus eine lohnende Aufgabe. Er kann mit ihnen einmal mehr aus seinem musischen Getto heraustreten und Anschlagtafeln, Wände, Türen und Fenster eines Schulhauses so gestalten, daß sie nicht verschandelt werden.

Plakate sind Medien in Wort und Bild, die den Betrachter informieren und beeinflussen wollen. Wortsprache und Bildsprache – an und für sich selbständige Medien der Kommunikation – werden im Plakat auf eine ganz besondere Weise miteinander verknüpft. Diese unterscheidet es auch vom Bild in der Zeitung oder von der Illustration im Buch. Bilder sollen den Text interpretieren, kommentieren, akzentuieren, visualisieren, kurz: in vereinfachter und schnell aufzunehmender Weise Aufmerksamkeit erregen. Als nichtsprachlicher Informationsträger erinnert hierbei das Bild an die gemeinsame Wurzel beider Medien, z. B. an Hieroglyphen. (Vgl. auch das nachfolgende Beispiel 17: Geheimschrift!) Bild und Text „sprechen" uns an und sind Mittel eines kommunikativen Handelns. Erscheint der Text als schlagkräftiger, einprägsamer evtl. sogar gereimter Slogan, dann ist auch noch das Ohr mit einem inneren Hören beteiligt.

Beispiel 16

2. Kennzeichnung des Bildungsgehaltes

Bei dieser Aufgabe geht es um die spannungsvolle Verbindung eines eindrucksvollen Bildzeichens als Blickfang mit einem kurzen, gut lesbaren und schlagwortartigen Text. Beide sollen durch integrierte Zuordnung zu einer kompositionellen Einheit werden. Sie dürfen also nicht auseinanderfallen und auch keine unnötigen Informationswiederholungen enthalten. Kontraste werden das Plakat lebendig machen, sollen aber seine Überschaubarkeit und Geschlossenheit nicht zerreißen. Das Plakat ruht als Ganzes in sich selbst, so daß es sich gut von der Wand, aber auch von benachbarten anderen Plakaten abhebt. Seine aufmerksamkeitserregende Wirkung beruht auf dem Verzicht detaillierter und perspektivischer Darstellungen. Zweidimensionale Schrift und scheinräumliche Bildmotive mit Tiefenschrägen und Verkürzungen vertragen sich schlecht miteinander. Auch eine weitgehende Farbdifferenzierung ist unnötig. Farben sollten lieber auf zwei bis drei Töne eingeschränkt werden. Der flächig-dekorative Charakter des Plakats wird unterstützt, wenn die verbale und die ikonische Information auf einem neutralen, zurückhaltenden und einheitlichen tragenden Untergrund angeordnet werden. Trotz sparsamster Anwendung der bildnerischen Mittel bleibt ein gutes Plakat sinnfällig und bildhaft, ohne deswegen schreiend und geschmacklos zu wirken. Plakate sind keine Gemälde, in die man sich lange Zeit hineinvertiefen kann.

3. Stellung des Kindes zum Unterrichtsziel

Unverbildete Kinder haben häufig sehr originelle Plakatideen. Trotzdem zeigen die von außerschulischen Organisationen und Firmen veranstalteten Mal- und Plakatwettbewerbe meist sehr fragwürdige Ergebnisse. Das liegt daran, daß die gute Idee allein nicht ausreicht. Die für ein wirksames Plakat notwendige Integration von Bild und Schrift zu einer prägnanten und verdichteten Gestaltung gelingt nicht ohne Hilfe des Lehrers. Daran ändert sich auch nichts, wenn die Kinder bei der Herstellung von Plakaten begeistert bei der Sache sind. Instinktiv spüren sie vielleicht, daß sie sich hier auf ein Gebiet begeben, wo ihr Mitteilungsdrang ein größeres Publikum erreicht. Außerdem leben sie in einer Umwelt mit einer unübersehbaren Fülle von Verkehrszeichen, Hinweisschildern, Reklametafeln usw., deren Wirkung sie sich nicht entziehen können.

Frühe naive Kinderzeichnungen eignen sich wegen ihrer oft verblüffenden Ausdruckskraft besonders gut als Blickfänger (Abb. 72/73). Ihre schemaähnliche, vereinfachte Darstellung enthält alles Wesentliche, verliert sich nicht in Details und vermittelt durch ihren erzählenden Charakter deutliche Informationen. Ihre flächige, aperspektivische Wiedergabe kommt dem Wesen des Plakats ebenso entgegen wie ihre Beschränkung auf leuchtende, undifferenzierte Farben. Was Grundschulkinder noch nicht leisten können, ist eine befriedigende Textgestaltung. Die Schrift ist für sie noch ein relativ neues Ausdrucksmittel. Bei Hauptschülern ist es umgekehrt. Schreiben bereitet ihnen kaum noch Schwie-

Abb. 72 und 73 Eine naive Kinderzeichnung (Knabe 2. Schj.) wird vergrößert als Blickfang in einem Plakat verwendet

Abb. 74 Aus einem zusammenhängenden Stück Papier geschnittene Schrift

rigkeiten. Dafür besteht aber jetzt die Gefahr, daß sie sich bei der Bildgestaltung an naturalistischen und perspektivischen Darstellungen festbeißen. Darüber vergessen sie, daß es um andere Dinge geht. Ihnen kann am besten geholfen werden, wenn ihre Aufmerksamkeit auf die Schriftgestaltung gelenkt wird. Die erforderlichen Bildzeichen können entweder aus originellen frühen Kinderzeichnungen oder aus Abbildungen in Illustrierten und Prospekten übernommen werden (Abb. 74, vgl. auch das Beispiel 11: Verändern einer Zeichnung).

Beispiel 16

Plakate haben meist ungewohnte große Formate. Den Kindern wird die Arbeit wesentlich erleichtert, wenn man zunächst nur auf der üblichen Zeichenblockgröße anfangen läßt. Gut gelungene Entwürfe sind leicht zu vergrößern, evtl. durch Projektion mit dem Episkop. Dann kann auch am besten kontrolliert werden, ob die Entwürfe genügend Augenfälligkeit besitzen. Sie sollen den Betrachter im Vorbeigehen stutzen lassen. Ihr Text muß schnell und leicht zu lesen sein. Plakate werden unter ganz anderen Umständen wahrgenommen als Abbildungen in Büchern und Illustrierten. Für Kinder, die bisher im Zeichenunterricht stets nur in Nahsicht und nur für sich gearbeitet haben, ist der Schritt zum Großformat etwas völlig Neues.

B. Methodische Hinweise zur Durchführung

1. Der Blickfang

Ein eindrucksvolles oder allgemeinverständliches Symbol soll den Betrachter neugierig machen und anlocken. Je origineller es ist, desto größer ist seine Wirkung. Kindern gelingen solche Bilder am besten, wenn sie einen Bezug zu ihrer eigenen Welt und Interessenlage haben. Die naive kindliche Darstellung eines Grundschülers kann vergrößert in einen neuen Zusammenhang gesetzt werden. Ein im normalen Zeichenunterricht entstandenes Bild kann auf Großformat aufgeklebt werden. Bestimmte Linien, Formen und Farben werden dann über den Bildrand hinaus fortgeführt, bis sie das neue Format befriedigend füllen. Passende Ausschnitte aus Illustrierten können auf ähnliche Weise Verwendung finden. Reliefartige Wirkungen lassen sich durch eingekleistertes und geknittertes Seidenpapier erzeugen. Sehr eindrucksvoll ist es, wenn Bildsymbole und Schrift aus Styropor ausgeschnitten dem Betrachter erhaben und scheinbar greifbar entgegenkommen (Abb. 75).

2. Der Text

Die Schrift darf nicht klein und verloren irgendwo in der großen Fläche ertrinken. Sie braucht einen Halt, eine optische Basis, wodurch sie mit der Gesamtkomposition verbunden wird. Als waagerechter Streifen oder als mehrzeiliger Block wird sie auf das Rechteckformat des Plakats bezogen. Viele Einzelbuchstaben wirken besser als optische Einheit, wenn sie einen gemeinsamen farbigen Hintergrund erhalten. Senkrechte oder schräge Anordnung der Buchstaben gelingt nur selten. Lesbarkeit und Formatbezug leiden darunter erheblich. Auf eine befriedigende Schriftgestaltung muß besonderer Wert gelegt werden. Sie wird im Kunstunterricht meist nur stiefmütterlich behandelt. Die Kinder müssen lernen, daß die ihnen vertraute Schreibschrift von der Nahsicht auf Fernsicht und Schnellsicht gebracht werden muß. Das gilt auch für die Blockschrift. Die beim Schreiben eingeübten Fingerbewegungen müssen wie beim Schreiben an der Wandtafel in Hand- und Armbewegungen überführt werden. Vergrößerte Schreibschrift ist oft besser als eine mit vielerlei Phantasiebuchstaben „verschönte" Druckschrift. Die einfache Blockschrift (vgl.

Beispiel 50 in Handbuch 55) eignet sich besonders gut, weil sie sich leichter vergrößern läßt und wegen ihrer architektonischen Struktur gut auf das Rechteckformat bezogen werden kann. Sie läßt sich auch leicht ausschneiden oder reißen. Gleiche Größe der Einzelbuchstaben entsteht, wenn sie aus gleichbreiten Papierstreifen hergestellt werden. So wird auch vermieden, daß die Farbe von Buchstabe zu Buchstabe wechselt. Kinder machen das gern aus einem unreflektierten Schmuckbedürfnis heraus. Farbige Lebendigkeit erzielt man besser, wenn einfarbige Buchstaben auf kontrastierende Papierstreifen geklebt werden. Zu viele unterschiedliche Schriftgrößen erschweren die Lesbarkeit. Schlagwörter und Slogans sollen sehr groß und von weitem lesbar erscheinen. Untergeordnete Texte können in gleicher Schrift, aber kleiner eingesetzt werden. Der aufmerksam gemachte Betrachter tritt zum Lesen näher an das Plakat heran.

Abb. 75 Plakat aus Styroporformen auf Wellpappe, Knabe 9. Schj.

3. Bildnerische Techniken

Die Bildzeichen können in fast allen, den Kindern bekannten und geläufigen Techniken hergestellt werden: Deckfarben, Leimfarben, Wachs- oder Filzstifte, Schneiden oder Reißen aus Buntpapier, Collagen aus Illustrierten und Prospekten, Kartoffel- und Linoldruck, Frottage, Absprengtechnik usw. Es empfiehlt sich aber, die Arbeit am Plakat nicht mit der Neueinführung einer Bildtechnik zu verbinden, damit die Kinder nicht vom eigentlichen Bildproblem abgelenkt werden. Bei der Erfindung eines originellen Bildzeichens soll den Kindern möglichst viel Freiheit gelassen werden. Beim Text ist das anders. Da sind die Formen vorgeschrieben und müssen wegen der Lesbarkeit weitgehend eingehalten werden.

Trotzdem gibt es auch für die Textgestaltung viele technische Variationsmöglichkeiten: Schreiben mit breitem Borstenpinsel, Schneiden oder Reißen der Buchstaben aus Styropor oder Buntpapier, Schablonieren und Wischen von Schablonen, Drucken mit Buchstaben aus Linolplatten usw. Sollen gleiche Plakate in größerer Anzahl hergestellt werden, dann empfiehlt sich die Frottage aufgeklebter Texte. Die einzelnen Plakate haben dann alle gleiche Texte, unterscheiden sich aber doch durch wechselnde Bilder. Untergeordnete Textteile können evtl. auch mit der Schreibmaschine geschrieben und eingeklebt werden. Für den Bildgrund eignet sich schwarzer oder farbiger Plakatkarton besser als Papier wegen der größeren Stabilität und Haltbarkeit. Notfalls genügt aber auch farbiges Tonpapier. Große Schulfenster in Gängen und Treppenhäusern können Plakate aus Transparentpapier erhalten, die als Leuchtbilder eine besondere Wirkung ausüben.

4. Bildnerische Probleme

Symmetrische Anordnungen haben meist zu wenig Spannung. Kontrastreichtum darf allerdings nicht auf Kosten eines harmonischen Gesamteindrucks übertrieben werden. Einzelne Plakatteile müssen stets sorgfältig auf ihre Wirkung im Zusammenhang überprüft werden. Selten ist gleich der erste Entwurf der beste. Darum ist es gut, wenn die Einzelteile zunächst noch verschiebbar und auswechselbar auf den Bildgrund aufgelegt und erst nach befriedigender Komposition festgeklebt werden. Gute Dienste leistet dabei auch die Wandtafel. Einzelne Teile können mit Plastilin oder Teppichklebeband befestigt, skizzenhafte Veränderungen mit Kreide eingetragen werden. Vor allem läßt sich an der Tafel die Fernwirkung des Plakats besser überprüfen.

5. Anwendungsmöglichkeiten

Zunächst sollte die Verbindung von Bild und Schrift an kleineren Formaten versucht werden, die dem Schüler vertraut sind. Dafür bieten sich an: Glückwunschkarten, Titelblätter für Aufsatzhefte, Tagebücher, Poesiealben, Foto- und Briefmarkenalben, Elternzeitschriften, Berichte von der Schulreise, Buchhüllen, Schallplattenhüllen, Handzettel, Flugblätter, Mappen für Zeichnungen, Urkunden. Gewendete Schachteln bieten die Möglichkeit, erste Versuche mit einer werbenden Verpackung anzustellen.

Größere Formate werden erforderlich für Einladungen zu schulischen Veranstaltungen: Elternabend, Sport- und Schwimmfest, Werk- und Zeichenausstellung, Märchenspiel und Puppentheater, Hausmusikabend, Sommerfest, Filmvorführung, Kinderfasching usw. Dankbare Aufgaben sind Werbe- und Warnplakate für gute Zwecke: Verkehrserziehung, Unfallschutz, Nächstenliebe (Hunger, Armut, Alter), Kleider-, Altpapier-

Abb. 76 Scherenschnitt als Blickfang, Knabe 8. Schj.

und Flaschensammlung, Gesundheitsfürsorge, Tierliebe, Umweltschutz usw. (Abb. 76). Sie lassen sich gut mit originellen kindlichen Bildmotiven verbinden, z. B. Plakatankleber an einer Litfaßsäule, Plakatträger im Straßenverkehr, Reklameschilder auf Auto, Straßenbahn und an Geschäftshäusern. Schließlich bildet das Sammeln von fertigen Plakaten, Posters und Anzeigen in Zeitschriften die Möglichkeit einer kritischen Würdigung der heutigen Werbepraktiken.

Beispiel 17

Thema: *Geheimschrift*

Technik: *Wasserfarben, Filzstifte u. a.*

Bildproblem: *Erfinden und Anordnen einer Bilderschrift*

Altersstufe: *5.–9. Schuljahr*

A. Didaktische Analyse

1. Information über die Sachstruktur

Seit frühester Zeit begleitet die Schrift die Entwicklung der Menschheit. An ihrem Werdegang durch Jahrtausende hindurch läßt sich ablesen, wie menschliche Kommunikation stattgefunden und sich dauernd gewandelt hat. Mit Hilfe der verschiedensten Systeme allgemeinverständlicher Zeichen und Symbole wurde immer wieder versucht, Gedanken und Gefühle auszudrücken und durch sichtbare Formen zu fixieren. Die Entwicklung der Schrift gleicht einem Wunder der Menschwerdung. Ihre enge Verwandtschaft zum künstlerischen Ausdruck liegt auf der Hand. Ihre ständige Wandlung hat es den Forschern oft sehr schwer gemacht, die verschiedenen Zeichen zu entziffern und zu verstehen. Auch heute noch ändert sich unsere Schrift. Man denke nur an die Notwendigkeit, traditionelle Formen für die Wiedergabe durch einen Computer lesbar zu machen. Die moderne Kunst hat uns die Augen für die Zeichenhaftigkeit der Schrift geöffnet. Sie ist heute zu einem dominierenden Umweltphänomen geworden. Es gibt bei uns kaum noch Analphabeten, und der Reproduktion und Vervielfältigung der Schrift sind durch moderne technische Verfahren keine Grenzen mehr gesetzt. Darum ist es auch nicht verwunderlich, wenn die Künstler mit besonderem Interesse dem Zusammenhang von Buchstaben und ihrem grafischen Ausdruck nachgegangen sind und ihren Anmutungscharakter für ihre Bildgestaltungen ausgenutzt haben. Buchstaben, die längst keine Bilder mehr sind, werden experimentierend wieder als Bildmittel eingesetzt.

Am Anfang der Schriftgeschichte stehen Bilderschriften, d. h. eine Reihung von Einzelbildern, die jeder lesen konnte. Wir finden sie z. B. bei Indogermanen, Semiten und Indianern als Piktogramme. Unsere heutigen Verkehrszeichen für Kurven, Querrinnen, Fußgängerüberwege usw. oder auch die allgemein verständlichen Wegweiser bei internationalen Sportveranstaltungen zeigen noch deutlich die Verwandtschaft mit diesen ersten Bilderschriften. Nur sehr langsam haben sich aus den Bildern abstraktere Zeichen entwickelt. Zuerst bezeichneten sie Wörter und Sätze, später nur Silben und zuletzt nur noch Laute (vgl. Hieroglyphen, Keilschrift, chinesische, japanische, arabische, hebräische u. a. Schrift). Auch der Schriftgrund machte viele Wandlungen durch. Die Zeichen konnten in Stein gemeißelt, in Tonplatten gepreßt, in Holz geschnitzt, in Wachs geritzt, auf Papyrusblätter, Pergament, Leder, Textilien, Metall gemalt, gewirkt, gestickt, gestochen, gepunzt, geätzt und schließlich gedruckt werden. Schrift hat die Menschen zu allen Zeiten interessiert und fasziniert, auch wenn sie nicht gelesen werden konnte. Das liegt wohl an dem affektiven Charakter ihrer Urformen, denen man gerade deshalb oft eine magische Bedeutung und Wirkung beigemessen hat. Schrift als eine geheimnisvolle Mitteilung soll deshalb auch das Thema dieses Unterrichtsbeispieles sein.

2. Stellung des Kindes zum Unterrichtsziel

Man hat oft gesagt, daß Kinder in ihrer Entwicklung in großen Zügen die Menschheitsgeschichte rekapitulieren. Das gilt auch für die Schrift. Die Vorliebe der Kinder für die Bildergeschichten der Comichefte mag von manchen Erwachsenen bedauert oder gar verdammt werden. Immerhin weist sie doch auf Parallelen zur Vor- und Frühgeschichte hin. Die additive Aneinanderreihung von Einzelbildern zu sinnvollen Ganzen kommt ihrer Mentalität sehr entgegen. Sicherlich wird auch der rasche Bildwechsel des Fernsehens nicht ganz schuldlos sein an der Bildersucht unserer Kinder, dem sie wie einer Droge ausgeliefert sind. Bilder wirken vor allem auf Leseunkundige und Leseanfänger unmittelbarer und direkter als abstrakte Schriftzeichen. Ihnen haftet noch etwas von dem magischen Zauber an, mit dem die Urmenschen in der Steinzeit ihre Höhlenzeichnungen schufen. Aber auch im Robinsonalter, wenn die Phantasie der Kinder sich mehr und mehr aus dem vertrauten Umkreis des Alltags entfernt, wenn sich ihr Erlebnishunger lieber einer fernen abenteuerlichen Welt zuwendet und das Bedürfnis nach spannungsreichen Erlebnissen immer stärker wird, können entsprechend geeignete, emotional geladene Motive im Kunstunterricht überraschend originelle Gestaltungskräfte aktivieren. Unser Beispiel „Geheimschrift" ist dafür besonders geeignet, weil es keine besonderen Ansprüche an eine differenziertere Formwiedergabe stellt, aber trotzdem die Möglichkeit bietet, Rätselhaftes, Geheimnisvolles und Phantastisches auszudrücken (Abb. 77). Die naiven, von den Kindern in der Grundschule erarbeiteten Sinnzeichen für die Dinge ihrer Umwelt werden hier durch einfache Aneinanderreihung zu einer verschlüsselten Bilderschrift, hinter der sich ihre Erfinder wie bei ihren Abenteuerspielen schlau und pfiffig verstecken können. Mit Begeisterung werden die Schüler dabei sein, wenn es darum geht, nach Möglichkeiten zu suchen, dem fertigen Schriftblatt dann den Charakter einer wertvollen, alten Urkunde zu geben. Dabei arbeiten sie unbewußt an einem wichtigen Bildproblem, nämlich der Herstellung eines einheitlichen Gesamtzusammenhangs der additiv aufgereihten Zeichen mit dem tragenden Bildgrund.

B. Methodische Hinweise zur Durchführung

1. Der Bildgrund

Dem weißen Zeichenpapier wird vor dem Auftragen der Bildzeichen durch Grundierung mit Wasserfarben der Charakter einer uralten, vergilbten Handschrift gegeben. Naß in Naß aufgetragene zarte Gelb-,

Beispiel 17

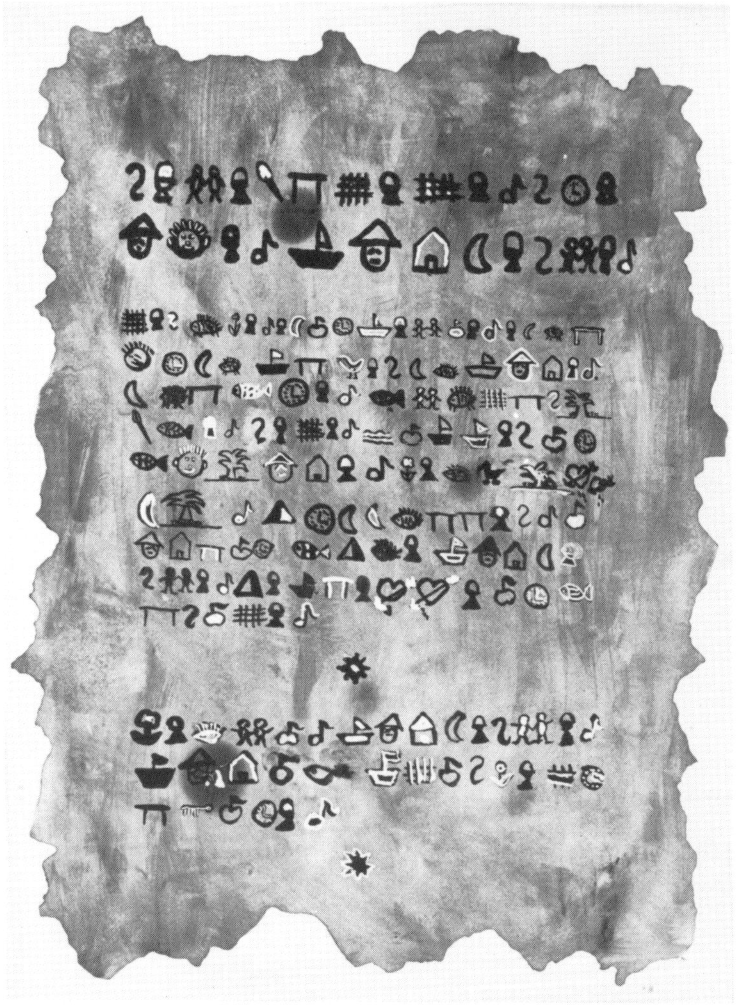

Abb. 77 Geheimrezept gegen Rückenschmerzen, Mädchen 7. Schj.

Braun- und Ockertöne erzeugen die notwendige effektvolle, zauberhafte Wirkung. Damit sich das Papier nicht wirft, werden zuerst beide Seiten angefeuchtet. Vielleicht probieren die Kinder auch zuerst verschiedene Papiersorten aus. Packpapier und einfarbige Tapeten, auch mit Rauhfaser, sind möglich. Auf jeden Fall sollten die Farbnuancen des Bildgrundes sehr zart und zurückhaltend sein, damit die Bildzeichen kontrastreich aufgesetzt werden können. Das schließt nicht aus, daß der Grund fleckig und schmutzig aussieht. Der Experimentierfreude der Kinder sind dabei keine Grenzen gesetzt. Bei unserer Abb. 77 wurden zum Schluß die Ränder des Blattes mit einer Kerze angesengt und auch im Innern Brandstellen und Blutflecken aufgebracht.

2. Die Bildzeichen

sind vereinfachte, aber doch leicht erkennbare Darstellungen bekannter Gegenstände. Jedes Zeichen steht für einen Buchstaben, mit dem der Name des gezeichneten Gegenstandes beginnt. In unserem Beispiel (Mädchen eines 7. Schuljahres) steht Apfel für A, Blume für B, Clown mit dreieckiger Mütze für C, Dreieck für D, Ei mit Eierbecher für E, Fisch für F, Gitter für G, Haus für H, Igel für I, Kopf für K, Herz mit Pfeil (Liebe) für L, Mond für M, Note für N, Palme (Oase) für O, Pinsel für P, Fragezeichen (Regenwurm!) für R, Schiff für S, Tisch für T, Uhr für U, Vogel für V, Wellen (Wasser) für W, Zwillinge für Z. Dem Leser soll der Spaß nicht genommen werden, das „Rezept gegen Rückenschmerzen" und seinen Nachtrag für „Zahnschmerzen" selbst zu entziffern. Dabei sollte er sich an einigen orthographischen Fehlern nicht stören.

Natürlich ist es jedem Kinde freigestellt, für die einzelnen Buchstaben auch andere Zeichen zu wählen. Wem nichts einfällt, der kann ja im Duden nach passenden Wörtern suchen. Wer es dem Leser besonders schwer machen will, wird vielleicht für denselben Buchstaben verschiedene Zeichen einsetzen, z. B. für ein K außer Kopf auch Kamm, Kerze, Krebs, Kamel, Kreuz, Krug u. a. Noch schwieriger wird die Entzifferung der Geheimschrift, wenn die Leserichtung der Zeichen umgekehrt wird (von rechts nach links wie bei den Phöniziern) oder von Zeile zu Zeile wechselt. Denkbar ist auch eine senkrechte Anordnung der Zeichen. Die Bildzeichen lassen sich am einfachsten mit einem schwarzen Filzstift oder spitzen Pinsel aufzeichnen. Auf andere Farben sollte wegen der einheitlichen Harmonie verzichtet werden. In unserem Beispiel wurde durch sparsam eingesetzte Akzente mit Deckweiß die Wirkung noch erhöht. Auch Goldbronze, die Kinder besonders gern verwenden, wäre möglich gewesen.

3. Variationsmöglichkeiten der Bildtechnik

- Knittern des Papiers vor dem Auftrag der Grundierung;
- Einstreichen des Bildgrundes mit Kleisterfarben, unter die feiner Sand gemischt wurde;
- Wachskratztechnik: Schwarzes Papier mit Wachsfarben ganz abdecken, die Bildzeichen mit dem Messer herauskratzen;
- Papierbatik: Abdecken der Schriftzeichen mit einer Kerze, anschließend Übermalen des Blattes mit Holzbeizen;
- Frottage der als Scherenschnitte hergestellten Bildzeichen mit schwarzer Wachsfarbe; danach Übermalen des Blattes mit Wasserfarben;
- Absprengtechnik: Die Bildzeichen werden mit Deckweiß auf weißes Papier aufgemalt; danach erfolgt ein Übermalen mit farbiger Tusche;
- Gipsplatten werden eingefärbt, die Bildzeichen anschließend mit Linolfedern eingraviert;
- Tonplatten: Aus Gipsstempeln hergestellte Bildzeichen werden in weiche Tonplatten eingedrückt. Jeder Schüler fertigt nur ein Bild-

zeichen als Stempel an. Beim Arbeiten an der Platte tauschen die Kinder die verschiedenen Stempel untereinander aus;
— Linolschnitt: Auch hier wird für jedes Bildzeichen ein besonderer kleiner Linolstempel angefertigt.

4. Variationen der Thematik

Geheimnisvoller Orakelspruch, Rezept eines Hexenmeisters mit ausgefallenen Zutaten, Wahrsagung einer Zigeunerin, Sterndeutung, rätselhafte Grabinschrift, verschlüsselter Lebenslauf, Wegebeschreibung zu einem verborgenen Schatz, Alchimistennotiz über die Herstellung von Gold, Freimaureralphabet, Nachricht von außerirdischen Lebewesen, Erfinden von Einzelzeichen für Steinmetzen, Zünfte, Firmensignete, Eigentumskennzeichen, Ex libris, Wappen usw.

Zur Abbildung:

Rezept gegen Rückenschmerzen

Geriebene Mausezaene mit Kumist vermischen, mit fuenfzig Tropfen Regenwasser aufkochen, bei Vollmond um Mitternacht auf die schmerzende Stelle auftragen.

*

Bei Zahnschmerzen Schafgarbe gut kauen.

Beispiel 18

Thema: *Siegfrieds Kampf mit dem Drachen*

Technik: *Zeichnung, mit Wasserfarben ausgemalt*

Bildproblem: *Mittel zur Steigerung der Bilddynamik*

Altersstufe: *4.–9. Schuljahr*

A. Didaktische Analyse

1. Information über die Sachstruktur

Drachen gibt es in der Mythologie vieler Völker. Meist sind es echsenartige Ungeheuer, die vielleicht auf vorzeitliche Saurierformen zurückgehen, im Lauf der Zeit aber mit allerlei legendären Attributen ausgestattet wurden. Mischgestalten aus Körperteilen von Schlangen, Löwen, Elefanten, Vogeln kommen häufig vor. Sie konnten auch mehrköpfig sein, Feuer speien, Sonne und Mond verschlingen, Jungfrauen rauben und Unheil in die Welt bringen. Im Christentum wurden sie zur Verkörperung gottfeindlicher Mächte, die von einem Helden getötet werden mußten, damit der Weiterbestand der Menschheit gesichert war. Ihre Vernichtung galt stets als eine schwierige Aufgabe, weil die Drachen durch den Schutz ihres eisenharten Schuppenpanzers unverwundbar waren. Ihr Blut galt als begehrenswerter Lebenssaft, der auch dem wehrlosen Menschen überirdische Kräfte verleihen konnte.

2. Kennzeichnung des Bildungsgehaltes

Die Darstellung des Kampfes eines Menschen mit diesem ungeheuerlichen Lindwurm gibt Gelegenheit, bei den Kindern das Gefühl für die Bilddynamik zu entwickeln. Ein spannungsvoller und bewegter Bildbau wird nur erreicht, wenn von der gewohnten starren und statischen Anordnung abgewichen wird. Unruhe entsteht, wenn die Schwerpunkte verlagert werden, wenn die glatten Umrisse der Figuren zerrissen sind, wenn unterschiedliche Größenverhältnisse und lebhafte Farbspannungen zu großen Kontrastwirkungen führen. Das Fehlen dominierender senkrechter und waagerechter Bildlinien und die geringe Rahmenverfestigung erzeugt beim Betrachten Unbehagen und Unsicherheit. Noch stärker wirkt es, wenn die Hauptbewegung im Bild entgegengesetzt zur gewohnten Leserichtung verläuft. Die vertraute und geläufige Augenbewegung von links nach rechts wird zur Umkehr gezwungen. Die Gegenrichtung wird als unangenehm empfunden und steigert den dramatischen Eindruck.

3. Stellung des Kindes zum Unterrichtsziel

Das Thema wird vor allem bei Knaben der Hauptschule großen Anklang finden. Drachenähnliche Untiere bevölkern ihre Phantasie, und für Abenteuer aller Art sind sie leicht zu begeistern, zumal sie sich hier mit der Gestalt des mutigen und tapferen Siegfried gern identifizieren. Es wird ihnen kaum Schwierigkeiten machen, allerlei Attribute zu finden, mit denen sie die Ungeheuerlichkeit dieses Fabelwesens steigern können. Da es nicht um eine naturalistische Darstellung geht, können sie ihrem Einfallsreichtum freien Lauf lassen. Wenn die Gestalt des Siegfried an den Bildrand gerückt wird und ein bißchen steif wirkt, dann ist das kein Unglück. Siegfried fürchtet sich ja nicht, steht ganz ruhig da und wartet auf den entscheidenden Augenblick, um dem Drachen sein Schwert in den Rachen zu stoßen.

B. Bemerkungen zur Durchführung

Bei der Bearbeitung dieses Themas wurde den Schülern die bildnerische Technik freigestellt. Sie zeichneten alle zuerst mit dem Bleistift vor und probierten am Drachen allerlei gefährliche Zutaten aus: Krallen, Zähne, Hornplatten, gezackten Kamm, Flügel, um sich schlagenden Schwanz. Der Radiergummi durfte benutzt werden, wenn neue Einfälle zu Veränderungen drängten. Danach wurde mit Wasserfarben ausgemalt. Durch die Beschränkung auf das Kolorieren festgelegter Formen fehlt den Bildern der Hintergrund, der, mit düsteren und gebrochenen Farben angelegt, die unheimliche Stimmung enorm gesteigert hätte. Die Kinder empfanden die weiße Leere aber doch als störend und füllten den nicht gemeinten Bildgrund mit Bäumen und Sträuchern. Damit nun aber doch die Deutlichkeit der Kampfdarstellung nicht leiden mußte, griffen einige Kinder abschließend zu Feder und Tusche, um die Konturen der Hauptfiguren nachzuziehen. Alle Kinder haben den Drachen so gezeichnet, daß er entgegen der Leserichtung ins Bild kommt. Bei Abb. 78 (Knabe,

Beispiel 18

Abb. 78 und 79   Siegfrieds Kampf mit dem Drachen, Knaben 4. und 8. Schj.

Abb. 87   Vulkanausbruch, Knabe 8. Schj.; zu Beispiel 20, S. 113

Abb. 89   Leuchtende Fenster in der Nacht, Knabe 8. Schj.; zu Beispiel 20, S. 114

4. Schuljahr) scheint er sich auf seinem langen Schwanz aufzubäumen, um Siegfried von oben zu packen (Hochlegen und Verschieben des Bildschwerpunktes nach rechts). Bei Abb. 79 (Knabe, 8. Schuljahr) wird besonderer Wert auf das Schuppenkleid gelegt. Der Drache ist bereits von Siegfrieds Schwert durchbohrt worden. In großen Auf- und Abschwüngen schlägt er wild um sich, so daß auch Siegfried sich zurückbeugen und ausweichen muß. Ein Baum, der im Wege steht, wird vom Leib des Drachen abgeknickt.

Thematische Variationen

Thors Kampf mit der Midgardschlange, Dietrich von Bern als Bezwinger des Drachen, der Erzengel Michael kämpft mit dem Höllenhund, der Drache Fafnir als Hüter eines Goldschatzes, das tapfere Schneiderlein besiegt das Einhorn.

Für Mädchen: Der Drache bewacht oder raubt die Prinzessin, Nebel und Wolken verdichten sich zu einem lindwurmartigen Ungeheuer (vgl. auch Beispiel 8: Geister und Gespenster).

Beispiel 19

Thema: *Tierpaare und Tierherden*

Technik: *Vervielfältigung durch Scherenschnitt*

Bildproblem: *Richtungsveränderlichkeit, Überschneidung, Anordnung*

Altersstufe: *5.–9. Schuljahr*

A. Didaktische Analyse

1. Information über die Sachstruktur

Die meisten Tiere leben gesellig in Paaren, Familien, Sippen, Rudeln, Herden oder Schwärmen. Diese Tatsache legt den Gedanken nahe, gleiche Tiere durch einfache Vervielfältigungsverfahren gleich mehrmals herzustellen und zu Gruppen zusammenzufassen. Kompositionsprobleme wie z. B. das Ordnen von Einzelformen zu einer auf die Bildfläche bezogenen inneren Struktur, ihre bildmäßige Über- und Unterordnung, Schwerpunktbildung und Herstellen eines Gleichgewichts, Ballung, Verdichtung der Dingformen und lockere Streuung, Reihung und Staffelung, Beachtung der für die Bildwirkung besonders wichtigen Stellen auf der Bildfläche – all das läßt sich viel leichter experimentell studieren, solange die Teile noch verschiebbar sind. Voraussetzung ist allerdings, daß zunächst einmal eine befriedigende Ausgangsform für die Vervielfältigung gefunden werden muß. Gerade in der Hauptschule, wo Fragen einer guten Komposition besprochen werden könnten, macht den Schülern die Darstellung des Einzeltieres erhebliche Schwierigkeiten. Darum weichen

---

Abb. 93 und 94 Unbekannte Marsflora, Mädchen 6. und 8. Schj.

ihr viele Lehrer aus, indem sie Übungen dieser Art mit abstrakten Formen durchführen lassen. Das wieder ist aber den Schülern zu langweilig, weil sie am Ende ein „schönes Bild" erhalten möchten. Hinweise auf ähnlich gelagerte Aufgaben in unserer Umwelt (Decken einer Festtafel, Einrichten eines Zimmers, Anlage eines Gartens usw.) wecken nur schnell schwindendes Interesse, weil ihnen die vorstellungsbildende Anschauung durch individuelles Handeln fehlt.

2. Bildungsgehalt und Verhalten der Kinder

Die Abb. 80 (Knaben, 6. Schuljahr) zeigt deutlich, wo für die Kinder die Schwierigkeiten liegen. Trotz einer abenteuerstrotzenden Einführung, die in diesem Alter noch zünden kann, verlieren die Jungen bald die Lust und stricheln mißmutig an den Beinen der Elefanten herum. Bei ① wurde noch nicht einmal ihr paarweiser Ansatz erkannt. Bewegung und räumliche Tiefe durch Überschneidung fehlen fast überall, obwohl Kinder bereits im 3. oder 4. Schuljahr dafür empfänglich sind. Während in den ersten Grundschuljahren noch senkrechte und waagerechte Richtungen vorherrschen und den Gestalten eine starre und statische Struktur geben, beginnt später eine dynamischere Gestaltung durch schräggeführte oder kurvig gebogene Richtungsstriche (Richtungsveränderlichkeit). Gleichzeitig setzen auch mit dem Nachlassen röntgenbildartiger Darstellungen Versuche ein (bei ⑦ und ⑧), durch Überschneidungen vorne und hinten zu unterscheiden. In diesem Beispiel soll deshalb im Anschluß an das vorwiegend für die Grundschule gedachte Beispiel 4: Bremer Stadtmusikanten die Beinknickung bei bewegten Säugetieren Hauptthema sein.

Abb. 80 Schwierigkeiten beim Zeichnen eines Elefanten, Knaben 6. Schj.

B. Methodische Hinweise zur Durchführung

1. Formprobleme bei der Überschneidung und Beinknickung

Säugetiere werden zunächst meist von der Breitseite gesehen gezeichnet, weil sich dadurch ihre charakteristischen Merkmale am leichtesten wiedergeben lassen. Dabei stehen die Beine senkrecht und werden in der Fläche nebeneinander aufgereiht. Später rücken sie paarweise näher zusammen, wobei oft das eine Bein teilweise vom anderen verdeckt wird. Damit deutet sich der Versuch einer tiefenräumlichen Darstellung an. Durch Schrägstellung der Beine kommt Bewegung in die Figur. Das Tier schreitet jetzt. Mit einem einfachen Modell aus Pappe kann man den Kindern klarmachen, wie die Beine am Rumpf ansetzen. Jedes Beinpaar wird mit einer Musterklammer an derselben Stelle am Rumpf befestigt. Spreizen sich jetzt die Beine, dann sieht man deutlich, wie sich drei Pappschichten überschneiden. Schwieriger wird die Darstellung, wenn das Tier schnell rennen soll. Dann knicken sich die Vorderbeine im Ellbogen und Handgelenk, die Hinterbeine im Knie und vor allem bei der Ferse. Das klingt sehr kompliziert und kann zeichnerisch nur von sehr geschickten Schülern gelöst werden. Schneidet man aber ein stehendes Tier aus Pappe aus, dann lassen sich seine Beine beliebig bewegen, wenn sie abgeschnitten und halbiert werden. Es ist eine bekannte Tatsache, daß auch ein schlechter Zeichner an einer Tierdarstellung Fehler in der Körper- und Beinhaltung sofort erkennt. Formaufnahme und Formwiedergabe müssen sich nicht unbedingt entsprechen. Die drei Rehe der Abb. 81 sind so entstanden. Ein stehend gezeichnetes Reh wird dreifach ausgeschnitten (drei Papiere liegen dabei aufeinander). Jedem Tier werden Hals, Kopf und Beine abgeschnitten, letztere auch noch teilweise geknickt. Beim Aufkleben erhält jedes Reh eine andere Bewegung, beim rechten wurde sogar der Kopf gewendet.

Abb. 81 Verandern der Körperhaltung bei ausgeschnittenen Tieren

Beispiel 19

2. Vervielfältigung der einzelnen Tierfigur

Bei den drei Rehen erfolgte die Vervielfältigung durch einen Scherenschnitt aus weißem Papier. Tierpaare können auch aus verschiedenfarbigem Papier ausgeschnitten werden. So entstand bei der Abb. 82, Seite 72, die Gemeinschaftsarbeit „Arche Noah", zu der jeder Schüler ein anderes Tier herstellte. Große Herden gleicher Tiere lassen sich auf sehr einfache Weise herstellen, wenn das ausgeschnittene Einzeltier mit Linoldruckfarbe eingewalzt und mehrmals abgedruckt wird (Papier- oder Pappedruck, Phasendruck). Wird die einmal eingefärbte Form gleich mehrmals abgedruckt, ohne daß sie neu eingefärbt wurde, so entstehen Tiere in verschiedenen Grauabstufungen, die bei geschickter Anordnung Raumwirkungen erzielen können. Dunkle Tiere erscheinen näher, hellere verschwinden in der Ferne in aufgewirbeltem Staub oder im Nebel (Abb. 83).

Abb. 83 Tierherde, Knabe 8. Schj.; Phasendruck

Werden die ausgeschnittenen Tiere auf ein Zeichenblatt geklebt, so können sie durch Frottage mit Wachsfarben auf ein darübergelegtes Papier durchgerieben werden. Die Wachsstifte werden von ihrer Papierhülle befreit, damit man sie querliegend breit aufstreichen kann. Da die Wachsfarbe kein Wasser annimmt, können solche Frottagen nachträglich mit Wasserfarben bemalt werden. Bei Steppentieren kann auf diese Weise durch warme Farbklänge der Eindruck tropischer Hitze entstehen. Trägt man auf Giraffen und Zebras Tropfen und Streifen von UHU-Klebstoff auf, so erhalten die Tiere nach dem Trocknen des Klebers beim Durchreiben eine belebende Musterung. Frottage mit einfachen Christbaum- oder Haushaltkerzen ist auch möglich. Die Tiere erscheinen dann auf dem Abrieb weiß, wenn sie mit Tinte oder Wasserfarbe übermalt werden. Durch zweimaligen Durchtrieb mit verschobenem Deckblatt verdoppeln sich alle Tiere. Ein einfaches Vervielfältigungsverfahren ist auch das Wischen von Schablonen, wie es in Beispiel 14: Pfau (Seite 84) und im Handbuch 55 bei den Beispielen 57 und 58 beschrieben wird.

Aus Karton ausgeschnittene Tierformen können mit dem Bleistift an verschiedenen Stellen des Zeichenblattes mehrmals umfahren werden. Auch so entsteht eine Tierherde. Bei der Ausarbeitung des Bildes mit Filzstift oder Feder werden überschnittene Stellen nicht nachgezogen. Die Abb. 84 stammt von einem Knaben (4. Schuljahr). Der Bildgrund wurde mit einer Fülle unterschiedlicher pflanzlicher Strukturen gefüllt, so daß die Elefanten sich weiß gut abheben.

Abb. 84 Elefantenherde im Urwald, Knabe 4. Schj.; Federzeichnung

Eine große Gemeinschaftsarbeit entstand in der Knabenklasse eines 8. Schuljahres (Arche Noah) auf Packpapier von 1 m Breite und 6 m Länge als Wandschmuck, nachdem die Buben Geschmack an komplizierten Tierdarstellungen gefunden hatten und ihr Können nun auch freihändig auf das Großformat übertragen wollten (Abb. 85, Seite 72).

3. Thematische Variationen

Schäfer mit Herde, Rentierjäger in Lappland, Stierkampf mit Pikadores, Tierdressur im Zirkus, Gänseliesel hütet die Tiere, Futterplatz für Wild im Wald, Treibjagd mit Hundemeute, Pferderennen, Trabrennen, Vogel- und Fischschwarm, Trapper und Indianer, Kühe an der Tränke usw.

Mit den gleichen bildnerischen Techniken lassen sich natürlich auch Gruppierungen anderer Formen herstellen: Wald, Blumenbeet, Dorf und Stadt, Parkplatz, Töpfermarkt usw.

Beispiel 20

Thema: *Feuer und Lichter bei Nacht*

Technik: *Kohle, Wachs- und Deckfarben*

Bildproblem: *Helligkeits- und Qualitätskontrast*

Altersstufe: *5.–9. Schuljahr*

A. Didaktische Analyse

1. Information über die Sachstruktur

Feuer und Lichter erregen erhöhte Aufmerksamkeit. Dafür lassen sich zahllose Beispiele aufzählen: Lichtreklame, Leuchttürme, Leuchtfische der Tiefsee, Quallen, Glühwürmchen in der Nacht und viele andere. Die Aufmerksamkeit kann mit angenehmen Empfindungen verbunden sein: Feuerwerk, Christbaum, ein erleuchtetes Fenster, das dem verirrten Wanderer den Weg weist. Sie kann aber auch Schrecken, Angst und Grauen erzeugen: Brandkatastrophen, Explosionen, Vulkanausbrüche, Waldbrände u. a. Immer wird die Wirkung von Feuer und Licht besonders groß sein, wenn diese mit Nacht und Finsternis kontrastieren. Sie erhellen die gewohnte Stille der Dunkelheit auf unerwartete und überraschende Weise.

2. Kennzeichnung des Bildungsgehaltes

In den folgenden Beispielen geht es immer um die Kontrastierung von Hell und Dunkel, von Klar und Trüb, von reinen und gebrochenen Farben. Abgesehen davon, daß die Grundfarben schon in ungebrochenem Zustand verschieden hell erscheinen, sollen sie durch Mischungen weiter differenziert werden. Weiß läßt sich durch allmählich zunehmende Schwarzbeimischung über viele Graustufen bis zum Schwarz verdunkeln. Dasselbe gilt für leuchtende bunte Farben. Sie können aber mit Weiß auch aufgehellt werden (Pastelltöne, Gouachemalerei). Durch den Zusatz von Weiß und Schwarz – also durch Grau – werden sie getrübt. Die Beimischung einer im Farbkreis entfernt liegenden Farbe führt zur Brechung. In beiden Fällen wird ihre Reinheit und Leuchtkraft herabgesetzt. Feuer in der Nacht wirkt durch seine Leuchtkraft. Durch den Kontrast zum Dunklen und Trüben wird diese gesteigert. Qualm und Rauch, aber auch Gebäude, Fahrzeuge und Menschen werden vom Feuer angestrahlt, erreichen aber niemals dessen Leuchtkraft. Das indirekte Licht auf ihnen wirkt unnatürlich, befremdend und unheimlich.

3. Stellung des Kindes zum Unterrichtsziel

Kinder, die gewohnt sind, das Gemeinte auf weißem Papier darzustellen, es also dunkler vom hellen Bildgrund abzuheben, müssen umdenken. In diesen Aufgaben wird das Helle und Leuchtende zum Gegenstand und zum Gemeinten. Die Aufmerksamkeit darf sich also nicht nur auf Feuer und Licht, sondern muß sich auch auf den dunklen Bildgrund richten.

Schon in der Grundschule kann damit begonnen werden, die verschiedene Helligkeit unvermischter, reiner Farben auszunützen. Die Abb. 86 zeigt ein Beispiel dafür. Gelbe Flecken wurden auf weißem Papier gut verteilt aufgemalt und mit anderen warmen Farben in der Reihenfolge ihrer abnehmenden Leuchtkraft in immer größer werdenden Kreisen und Ovalen umfahren; erst mit Orange, dann mit Zinnober, zuletzt mit Karmin. Danach wurde der freigebliebene Bildgrund mit Schwarz abgedeckt. Jetzt leuchteten die Lichter heller aus der Dunkelheit. Nach dem Abtrocknen wurden mit Deckweiß Kerzen und schließlich grüne Zweige aufgemalt. In goldenen Kugeln oder silbernem Lametta spiegelte sich das Licht. Gegenstände, Lichter und Bildgrund wachsen zu einer Einheit zusammen.

Abb. 86 Brennende Kerzen, Mädchen 3. Schj.

B. Methodische Hinweise zu verschiedenen Themen

1. Vulkanausbruch bei Nacht (Abb. 87, Seite 105)

Aus dem Gipfel des Bergkegels brechen leuchtende Flammen. Am Himmel steht eine vom Feuer angestrahlte Rauch- und Staubwolke. Am Bergabhang wälzt sich eine dunkelrot glühende Lava zu Tal und erlöscht langsam. Steine und Felsbrocken werden durch die Luft geschleudert. Der Vulkan kann sich in einer Meeresbucht spiegeln (z. B. Vesuv bei Neapel), so daß die heiße Lava das Meer erreicht und weißer Wasserdampf aufzischt. Bei der Abb. 87 (Knabe, 8. Schuljahr) wurde mit Wachsfarben gearbeitet. Mit ihnen lassen sich Farbübergänge erzielen, wenn helle auf dunkle Farben aufgestrichen werden. Umgekehrt werden helle Farben von dunkleren abgedeckt. Auch das kann ausgenützt werden, wenn anschließend gekratzt wird (Wachssgraffito). Das Bild wurde zum Schluß mit Tinte oder dunkler Wasserfarbe ganz übermalt. Die Wachsfarbe läßt sich vom Wasser nicht abdecken. Entstehende Perlen bleiben stehen und trocknen langsam auf.

2. Waldbrand (Abb. 88)

Das Thema wurde stark eingeschränkt. Alles Erzählende und Illustrative sollte wegfallen, damit sich die Aufmerksamkeit allein dem Feuer zuwenden konnte. Aufkommender Glutwind drückt die unruhig züngelnden Flammen zur Seite. Viele Rot-, Orange- und Gelbtöne werden gemischt und Naß in Naß in allmählichem Übergang von Hell nach Dunkel aufgetragen. Glühende Funken sprühen durch die schwarze Nacht. Zuletzt wurden auf das abgetrocknete Blatt ein paar verkohlte Bäume gemalt, deren Aststummel noch nachglühen.

Abb. 88
Waldbrand, Lehrerstudent.
Vergleicht man diese Arbeit mit Kinderzeichnungen verschiedener Altersstufen, dann kann man deutlich feststellen, wie das ängstliche Abgrenzen der einzelnen Feuerfarben voneinander nur sehr langsam zugunsten fließender Übergänge überwunden wird. Die praktischen Möglichkeiten des Naß-in-Naß-Malens werden von den Kindern erst dann aufgegriffen, wenn sie dafür reif sind
(Bei Abb. 86 z. B. noch nicht)

3. Leuchtende Fenster in der Nacht (Abb. 89, Seite 105)

Bei diesem Bild wurden in einem etwas umständlichen Verfahren die zuerst noch in leuchtenden Farben ausgemalten Häuser, Dächer, Straße usw. nachträglich durch Übermalen mit einer Nachtfarbe gebrochen. Nur die leuchtenden Fenster sollten dabei ausgespart werden, so daß sie jetzt hell aus der Dunkelheit aufleuchten. Die Fensterlichter und sonstigen Lichtquellen (Mond, Sterne, evtl. auch Straßenlaternen und Lichtreklame) erhielten unterschiedlich abgestufte helle Farben. Durch Lampenschirme und Gardinen im Innern der Häuser erscheinen sie von Fall zu Fall anders.

Nur die Fenster der Werkstatt in der Mitte des Bildes bekamen ein kaltes, bläuliches Neonlicht. Für die Übermalung wurde eine Nachtfarbe dünnflüssig und nicht zu pastos im Deckel des Farbkastens aus Grau und Dunkelblau angemacht, damit sie in ausreichender Menge zur Verfügung stand. Erhält sie einen Stich ins Violette, dann wird der Hell-Dunkel-Kontrast noch zusätzlich durch einen Komplementärkontrast gesteigert. Die ursprüngliche Eigenfarbe der Dächer und Häuser schimmert nach der Übermalung nur noch schwach durch die Nachtfarbe.

4. Negertanz um das Lagerfeuer (Abb. 90)

Zeichenkohle oder schwarze Fettkreide sind Materialien, mit denen sich Hell-Dunkel-Kontraste leicht und eindrucksvoll herstellen lassen. Man kann mit ihnen zunächst linear arbeiten, die Striche aber anschließend verwischen und Grauabstufungen erzeugen. Ein umständliches Anspitzen der Stifte ist nicht nötig. Auch mit kleinen Bruchstücken kann noch gut gearbeitet werden. Kohle läßt sich mit Knet- und Radiergummi oder Zunder leicht wieder entfernen, es können also Helligkeiten und Glanzlichter auch nachträglich ins Bild gebracht werden. Auf diese Weise wurden die angestrahlten Körper der tanzenden Neger aufgehellt. Die leichte Verwischbarkeit der Kohle erfordert ein Fixieren der fertigen Zeichnung.

Abb. 90
Negertanz um das Lagerfeuer, Lehrerstudent.
Das bei Abb. 88 beschriebene ängstliche Abgrenzen der Formen ist auch bei Schwarzweißarbeiten zu beobachten. Deshalb werden von den Kindern oft bei fertigen Zeichnungen die Konturen nochmal dick nachgezogen. Auch hier sollte die Entwicklung fließender Übergänge allmählich gefördert werden

5. Thematische Variationsmöglichkeiten

Die Feuerwehr löscht einen nächtlichen Hausbrand, Straßenzug mit Leuchtreklame, Bahnhof mit erleuchteten Zügen, Dampfer passiert einen Leuchtturm, Feuerwerk auf dem Rummelplatz, Höhlenmenschen am Lagerfeuer, Explosion einer Atombombe, Christbaum und Weihnachtsmarkt, Weltraumrakete auf dem Flug zum Mond usw.

Beispiele aus dem Handbuch 55: 1: Flucht der Heinzelmännchen, 3: Der überlistete Teufel, 35: Teufelsmaske, 52: Kerzen und Sterne, 60: Alte Stadt bei Nacht.

Beispiel 21

Thema: *Unbekannte Marsflora*

Technik: *Malen mit Deckfarben*

Bildproblem: *Kunstbetrachtung, Erfinden ungewöhnlicher Formen und Farbklänge*

Altersstufe: *5.–9. Schuljahr*

A. Didaktische Analyse

1. Information über die Sachstruktur

Der Maler *Paul Klee* konnte noch nicht wissen, was uns heute durch Fotos aus Weltraumraketen bekannt ist, nämlich daß es auf den bisher erforschten Sternen keine Pflanzen und Lebewesen wie auf der Erde gibt. Wenn er sich in vielen Zeichnungen und Gemälden aus den zwanziger Jahren mit phantastischen pflanzlichen Gebilden beschäftigte, hat das bei Klee einen anderen Grund. Es ging ihm nicht um die Abbildung von vorhandenen Naturformen. Die hatte es in der Kunst schon zu allen Zeiten gegeben. Vielmehr war es seine Absicht, Urformen allen pflanzlichen Lebens, gewissermaßen die ihnen zugrundeliegenden Ideen zu finden. Obwohl sie von der gewohnten optischen Erscheinung abwichen, sollten sie formelhaft etwas von ihrem Wesen und den in ihnen kreisenden Kräften zum Ausdruck bringen. Auf diese Weise wurde die Kunst zu einem Medium, das nicht mehr das Sichtbare wiedergibt, sondern etwas Unsichtbares sichtbar macht. Klee drückt das selbst so aus: „Früher schilderte man die Dinge, die auf der Erde zu sehen waren, die man gern sah oder gern gesehen hätte. Jetzt wird die Realität der sichtbaren Dinge offenbar gemacht und dabei dem Glauben Ausdruck verliehen, daß das Sichtbare im Verhältnis zum Weltganzen nur isoliertes Beispiel ist, und daß andere Wahrheiten latent in der Überzahl sind"*) (Abb. 91 und 92).

Bei diesem Beispiel sollen Klees Gedanken über die archetypischen Urformen der Pflanzen dazu dienen, die Phantasiekräfte der Kinder zu

*) Paul Klee: „Schöpferische Konfession", Berlin 1920

Abb. 91 Paul Klee: Pflanzen-, Erd- und Luftreich, 1920

aktivieren. Es geht also nicht um eine realistische Wiedergabe wirklich vorhandener, sichtbarer Pflanzen, sondern um die Erfindung pflanzenähnlicher Prototypen, die zu einer neuen Realität, der Realität von Bildern, zusammengefaßt werden. Dabei kann auf dreifache Weise vorgegangen werden:

- □ In einer vorausgehenden Kunstbetrachtungsstunde werden den Kindern mehrere Zeichnungen Klees vorgeführt und mit ihnen besprochen.

Abb. 92
Paul Klee:
Insektenfressende

Beispiel 21

- □ Die Betrachtung der Bilder wird erst während der praktischen Arbeit der Kinder eingeschoben und dient als Anregung für weitere Erfindungen und Differenzierungen.
- □ Die Kunstbetrachtung erfolgt erst nach Abschluß der eigenen Arbeiten und führt zu einer sachverständigen Kritik an ihnen.

2. Kennzeichnung des Bildungsgehaltes

Die Aufgabe kann grafisch oder malerisch bearbeitet werden. Die verschiedene Veranlagung der Kinder sollte berücksichtigt werden. Bei unseren Abb. Seite 106 lag der Schwerpunkt auf einer farbigen Durchgestaltung. Das geschah, damit den Kindern nach vorausgegangener Kunstbetrachtung noch genügend Freiheit für eine persönliche Ausführung gelassen und eine simple Klee-Imitation vermieden wurde. Es blieben ihnen auch hier zwei Möglichkeiten offen: eine koloristische Farbgebung mit der Spannung durch möglichst kontrastierende Zusammenstellungen (Abb. 93) oder eine tonige Farbigkeit, bei der das Bild überwiegend auf einen einzigen Farbton abgestimmt war. Bei der zweiten Möglichkeit sollte Spannung durch Hell-Dunkel- und Warm-Kalt-Kontraste entstehen (Abb. 94).

3. Stellung des Kindes zum Unterrichtsziel

Phantasiethemen finden bei Kindern leicht Anklang. Der Lehrer darf sich von dieser anfänglichen Begeisterung aber nicht täuschen lassen. Bei den meisten Schülern stellen sich schon bald Schwierigkeiten ein. Die additive Arbeitsweise führt zur Wiederholung geläufiger Schemaformen. Sie müssen differenziert, verändert, verfremdet werden. Das Thema erlaubt die abenteuerlichsten Variationen, zwingt andererseits aber auch immer dazu, die Grenze der pflanzlichen Urform nicht zu überschreiten. Das Wesen aller Phantasiepflanzen ist auch in allen noch so neuartigen Erfindungen zu erkennen: Aufstreben nach oben, Verästelung, Knospe, Blüte und Fruchtstand. Klee hat zu seiner Federzeichnung „Pflanzen-, Erd- und Luftreich“ (Abb. 91) dem Emporstreben zum Licht noch das Hinabtauchen der Wurzeln in den Erdboden gegenübergestellt und damit die kosmische Verbundenheit von Luft und Erde zum Ausdruck gebracht. Ein Hinweis des Lehrers auf diese Möglichkeit wird von den Kindern schnell verstanden. Röntgenbildartige Darstellungen sind ihnen ja nicht fremd.

B. Methodische Hinweise zur Durchführung

1. Pflanzliche Formen

Durchlaufende Linien unterstreichen die Tendenz des Emporstrebens. In solchen Bahnen steigt das Wasser in den Pflanzen hoch. Sie geben dem Bild das erste kompositionelle Skelett. Sie können gerade, gebogen, geschlängelt verlaufen. Schon am Boden kann eine kraut- oder staudenartige Verzweigung beginnen. Eine fiederartige Verästelung kann auch, unten beginnend, sich strahlend oder fingerartig nach allen Seiten ausbreiten oder sich am Stengel wie beim Schachtelhalm mehrmals übereinander rhythmisch wiederholen. Gras- und schilfartige Formen füllen leere Zwischenräume. Ranken winden sich verbindend von Pflanze zu Pflanze. Knospen, Blüten, Ähren, Früchte bilden besondere Akzente: korbblütlerartig ausstrahlend, glocken- oder trichterförmig geneigt, zu Dolden und Rispen vereint, auch mit Dornen, Stacheln und Zähnen als gefährlich und fleischfressend charakterisiert, biologisch nicht identifizierbar, aber doch immer als Pflanze erkennbar.

2. Farbgestaltung

Das Phantastische der Pflanzenformen soll durch außergewöhnliche Farbigkeit gesteigert werden. Darum verzichten wir zunächst auf Grün. Das Zeichenblatt wird mit warmen Farben grundiert: Gelb, Orange, eventuell etwas Rot. Der Farbauftrag erfolgt fleckig. Die Farben gehen ineinander über. Es bilden sich viele unerwartete Zwischentöne, vor allem dann, wenn das Papier vorher naß gemacht wurde. Erfolgt jetzt erst die Bekanntgabe der Aufgabe und eine kurze Vorbesprechung, dann kann das Blatt inzwischen trocknen. Die Pflanzen werden gleich mit dem Pinsel in Komplementärfarben aufgemalt. Der fleckige Bildgrund wirkt anregend auf die Formgebung. Differenzierung der Blau- und Violettöne bei den Pflanzen nach Kalt und Warm gibt die Möglichkeit, Einzelheiten deutlicher voneinander abzuheben. Durch Beimischung von Deckweiß entstehen hellere Farben, die dickflüssig aufgetragen auch die Bildgrundierung wieder zudecken können. Das Übermalen mißglückter Stellen wird den Kindern bald Spaß machen. Sie lernen dabei, daß jede Farbe im Zusammenhang mit ihrer Nachbarfarbe beurteilt werden und ihr erster Auftrag nicht gleich der beste sein muß. Das stumpfsinnige Anstreichen und Färben von vorgegebenen Formen weicht allmählich einem Formen von Farben. Damit haben sie gelernt, was Malen eigentlich ist. Die Abb. 94 stammt von einem Mädchen (8. Schuljahr), das in einen richtigen Farbrausch geriet und nur mit Mühe zum Aufhören gebracht werden konnte.

3. Variationen und Transfer

Gärtner im Treibhaus, Forscher züchtet neue Pflanzen, durchsichtige Pflanzen aus Glas, Traumwald mit Phantasietieren, Pflanzenwelt der Tiefsee, Leuchtpflanzen bei Nacht. Betrachtung und Beurteilung von Kleiderstoffen mit pflanzlichen Mustern.

4. Zeichnungen und Gemälde von Paul Klee

Ein Stückchen Eden 1913
Einsiedelei 1918
Kosmische Komposition 1919
Pflanzen-, Erd- und Luftreich 1920 (Abb. 91)
Dampfer fährt am Botanischen Garten vorbei 1921
Hoffmanneske Märchenszene 1921
Hängende Früchte 1921
Silbermondschimmelblüte 1921

Abseitspflanzen 1921
Indischer Blumengarten 1922
Blütenantlitze 1922
Sterbende Pflanzen 1922
Sonnen- und Mondblumen 1929
Botanisches Theater 1924–1934
Wasserpflanzenschriftbild 1924
Flugsamen 1925
Insektenfressende (Abb. 92)
Spiralblüten 1925
Idyllisch-Nachbarlich 1926
Botanischer Garten, Strahlenblattpflanzen 1926
Zeiten der Pflanzen 1927
Feigenbaum 1929
Baumschlag 1931
Pflanzen-Schriftbild 1932
Park bei Luzern 1938
Flora am Felsen 1941

Beispiel 22

Thema: *Phantastischer Kopf*

Technik: *Collage*

Bildproblem: *Sinnvoller Einsatz vorgeformten Bildmaterials*

Altersstufe: *5.–9. Schuljahr*

A. Didaktische Analyse

1. Information über die Sachstruktur

Die Anregung zu dieser Aufgabe stammt von dem Italiener *Guiseppe Arcimboldo,* der sich von 1562 bis 1587 am Hofe der Habsburger Kaiser in Prag und Wien wegen seiner skurrilen Porträts und Landschaften besonderer Wertschätzung erfreute. Seine bizarren und originellen Bilder fanden bei der damaligen Hofgesellschaft großen Anklang. Man interessierte sich für alles Ungewöhnliche und Groteske und genoß den prickelnden Reiz des vom Normalen abweichenden Sensationellen. Kaiser *Rudolf II.,* dessen Raritätenkabinett weithin berühmt war, belohnte den Maler für seine virtuose Kunstfertigkeit und seinen hintergründigen Humor mit der Erhebung in den Adelsstand und mit der Ernennung zum Pfalzgrafen. Arcimboldos Spezialität war die Zusammensetzung menschlicher Köpfe (Abb. 95) und ganzer Gestalten aus Früchten, Blumen, Tieren und sonstigen Gegenständen der Natur oder der häuslichen Umgebung. Obwohl er außerdem auch ein guter Bildnismaler war, wäre er doch längst vergessen, wenn der von ihm praktizierte Umstilisierungsprozeß nicht gerade heute vom Surrealismus wiederentdeckt und zu einem neuen Höhepunkt geführt worden wäre.

Die geistige Situation seiner Zeit und die unseres 20. Jahrhunderts weisen viele verwandte Züge auf. Politische und gesellschaftliche Veränderungen führten zu einer Abwendung von klassischen Idealvorstellungen und brachten eine große intellektuelle Unruhe, die alles Überkommene in Frage stellte. Arcimboldo gilt als bedeutendster Vertreter des Manierismus, der nach dem Absonderlichen und Exklusiven suchte und seine Aussagen gern in Anspielungen und abstrus verkleideten Metaphern machte. Hinter der wörtlich mit der Natur übereinstimmenden Darstellung bekannter Dinge sollte etwas anderes, ein tieferer Sinn offenbar werden. Die Natur wurde nicht um ihrer selbst willen abgemalt, sondern gleichsam nur als Formenarsenal und Baumaterial für neue allegorische Ganzheiten zusammenmontiert, um hinter ihrer sinnlich erfaßbaren Erscheinung andere Kräfte sichtbar zu machen.

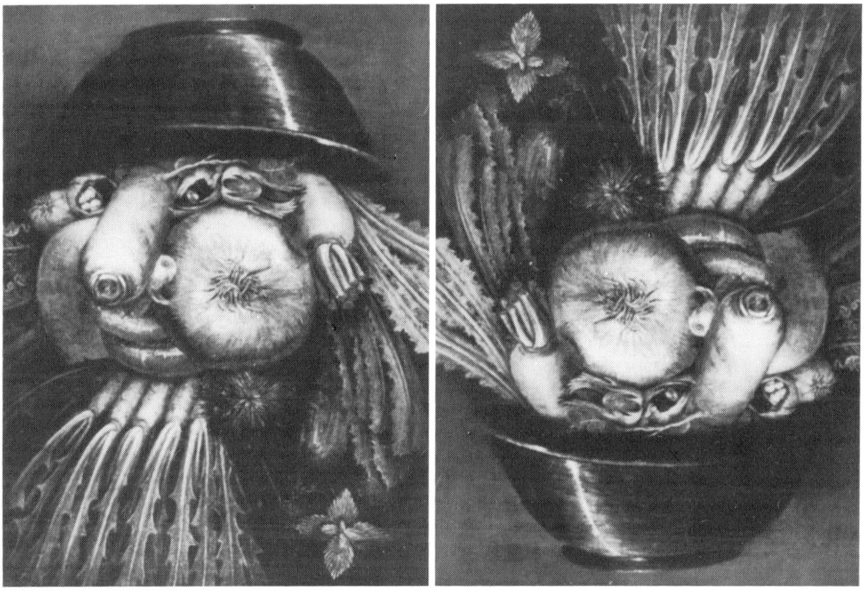

Abb. 95a und b Guiseppe Arcimboldo (ca. 1530–1593): Der Gemüsegärtner, ein Scherz mit Gemüse, Drehbild 35 × 24 cm

2. Kennzeichnung des Bildungsgehaltes

Der sinnvolle Einsatz vorgeformten Bildmaterials in einem anderen Zusammenhang verlangt von den Kindern Phantasie und Erfindungsgabe. Sie müssen dabei lernen, nicht an der naturalistischen Darstellung der Dinge hängenzubleiben, sondern Formen, Farben und Strukturen auf ihre Verwendbarkeit bei der gestellten Aufgabe zu überprüfen und losgelöst von ihrer ursprünglichen Bedeutung als bildnerische Gestaltungsmittel zu verwenden. Der Zufall spielt eine entscheidende Rolle, und nur wer geistig beweglich genug ist, wird zu überraschenden Kombinationen kommen. Aber das kann gelernt werden und bedarf einiger Übung. Wir halten allerdings Collagen dieser Art in der Grundschule noch für verfrüht. Die Kinder müssen bereits über ein größeres Differenzierungsvermögen von Formen und Farben verfügen und auch eine distanziertere Haltung gegenüber ihrer Umwelt besitzen. Natürlich werden auch Grundschüler gern ausschneiden und kleben. Aber es bleibt dann meist bei einem beziehungslos und additiv gefügten Sammelsurium. Erst von Hauptschülern kann erwartet werden, daß sie sich nicht in Einzelheiten verlieren und die Gesamtwirkung im Auge behalten. Erst nach der Erarbeitung eines reichen Formenschatzes von differenzierteren Sinnzeichen kann die für ein kreatives Verhalten charakteristische Umgestaltungsfähigkeit voll zur Wirkung kommen. Erst dann können diese Mittel zur Verstärkung des Ausdrucks durch Verfremdung und Deformierung sinnvoll eingesetzt werden.

3. Stellung des Kindes zum Unterrichtsziel

Kinder haben Sinn für Witz und Humor. Die Zweideutigkeit von Verkleidungen und allerlei Maskeraden, Schminkübungen und Grimassenschneiden sind bekannt und beliebt. Mysteriöses und nicht auf Anhieb Verständliches fesselt ihre Aufmerksamkeit. Sicher sind ihnen auch Suchbilder bekannt, bei denen man durch Drehen irgendeinen Gegenstand, etwa im Geäst eines Baumes, finden kann, der zunächst nicht erkennbar war. Wichtig erscheint uns bei dieser Aufgabe, daß die Kinder die Bauformen nicht erst selbst mühsam herstellen müssen und daß zeichnerisch weniger Begabte ebenfalls zu guten Ergebnissen kommen können. Sie sitzen nicht am Anfang bleistiftkauend vor einem leeren Zeichenblatt, sondern können sofort und nicht nur zeichnend, vielmehr suchend, auswählend, ausschneidend, anordnend mit der Arbeit beginnen. Damit werden ganz andere Gestaltungskräfte mobilisiert als sonst. Besteht die Möglichkeit, ihnen Bilder von Arcimboldo zu projizieren, so werden sie ohne großes Zureden darauf drängen, an einer ähnlichen Aufgabe ihre Erfindungsgabe und ihren Einfallsreichtum unter Beweis zu stellen.

B. Methodische Hinweise zur Durchführung

1. Arbeitsmaterial und Gestaltungsprozeß

Kataloge aller Art, vor allem auch solche von Gartenversandgeschäften, Werbebroschüren, Postwurfsendungen, Reklameseiten aus Illustrierten oder Beilagen aus Tageszeitungen usw., all das muß längere Zeit gesammelt werden und in ausreichender Anzahl vorhanden sein. Dieses Material wird von den Schülern durchgeblättert und auf geeignete Abbildungen untersucht. Nicht jeder Schüler muß dasselbe suchen. Man kann sich auf Blüten, auf Früchte, auf Tiere, auf Spielsachen, auf Werkzeuge, auf Fahrzeuge, auf Elektrogeräte spezialisieren. Ist der

---

Abb. 106 Taucher am Meeresgrund, Lehrerstudent; zu Beispiel 24, S. 134

G. DIETLEIN

gesammelte Vorrat groß genug, beginnt die eigentliche Gestaltungsarbeit. Bestimmte Formen werden ausgeschnitten und auf einem Zeichenblatt zusammengestellt. Dabei können die Teile gedreht, beschnitten, übereinandergeschoben und oft auch durch geeignetere ersetzt werden. Erst ganz zum Schluß wird aufgeklebt. Dazu eignen sich Klebestifte am besten, weil sie das Papier nicht aufweichen. Der Bildgrund kann weiß bleiben. Wählt man schwarzes Tonpapier, dann leuchten die aufgeklebten Farben intensiver. Die fertigen Köpfe können auch ausgeschnitten und als besondere Wanddekoration zu einer Gemeinschaftsarbeit zusammengefügt werden.

2. Bildnerische Probleme

Die Schüler sollten sich nicht zu schnell und endgültig bei der Auswahl der gefundenen Teilstücke entscheiden. Sie werden sicherlich zuerst auf Formen achten, die sich für Augen, Nase, Ohren, Zähne, Haare usw. eignen. Dabei werden die Farben zu wenig beachtet. Die Collage zeigt dann zum Schluß eine verwirrende Buntheit. Darum sollte beim Ausprobieren und endgültigen Zusammenfügen der Teile auf einen harmonischen Farbklang geachtet werden. Der läßt sich leicht erreichen, wenn weniger Farben, dafür aber vielfältige Hell-Dunkel-Abstufungen derselben Farbe Verwendung finden. Dabei kommt dem tragenden Bildgrund, auf dem die einzelnen Gesichtsmerkmale stehen, besondere Bedeutung zu. Er sollte möglichst unauffällig und neutral sein, damit sich die anderen Teile um so deutlicher abheben. Die Auswahl der Farben und Formen bestimmt den Gesamteindruck wesentlich. Es wird kaum zwei Arbeiten in der Klasse geben, die sich allzusehr ähneln. Auch bei dieser Arbeit wird man am fertigen Werk etwas vom Wesen seines Urhebers ablesen können, obwohl er doch nur mit vorgefertigten Elementen hantiert hat und keine eigenen Sinnzeichen erfinden mußte. Nicht allen wird es auf Anhieb gelingen, einen einheitlichen Zusammenhang herzustellen (vgl. Abb. 96 (5. Schuljahr) und Abb. 97 (7. Schuljahr)).

3. Variationsmöglichkeiten

Köpfe können auch aus bedrucktem Zeitungspapier hergestellt werden. Dann kommt es darauf an, dunkle, mittlere und helle Grauflächen sinnvoll einzusetzen. Da alte Zeitungen leicht vergilben, lassen sich nachträglich mit Deckweiß noch Lichter aufsetzen (Abb. 98 bei Augen, Nase und Lippen). Auch bunte Collagen können nachträglich noch mit Farben übermalt werden, um ihre Ausdruckskraft oder ihre Harmonie noch zu steigern. Großfotos von Köpfen lassen sich aber auch nur mit grafischen Mitteln (schwarzem Filzstift, Tusche oder Wachsstiften) verändern und verfremden (Abb. 99). Es müssen auch nicht immer nur Köpfe sein, die durch Collagieren entstehen: Fische, Vögel, Roboter, Fahrzeuge, Phantasiemaschinen (vgl. Beispiel 67: Phantasiemaschine in Handbuch 55) u.a. sind ebenso möglich. Besonderen Spaß, aber auch mehr Schwierig-

---

Abb. 107 Wiesenpflanzen, Knabe 8. Schj., Buntstifte; zu Beispiel 25, S. 138

Beispiel 22

Abb. 96 5. Schj. Illustrierte

Abb. 97 7. Schj. Gärtnereiprospekt

Abb. 98 8. Schj. Zeitungspapier

Abb. 99 9. Schj. Übermaltes Foto

Abb. 96 bis 99 Köpfe, Collagen aus vorgeformtem Material

keiten wird es den Kindern machen, Umkehrbilder herzustellen, die, von verschiedenen Seiten betrachtet, einen anderen Sinn ergeben. Auch das hat Arcimboldo bereits vorgemacht. Die Abb. 95 (Der Gemüsegärtner, ein Scherz mit Gemüse, 35 × 24 cm, gemalt auf Holz) zeigt ein solches Umkehrbild.

Beispiel 23

Thema: *Köpfe im Profil*
Technik: *Alle Techniken*
Bildproblem: *Phantastisches Röntgenbild, Redensarten illustrieren*
Altersstufe: *5.–9. Schuljahr*

A. Didaktische Analyse

1. Information über die Sachstruktur

Der Kopf ist der wichtigste Körperteil des Menschen. Er enthält die Denkzentrale und ist Sitz aller Sinnesorgane. Darum ist es nicht verwunderlich, daß er sich zu allen Zeiten besonderer Aufmerksamkeit erfreute. Als „pars pro toto" ist er der Repräsentant des ganzen Menschen. Man schaut ihn an, wenn man sich mit einem Mitmenschen unterhält, man bringt sein Bild in Kennkarte, Paß und Kartei, man schlug ihn früher sogar ab, wenn man einen Verbrecher vernichten wollte.

Seine Bedeutung spiegelt sich in einer großen Zahl von Sprichwörtern und Redensarten. Es ist interessant, einmal nach der Herkunft des Wortes „Kopf" zu forschen. Das Wort wurde ursprünglich für Becher oder Trinkschale gebraucht. Im Englischen erinnert „cup" (= Tasse) noch daran. Auch „cuppa" (Kuppel) bedeutete Becher und Hirnschale. Es gab ja früher Völker, die die Schädel ihrer getöteten Feinde als Trinkgefäße benutzten. Das französische „tête" weist auf die gleiche Abstammung hin. Tête kommt von testa und heißt soviel wie „Schale". Der Gedanke, den menschlichen Kopf einmal als ein Gefäß zu verstehen, soll Gegenstand dieses Unterrichtsbeispieles sein. Nicht seine äußere optische Erscheinung (Punkt, Punkt, Komma, Strich), sondern sein Inhalt wird damit zum Thema.

2. Kennzeichnung des Bildungsgehaltes

Das Fehlen anschaulicher Vorstellungen vom Innern eines Kopfes muß für die Gestaltung kein Nachteil sein. Im Gegenteil: Die Möglichkeit einer naturalistischen Abbildung entfällt ebenso wie die bequeme Eselsbrücke abgegriffener Schemata und Klischees. Die Abbildung eines Querschnittes durch den Kopf aus dem Biologieunterricht kann als Anregung verwendet werden, damit die Kinder einmal sehen, was da unter Haaren und Schädeldecke alles an verschiedenen Formen vorhanden ist: Groß- und Kleinhirn, Nasen- und Rachenhöhle, Knochen und Halswirbel, Muskulatur in Zunge und Nacken usw. Aber es kommt nicht darauf an, das alles im Sinne einer anatomischen Zeichnung zu kopieren. Die Kinder können sich an eine grobe Einteilung in bestimmte Bezirke halten und eine abwechslungsreiche Strukturierung des Kopfinnern anstreben. Sie dürfen aber auch die Anregung durch eine biologische Schautafel ganz vernachlässigen und ihrer Phantasie freien Lauf lassen, indem sie versuchen, den „Denkinhalt" des Kopfes in Worten oder Zeichen wiederzugeben.

Beispiel 23

3. Stellung des Kindes zum Unterrichtsziel

Das Thema stößt bei Hauptschülern auf reges Interesse. Es erfordert einerseits keine Wiedergabe optischer Erscheinungstreue, ermöglicht andererseits aber doch auf eine neue und unkonventionelle Weise eine Selbstdarstellung. Gerade in der Pubertätszeit beschäftigt sich der Heranwachsende gern mit sich selbst und kann hier in verschlüsselter Form seine geheimen Gedanken und Wünsche zu Papier bringen. In dieser Zeit, in der auch gern Tagebücher geschrieben werden, kann das erwachende Selbstwertgefühl mit Erfolg für Gestaltungen ausgenutzt werden, weil jetzt auch das Verständnis für bildnerische Werte und Qualitäten zunimmt.

B. Methodische Hinweise zur Durchführung

Im Gegensatz zum Beispiel 22 (Phantastischer Kopf à la Arcimboldo) sollen die Köpfe hier vorwiegend im Profil dargestellt werden. Der Umriß wird dadurch lebendiger, und der Inhalt läßt sich besser verteilen, weil die Gesichtsmerkmale (Augen, Nase, Mund) an die Seite rücken.

1. Schattenprofile

Bei der Profildarstellung zeigt der Kopfumriß keine Kreis- oder Ovalform. Da es hier nicht um ein sachklärendes Zeichnen geht, kann die begrenzende Profillinie auf einfache Weise durch Nachfahren einer Schattenprojektion gewonnen werden. Mit dem Diaprojektor wird das Profil eines Schülerkopfes auf die Tafel oder ein Zeichenblatt geworfen. Beim Abzeichnen der Kontur helfen sich die Schüler gegenseitig. Da jeder sein eigenes Profil besitzen möchte, dauert diese Prozedur natürlich bei großen Klassen sehr lange. Sie kann aber auf mehrere Tage verteilt werden und findet in einer Ecke des Klassenzimmers als Vorbereitung auf die eigentliche Gestaltungsaufgabe statt. Bei der Abb. 101 diente das Profil als Anregung für einen Materialdruck (Knabe, 7. Schuljahr).

2. Vergrößern einer Fotografie

Eine Profilaufnahme wird mit einem engmaschigen Linienraster aus kleinen Quadraten überzogen. Das gleiche Gitternetz wird danach in vergrößertem Maßstab auf den Zeichenblock aufgezeichnet. Dann beginnt die Übertragung und Vergrößerung des Profils vom Foto auf die Zeichnung. Dabei wird ein Quadrat nach dem anderen auf seinen Inhalt untersucht und darin enthaltene Teile der Profillinie vergrößert nachgezeichnet. Bei kleinen Fotovorlagen muß sehr sorgfältig gearbeitet werden, weil dabei sehr leicht die Quadrate verwechselt werden können. Auch hier erhält am Schluß jeder Schüler sein eigenes persönliches Profil.

3. Wünsche und Gedanken in meinem Kopf

Die Schüler schreiben, zeichnen, malen oder collagieren jetzt all das in die Silhouette hinein, „was ihnen gerade so im Kopf herumgeht". Beispiele:

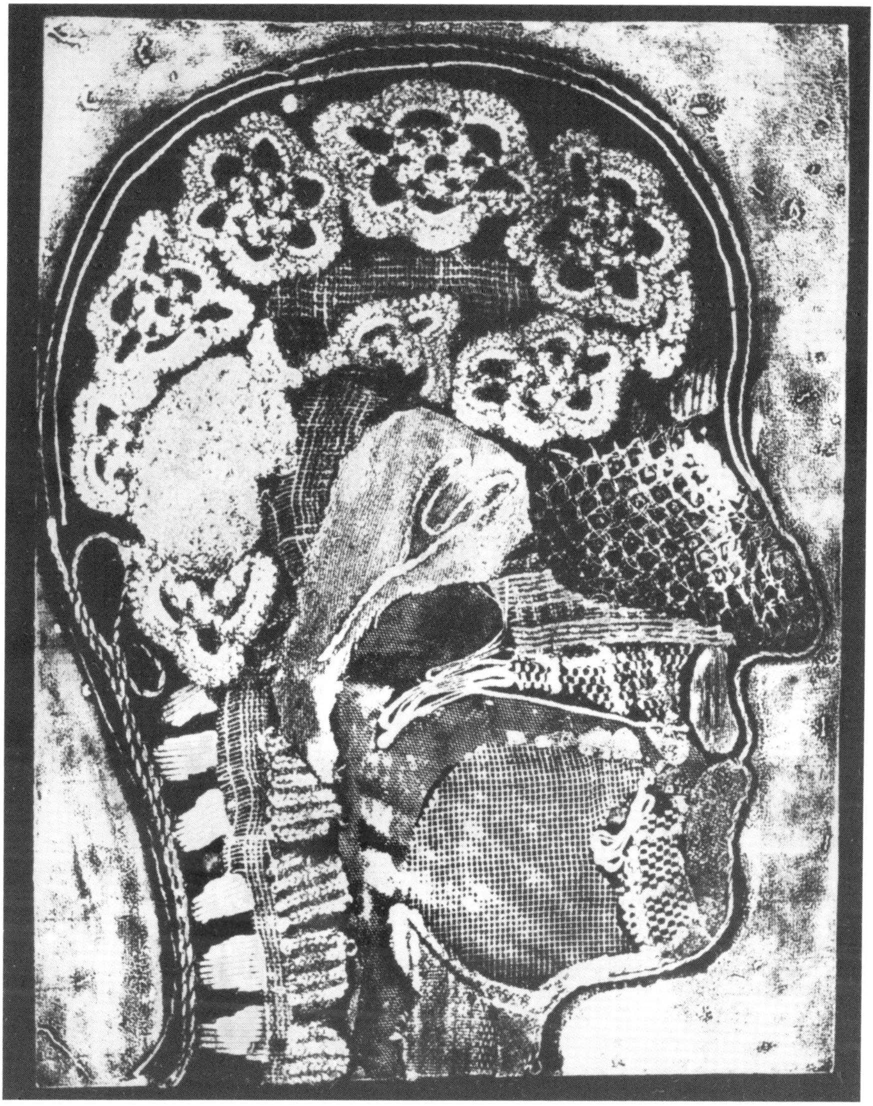

Abb. 101 Materialdruck mit Deckweiß auf schwarzem Papier, Knabe 7. Schj.

Ein eng geschriebener Lebenslauf, der, kaum noch lesbar, eine grafische Struktur ergibt; eine Füllung mit lauter Sprechblasen, in denen Wörter, Ausrufe und Geräusche aufgezeichnet werden; der Kopf wird mit Dingen vollgezeichnet, die dem Schüler besonders am Herzen liegen: Spielsachen, Lieblingsspeisen, besondere Hobbys, geliebte Tiere, schöne Kleider, schwierige Rechenaufgaben oder andere Dinge, die Freude, Sorgen oder Angst machen.

Beispiel 23

4. Sprichwörter und Redensarten

Für den volkstümlichen Humor, der in vielen Sprichwörtern und Redensarten zum Ausdruck kommt, sind die Kinder sehr aufgeschlossen. Man kann sie einmal nach solchen weitverbreiteten Redewendungen suchen lassen. Wegen ihrer oft etwas derben, aber sehr anschaulichen Formulierung sind sie besonders geeignet für eine wörtlich genommene, lustige und witzige Darstellung. In ihnen werden meist unter einem kritischen Blickwinkel menschliche Schwächen in übertriebener und verzerrter Form aufs Korn genommen.

Hier einige Beispiele (vgl. dazu die Abb. 102 und 103):

sich etwas in den Kopf setzen
mir raucht der Kopf
sich auf den Kopf stellen
den Kopf voll haben
etwas geht mir im Kopf herum
jemand zerbricht sich den Kopf
jemand hat lauter Unsinn im Kopf
mit dem Kopf durch die Wand gehen wollen
sich etwas aus dem Kopf schlagen
die Leute vor den Kopf stoßen
den Mädchen den Kopf verdrehen
den Kopf verlieren, kopflos werden
auf den Kopf gefallen sein
die Tatsachen auf den Kopf stellen
Köpfchen haben
den Kopf hängen lassen
Dummkopf, Dickkopf, Strohkopf, Schafkopf, Briefkopf usw.

Auch Teile des Kopfes kommen oft in Redensarten vor:

auf der Nase herumtanzen
etwas liegt mir auf der Zunge
ganz Auge, ganz Ohr sein, im Auge behalten
kein Blatt vor den Mund nehmen
das Maul aufreißen, die Klappe halten
die Nase in etwas stecken
jemand nicht riechen können
einen kleinen Mann, einen Floh im Ohr haben
einen Besen fressen
sich etwas aus den Fingern saugen
sich etwas hinter die Ohren schreiben
die Haare stehen zu Berge
etwas hängt mir zum Halse heraus
mit einem lachenden und einem weinenden Auge
an den Haaren herbeiziehen
Haare spalten
das Wasser reicht mir bis zum Hals
Krokodilstränen weinen
den Tatsachen ins Auge sehen
ein Auge auf etwas werfen
den Mund zu voll nehmen
jemandem auf den Hut, aufs Dach steigen

jemandem eine lange Nase drehen
Augen größer haben als der Magen
zum einen Ohr rein, zum anderen raus

Weitere Redensarten:

den Teufel an die Wand malen
sich einen Ast, sich krank, sich tot lachen
das Gras wachsen hören
an die große Glocke hängen
dem geht ein Licht auf
einen Bären aufbinden
ins Fettnäpfchen treten
eine Schraube locker haben
es brennt mir auf den Nägeln
du gehst mir auf den Wecker
ein Loch in den Bauch fragen

5. Variationsmöglichkeiten

- Großfotos von prominenten Schauspielern, Politikern oder Schlageridolen aus Illustrierten übermalen und verändern;
- Verzerren solcher Fotos mit Hilfe des unter 2. beschriebenen Rasterverfahrens. Werden dabei die Linien des Gitternetzes gebogen geführt, so daß sich ihre Abstände vergrößern oder verkleinern, dann kann das Gesicht zur Fratze deformiert werden;
- Teile solcher Bilder (z. B. ein Auge, den Mund) im Rasterverfahren ins Riesige vergrößern;
- Ich zeichne mich, wie ich in 20 Jahren aussehen werde;
- Teufel und Hexe im Profil dargestellt und im ständigen Wechsel als Gemeinschaftsarbeit der ganzen Klasse zu einem langen Wandfries zusammengestellt (vgl. Abb. 100, Seite 71);
- Bilder vor dem Spiegel: Der Profilkopf erscheint im Spiegel als Umkehrung, Verzerrung oder als Frontalansicht;
- Der Kopf sitzt auf einem Oberkörper, der wie bei einer Röntgenaufnahme durchsichtig ist. Man sieht in Speiseröhre, Magen und Darmwindungen alle Lieblingsspeisen aufgereiht.

Beispiel 23

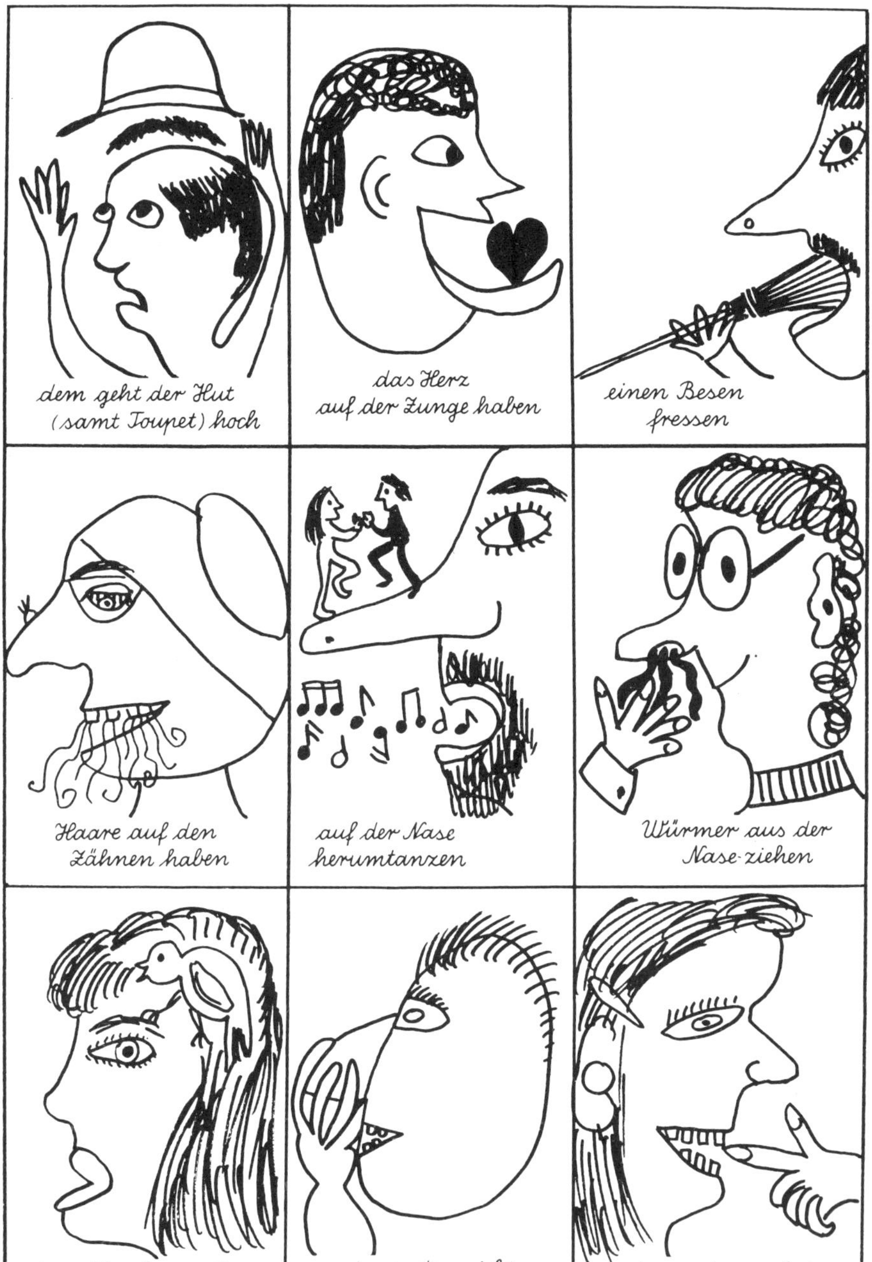

Abb. 102 und 103 Sprichwörter und Redensarten wörtlich genommen und in Zeichnungen umgesetzt; Zusammenstellung von originellen Lösungen aus mehreren Knaben- und Mädchenklassen der Hauptschule

ES
es liegt mir auf der Zunge
mit dem Kopf durch die Wand gehen
kein Blatt vor den Mund nehmen
mit den Wimpern klimpern
jemandem den Mund „stopfen" (!)
die Nase in alles stecken
den Mund fusselig reden
sich den Kopf zerbrechen
ein Brett vor dem Kopf haben

Abb. 103

Beispiel 24

Thema: *Taucher und Unterwasserbild*

Technik: *Deckfarbenmalerei auf farbigem Bildgrund*

Bildproblem: *Bildordnung, dekorative oder expressive Gestaltung*

Altersstufe: *5.–9. Schuljahr*

A. Didaktische Analyse

1. Information über die Sachstruktur

Friedrich Schillers Ballade vom Taucher hat schon immer die Phantasie angeregt. Moderne Tauchgeräte und Unterwasserkameras haben seine Schilderung bestätigt und noch übertroffen. Im Dunkel der Tiefsee leuchten im Scheinwerfer der Tauchboote bisher nie gesehene Tiere und Pflanzen in bunten, märchenhaften Farben auf. Im Fernsehen, im Kino oder in Büchern können sie bewundert werden und faszinieren nicht nur Hobbytaucher, die sich im Urlaub mit Atemgerät oder Schnorchel auf die Suche machen.

2. Kennzeichnung des Bildungsgehaltes

In der Unterwasserwelt gibt es keine unsichtbare Luft. Alle Formen stehen auf bläulichem oder grünlichem Grund, der von oben nach unten allmählich dunkler wird. Ihre Farben müssen von Anfang an zu dieser Bildgrundierung in Beziehung gesetzt werden. Sie erhalten beim Auftragen auch ungewollt einen bläulichen oder grünlichen Stich und wachsen auf diese Weise zu einem einheitlichen Gesamtklang zusammen. Die Tiefe des Meeres kommt im Hochformat am besten zum Ausdruck. Eine flüchtige Verteilungsskizze für die Hauptformen kann gemacht werden. Genaue Konturen setzt der farbige Pinsel gleich auf das Blatt. Bildbauüberlegungen können zu dekorativen, in sich ruhenden oder zu expressiven, spannungsgeladenen Bildern führen. Die Farbwahl richtet sich danach und wird im zweiten Fall das Unheimliche der Tiefe durch düstere Farben und die Dramatik der Handlung durch schrägliegende, unruhige Formen betonen (Abb. 106, Seite 123).

3. Stellung des Kindes zum Unterrichtsziel

Fische und Pflanzen sind wahrscheinlich in früheren Unterrichtsstunden oft genug gezeichnet worden. Was Kinder an diesem Thema fesselt, ist das Ungewöhnliche, das nie oder nur selten Gesehene. Die bildhafte Phantasie findet ein reiches Betätigungsfeld. Die spontane Niederschrift wird nicht gehemmt durch Richtigkeitsüberlegungen. Eine einführende Besprechung wird auf seltsame Pflanzen und Tiere hinweisen: Algen, Tang, Moose überziehen die zerklüfteten Felsenriffe. Blumentiere, Korallen, Krebse, Muscheln, Schnecken, Seesterne und -igel finden darin ein Versteck. Quallen, Krebse, Schildkröten und ganze Schwärme leuchtender kleiner Tropenfische beleben das Wasser (Abb. 104). Vielleicht greift eine Riesenkrake mit ihren Fangarmen nach dem Taucher, oder er muß gerade den Kampf mit einem Haifisch bestehen. Aber auch die Erfindung eigener Pflanzen- und Tierformen ist möglich. Am Schluß muß alles zu einer lebendigen Einheit zusammenwachsen. Störendes kann noch verändert oder wieder übermalt werden.

B. Methodische Hinweise zur Durchführung

Die Grundierung des Zeichenblattes soll vom Dunklen zum Hellen führen. Der an der Tischkante hochgestellte Zeichenblock erhält am oberen Rand zuerst einen dunklen Farbstreifen. Weitere Streifen mit immer wässeriger werdender Farbe werden darunter gesetzt. Die Farben sollen miteinander verlaufen. Man kann auch erst das ganze Blatt anfeuchten. Pfützen und Tropfen werden mit dem ausgequetschten Pinsel wieder aufgesaugt. Erfolgt jetzt erst die Besprechung des Themas, kann das Blatt inzwischen trocknen. Zur weiteren Ausgestaltung wird es dann gedreht, so daß die dunkleren Wasserschichten unten liegen.

Beim Aufmalen der Formen wird mit den größten begonnen. Bei Abb. 104 waren das die seitlich begrenzenden Felsklippen. Kleinere und kleinste Formen füllen erst am Schluß störende Lücken. Sie führen leicht zu einer verwirrenden dekorativen Illustrierung. Weniger, dafür aber bedrohlich große Formen haben eine stärkere Ausdruckskraft (Abb. 106). Durch Übermalen können unpassende Details zum Verschwinden gebracht werden. Kleinliche Formen werden vergrößert und bekommen eine andere Bedeutung.

Abb. 104 Unterwasserbild, Knabe 8. Schj.; Deckfarben

Abb. 105 Dasselbe mit Verwerfungen, Mädchen 8. Schj.

Beispiel 24 – Beispiel 25

Die Aufgabe kann auch nach einer Bleistiftvorzeichnung nur mit schwarzer Tusche bearbeitet werden (Abb. 105). Wellenlinien überziehen das Blatt von links nach rechts. Der Taucher, aber auch Pflanzen und Tiere werden so eingezeichnet, daß sie möglichst viele Wellen überschneiden. Beim Ausmalen im Sinne der Verwerfung werden alle Teile schwarz, die in einer hellen Welle vorkommen und umgekehrt.

Variationsmöglichkeiten bei Unterwasserbildern

Unterseeboot, Taucherglocke im Querschnitt, Schleppnetz eines Fischdampfers, Versunkene Stadt, Schiffswrack am Meeresgrund, Schloß der Nixen oder des Froschkönigs.

Beispiel 25

Thema: *Wiesenpflanzen*

Technik: *Bleistift, Feder, Kugelschreiber, Buntstift*

Bildproblem: *Gestaltklärendes Sachzeichnen*

Altersstufe: *5.–9. Schuljahr*

A. Didaktische Analyse

1. Information über die Sachstruktur

Heute wird allenthalben viel von Umweltzerstörung und Verschandelung der Natur geredet; heute holt man sich in viel stärkerem Maße als früher Pflanzen und Blumen in die Wohnungen, um ein gewisses Defizit an natürlicher Umgebung auszugleichen. Trotzdem ist das Pflanzenzeichnen im Kunstunterricht ins Abseits geraten und wird nur noch selten gepflegt. Ist es altmodisch geworden, weil man damit kaum gesellschaftliche Probleme kritisch unter die Lupe nehmen kann? Kann daran etwa kreatives Verhalten nicht genügend eingeübt werden?

Hier scheint ein großer Irrtum vorzuliegen. Die Natur und ihr unerschöpflicher Formenreichtum gehört ebenso zur optischen Umwelt wie Fernsehen und Werbung, allerdings mit einem wesentlichen Unterschied: Die Beschäftigung mit den Formen der Natur erfordert eindringliches, genaues, konzentriertes Betrachten und Aufnehmen. Und die Psychologie hat uns längst darüber belehrt, daß Wahrnehmen ein aktiver, geistiger Prozeß ist. Die Natur ist kein Gegensatz zur Kunst, sondern der Nährboden, aus dem sie erwächst, aus dem man sie „herausreißen" kann, wie schon *Dürer* gesagt hat. Darum müssen Kunststudenten immer noch viele Stunden und Semester auf Naturstudien und Aktzeichnen verwenden, auch wenn sie später ganz anders arbeiten. In diesen Übungen haben sie das genaue Hinsehen gelernt, das man in unserem „optischen", aber nur auf schnell wechselnde Augenerlebnisse eingestellten Zeitalter verloren hat. Der weitverbreitete „visuelle Analphabetismus" *(G. Robinsohn)* ist es gerade, der uns für die optische Manipulation so anfällig macht. Die Schulung und die Differenzierung der sinnlichen Wahrnehmung ermöglicht erst eine fundierte kritische Reflexion. *Re*-flexion, *re*flektieren ist rückbezogen auf etwas, was vorausgegangen sein muß, wenn es nicht im luftleeren Raum blutloser Abstraktion bleiben soll.

2. Kennzeichnung des Bildungsgehaltes

Um einem weit verbreiteten Mißverständnis vorzubeugen: Es geht n i c h t um das A b z e i c h n e n von Pflanzen. Natürlich müssen Naturformen vorhanden sein, eingehend betrachtet, in Teilen auch vor dem Modell skizziert werden. Genaues Wahrnehmen erfordert Übung und gelingt erst nach und nach immer besser und sicherer. Nur so sind schematische Verfestigungen, oberflächliche Sehgewohnheiten und schludrige Strichführungen zu überwinden. Für den Lehrer ergibt sich daraus die Notwendigkeit, immer wieder auf detaillierte Wiedergabe auch bei den kleinsten Formen hinzuweisen und sich nicht mit annähernd brauchbaren Lösungen zufrieden zu geben. Hier findet ein Lernprozeß statt, der zunächst beschwerlich erscheinen mag, aber schon bald zu animierenden Erfolgserlebnissen führt. Wahrnehmung und praktische Verwirklichung durch Eigentätigkeit bilden einen Regelkreis, in dem das eine das andere ständig vorantreibt. Jeder Strich muß etwas bedeuten und wird wegradiert, wenn er bei erneuter Kontrolle am Modell keinen Sinn hat.

Erst wenn durch eine so durchgeführte intensive Beschäftigung mit der Pflanze sich eine genauere Vorstellung im Schüler gebildet hat, dann erfolgt die Reinschrift: Jetzt wird das Modell nicht mehr gebraucht und weggelegt. Es ist wie in der Musik: Jetzt kann der Schüler das Stück auswendig; jetzt klebt er nicht mehr an der einzelnen Note; jetzt kann er es frei vortragen, nach seiner persönlichen Art interpretieren und damit sich selbst ausdrücken. Jetzt hat er auch Augen für die gute Anordnung auf der Fläche, jetzt kann er zwei und mehr Pflanzen zum Strauß, zum Rasenstück oder zum Ornament zusammenfügen; jetzt ist er so sicher, daß er gleich mit der Zeichenfeder arbeiten kann; jetzt macht auch die Ausführung in einer anderen Technik (z. B. Linolschnitt) keine Schwierigkeiten mehr; jetzt kommt er nicht mehr in Gefahr, aus Bequemlichkeit zum primitiven Schema zu greifen oder nach Möglichkeiten zum Abpausen zu suchen.

3. Stellung des Kindes zum Unterrichtsziel

Grundschulkinder, die noch Sinnzeichen erfinden und diese allmählich bereichern müssen, werden vom Anblick eines Pflanzenmodells wenig profitieren. Ihnen fehlt noch eine distanziertere, objektivere Einstellung. Natürlich zeichnen sie gern Blumen und bestimmte Pflanzen, die in ihrem Erlebnisbereich eine Rolle spielen. Zu deren Differenzierung genügt aber meist schon ein kleiner Hinweis.

Anders ist es bei den Schülern der Hauptschule. Eine emotionale Motivation hat wenig Erfolg. Vielleicht lassen sich von der Botanik her Zugänge finden. Auch die Herstellung von Fotogrammen kann wegen der neuen

Technik anregend wirken und den Blick öffnen. Wenn die Schüler aber erst einmal bei ganz leichten Aufgaben mit etwas Nachdruck des Lehrers zu ersten Erfolgserlebnissen gekommen sind, erwacht ihr Interesse sehr schnell und sie bleiben nicht mehr so leicht an unwichtigen Zufälligkeiten hängen. Eine 8. Knabenklasse konnte so begeistert werden, daß sie sich über viele Wochen hinweg in dieses Thema hineinverbiß und acht, zehn und zwölf Vollstunden ohne nachlassende Konzentration daran arbeitete (Abb. 107, Seite 124). Das war kurz vor der Schulentlassung, wo sie ein Andenken als Wandschmuck hinterlassen wollte, gewissermaßen ein Gesellenstück ihrer Leistung, zu dem sie auch noch die nötigen Bilderrahmen mit Glas stiftete.

B. Methodische Hinweise zur Durchführung

1. Gliederung des Gestaltungsprozesses

Zunächst wird an einer einfach gebauten Pflanze gemeinsam erarbeitet, wie vorgegangen werden muß (vgl. in Handbuch 55 Beispiel 26: Löwenzahn): Genaue Skizzen einzelner Teile, z. B. Rispen, Ähren, Dolden, Knospen, Blätter, Blüten nach dem Modell. Dann Festlegen des Gesamtaufbaues der Pflanze mit Bleistift auf der Reinzeichnung. Schließlich endgültige Zeichnung nach Weglegen des Modells aus dem Gedächtnis, jetzt aber mit Feder, feinem Filzstift oder Buntstift. Bei Unsicherheiten in der Formvorstellung darf noch einmal bei den eigenen Skizzen nachgeschaut werden. Es ist praktisch, wenn sich diese gleich auf der Rückseite der Reinzeichnung befinden.

Dieser Prozeß wiederholt sich eine Woche später mit einer anderen Pflanze eigener Wahl. Wichtig ist, daß die Schüler dabei die Freiheit haben, selbst zu entscheiden, was ihnen zusagt, wozu sie eine innere Beziehung haben, was sie sich schon zutrauen. Die Pflanzenwelt der Wiese ist so ergiebig, daß jeder etwas Passendes am Wegrand findet und mitbringen kann. Gerade die einfache Wildflora, die Gräser, Disteln, Unkräuter usw., aber auch Zweige von Sträuchern oder Bäumen (Abb. 108 und 109) sind besonders gut geeignet, weil ihre Formen und ihr Aufbau viel leichter zu erfassen sind als die in Gärtnereien hochgezüchteten komplizierten Blumen. Wildpflanzen mögen, einzeln betrachtet, armselig erscheinen. Aber von Woche zu Woche kommen neue und andere hinzu, bis ein dichter Strauß oder ein Rasenstück entstanden ist, das nun als Ganzes wirkt. Der Gesamteindruck bestimmt, wo noch ein blühender Grashalm, eine zarte Rispe, eine grannige Ähre oder die perlende Reihung eines gefiederten Blättchens hinpassen würde. Zum Schluß werden störende Zwischenräume mit emporschießenden, gebogenen oder gewendelten Blattspreiten der Gräser gefüllt.

2. Zur Technik

Bei diesem Thema dominiert die grafische Gestaltung. Also wird mit spitzen Werkzeugen gearbeitet, die präzise Striche abgeben und eine exakte Detaildarstellung ermöglichen. Ist den Kindern der Umgang mit Feder und Tusche nicht vertraut, dann genügt auch der Füllfederhalter oder der Kugelschreiber. Filzstifte sind nur möglich, wenn sie feine Linien abgeben. Mit grünen Buntstiften kann Farbe in die Bilder kommen. Sie können zum Zeichnen und zum Ausmalen verwendet werden. Die Arbeit mit Wasserfarben und Pinsel erfordert eine sichere Hand und ist nur für wenige Schüler zu empfehlen. Weiße Tusche auf schwarzem Papier ist möglich.

Abb. 108 und 109
Hagebutten- und Vogelbeerzweig, Mädchen 7. Schj.; kolorierte Federzeichnungen

3. Thematische Variationen

sind im Handbuch 55 aufgeführt. Beispiel 15: Wiese mit Schmetterling, 26: Löwenzahn, 29: Herbstlaub, 32: Lupine.

Beispiel 26

Thema: *Gelenkter Zufall*

Technik: *Aleatorische bildnerische Verfahren*

Bildproblem: *Vom Zufall zur Gestaltung*

Altersstufe: *7.–9. Schuljahr*

A. Didaktische Analyse

1. Information über die Sachstruktur

„Der Zufall ist ein Mittel, um die Inspiration herbeizuzwingen." Mit diesem Ausspruch umreißt *Max Ernst* ein künstlerisches Produktionsverfahren, das in schärfstem Gegensatz zur traditionellen Praxis steht. Die Entdeckung und Anwendung des Zufalls als Kunstprinzip im Dadaismus der Jahre 1915–1925 hatte die größten Folgen für die bildende Kunst unseres Jahrhunderts. Mit ihm gelang es, aus den *„Fesseln der Rationalität unserer Zeit"* auszubrechen und zur ursprünglichen Magie des Kunstwerks zurückzukehren. Das kausale Denken ist nicht die einzige Gesetzmäßigkeit, die unser Leben beherrscht. Bewußtes und Unbewußtes gehören zusammen und sind notwendige Teile eines Ganzen. Unser Leben besteht aus einer Reihe von nicht vorhersehbaren Zufällen. Wer sie bejaht und als überraschende Anregungen aufgreift, wer nicht immer nur dem Zwang des gewohnten Zweckmäßigkeits- und Nützlichkeitsdenkens gehorcht, betritt auf abenteuerliche Weise ein Neuland, das eine ungeheure stimulierende Wirkung für das künstlerische Schaffen besitzt.

2. Kennzeichnung des Bildungsgehaltes

Am herkömmlichen Kunstunterricht ist diese Entdeckung nicht wirkungslos vorbeigegangen. Seit etwa 20 Jahren fanden sogenannte aleatorische Verfahren immer stärker Eingang. Es sind befreiende bildnerische Techniken, bei denen bestimmte Naturvorgänge oder Naturmaterialien für die Bildgestaltung nutzbar gemacht werden. Der entscheidende Schwerpunkt liegt also bei den Kräften, die von sich aus wirksam werden, die sich ereignen (happening) und die der Mensch nur als Initiator und Manager in Gang setzt. Der Aufforderungscharakter, der von dem Prozeß mit seiner experimentellen Atmosphäre ausgeht, soll zu spontanen Reaktionen führen. Kein vorgefaßtes Arbeitsziel, kein Leistungszwang soll die Aufnahmebereitschaft behindern. Im Gegenteil: Der Zufall wirkt anregend auf die Phantasie und das bildnerische Denken.

Der Einwand, daß es sich bei dieser Tätigkeit nur um ein geistloses Spiel mit der Materie, um einen oberflächlichen Materialismus handelt, ist nur dann berechtigt, wenn der Zufall nicht weiterverarbeitet wird. Er steht nur als Mittel der Inspiration am Anfang. Aus vielen, schnell und ohne große

---

Abb. 110 bis 113 Bäume, mit dem Strohhalm auf grundiertem Papier verblasen; Knaben und Mädchen 5.–8. Schj.

12

Fertigkeit herstellbaren ersten Versuchen muß eine Auswahl getroffen werden. Nicht alles, was da entsteht, ist geeignet. Brauchbares muß erkannt werden; Unbrauchbares muß getilgt werden; sich Andeutendes muß weiterverfolgt werden; Gelungenes darf nicht wieder zerstört werden. Der ganze Prozeß besteht aus einer Kettenreaktion von Handlungen, die in immer stärkerem Maße materielle und technische Zufälle geistig bewältigen und zum ästhetischen Objekt verwandeln. Das Werk ist erst dann gelungen, wenn das Erreichte seine materielle Existenz vergessen macht zugunsten einer neuen ausdrucksvollen Erscheinung. Aleatorische Verfahren (z. B. Collage, Frottage, Abklatsch, Decalcomanie, Verblasen, Grattage, Dripping, Schablonieren usw.) sollen andere bewährte Gestaltungsverfahren nicht ersetzen oder verdrängen. Nach wie vor bleiben grafische und malerische Gestaltungsübungen ebenso wie gestaltklärende Auseinandersetzungen mit der Natur und der Sachwelt wichtig. Aber sie können diesen bei der Verwirklichung bildnerischer Vorstellungen wertvolle neue Impulse geben.

3. Stellung des Kindes zum Unterrichtsziel

Der Zwiespalt zwischen Form-geben-Wollen und Form-geben-Können führt bei Hauptschülern sehr oft zur Resignation. Sie halten sich für unbegabt, weil sie an eine geniale Inspiration ohne großen persönlichen Einsatz glauben. Daß Genie stets auch mit Fleiß verbunden ist, wissen sie nicht. Ihre Wertgefühle sind labil. Ihr Anschauungs- und Assoziationsvermögen ist gering und ihre Aufnahmefähigkeit für differenzierte Sinnesreize wenig entwickelt. Im Kunstunterricht fehlt ihnen deshalb eine stärkere Bindung an die Arbeit. Aleatorische Verfahren sind in diesem Alter besonders geeignet, ihre Gleichgültigkeit zu überwinden. Die neuen Techniken stellen keine großen Anforderungen. Ergebnisse entstehen schnell und wie von selbst. Zunächst beschränkt sich das Tun nur auf ein Beobachten ablaufender Vorgänge. Bildnerische Entscheidungen müssen erst getroffen werden, wenn sich Assoziationen einstellen. Die Suche nach dem unbekannten Neuen wird zu einer Suche nach der eigenen Identität. Auch ohne befriedigendes Endprodukt ist der ablaufende Produktionsprozeß wertvoll. Etwas Sichtbares vor sich zu haben, an dem probiert, das weiterentwickelt oder umgestaltet werden kann, auf das stets neu und anders reagiert werden kann und soll, lockert ihre verkrampfte Einstellung, bereichert ihre Klischeevorstellungen und befreit sie von vergeblichen naturalistischen Versuchen. In einer Zeit ausgeklügelter technischer Perfektion fasziniert gerade das Erlebnis des Werdens und Vergehens, das Entdecken und Erforschen überraschender Strukturen, das Nichtgebundensein an bestimmte Darstellungsmotive und vorgeschriebene Ziele.

Abb. 119 Menschliche Kleidung, mit Stoffresten beklebte oder bemalte Pappschablonen, je ca. 20 cm hoch; Knaben und Mädchen 8. Schj.; zu Beispiel 27, S. 150

B. Methodische Hinweise zur Durchführung

Aus der unbegrenzten Fülle aleatorischer Verfahren, die es gibt und deren Zahl sich noch ständig vergrößert, sollen hier nur einige wenige beschrieben werden, die sich in der Hauptschulstufe ohne größeren Aufwand durchführen lassen. Immer kommt es darauf an, daß zunächst ohne vorgefaßte fertige Leitvorstellung an die Arbeit gegangen wird. Jedes Material ist anders und bietet neue Anregungen. Das, was einem im Verlaufe des Probierens zufällt, darf noch nicht mit Gestaltung verwechselt werden, auch wenn es noch so großes Erstaunen erregt. Erst wenn es nicht bei einer oberflächlichen Effekthascherei bleibt, sondern bewußt in eine Ordnung gebracht wird, die den bildnerischen Gesetzlichkeiten Rechnung trägt, hat die Arbeit mit dem Zufall einen Sinn. Die finaloffene Arbeitsweise wird stets bei allen Schülern zu ganz unterschiedlichen Ergebnissen führen.

1. Verblasen mit dem Strohhalm

Diese Technik wurde in Handbuch 55 im Beispiel 22: Gliederung einer Fläche näher beschrieben. Durch das Verpusten eines Tropfens Tusche oder Wasserfarbe entstehen Linien, deren Verlauf aber nach einigen Versuchen in beschränktem Umfang gelenkt werden kann. Stärkeres Blasen führt zu Verästelungen. Neuer Farbauftrag ermöglicht die Weiterführung angefangener Linien. So entstehen lineare Gebilde, die an Sträucher, Bäume, Gestrüpp, Unterwasserpflanzen usw. erinnern. Bei

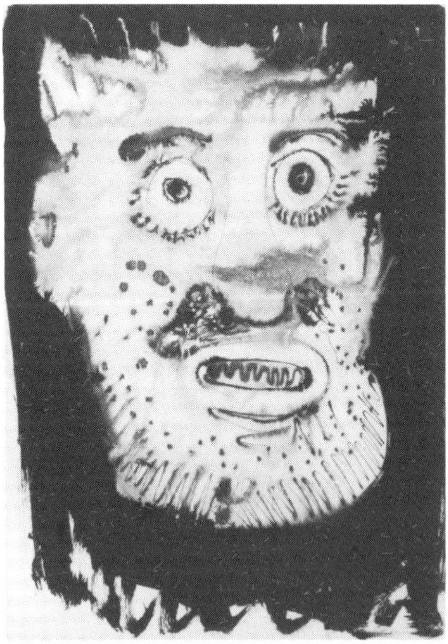

Abb. 114 Kopf, Knabe 6. Schj.

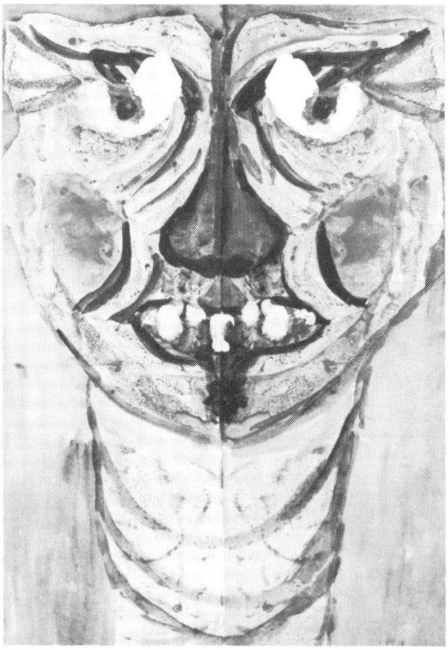

Abb. 118
Maske, Klecksografie mit Wasserfarben

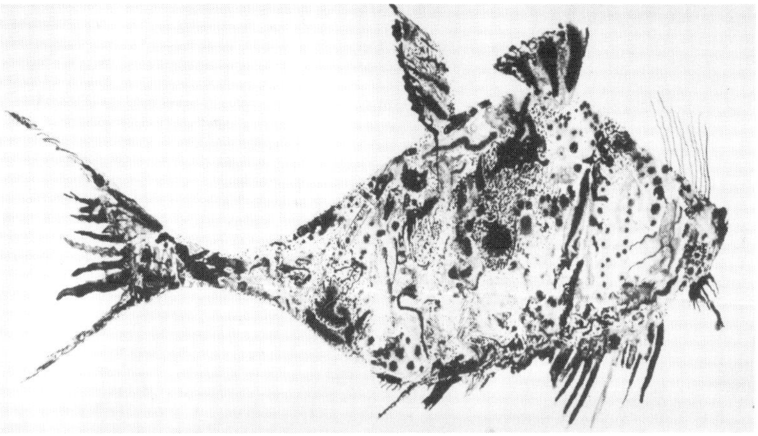

Abb. 115 Fisch, Mädchen 7. Schj.

den Abb. 110–113, Seite 141, wurde das Papier vor dem Verpusten grundiert, danach mit Deckweiß noch Schnee auf Äste und Zweige aufgetragen. Man hätte auch Blätter, Blüten und Früchte aufmalen können.

2. Tusche auf nassem Papier

Ausziehtusche wird mit der Feder oder dem Pinsel auf ein angefeuchtetes Papier aufgetragen (vgl. Abb. 114). Es bilden sich vielfältige Strukturen, die je nach Stärke der Benetzung oder nach Menge der aufgebrachten Tusche anders ausfallen. Auch hier wird es gut sein, zunächst einige Vorversuche durchführen zu lassen. Wird längere Zeit am entstehenden Bild gearbeitet, dann trocknet das Papier allmählich ab. Jetzt können Zufallsformen bewußt und gezielt weitergestaltet werden. Es ist auch möglich, das Papier von Anfang an nur stellenweise naß zu machen. Bei der Abb. 115 wurde eine aufgezeichnete Fischform benetzt und versucht, mit Hilfe des strukturbildenden Tuscheauftrags den Eindruck eines mit Moos und Parasiten besetzten Schuppenkleides wiederzugeben. Auf die gleiche Weise können unheimliche Hexen, Masken, Eulen u. a. entstehen.

3. Geknittertes Papier

Ein Blatt Zeichenpapier wird zu einem Knäuel fest zusammengeballt und anschließend auf der Tischplatte wieder glattgestrichen. Dabei entsteht ein Relief, das an das Felsmassiv eines Hochgebirges erinnert. Wird dieses Relief von der Seite her mit verdünnter Tusche aus einem Fixativröhrchen angesprüht, erhöht sich die plastische Wirkung. Nach dem Auftrocknen der Tusche kann der Eindruck einer Gebirgslandschaft durch Hineinzeichnen vervollständigt werden. Es können auch interessante Teilstücke herausgeschnitten und mit passenden Abbildungen aus Tageszeitungen zu einer Collage zusammengeklebt werden. Dafür eignen sich besonders Landschafts- und Architekturbilder (Abb. 116). Auf ähnliche Weise entstand der unheimliche Kopf eines Wolfes (Abb. 117), bei dem der ganze Hintergrund schwarz abgedeckt wurde.

Beispiel 26

Das geknitterte Papier kann auch mit wässeriger Farbe und einem dicken Borstenpinsel ganz eingestrichen werden. Die Farbe läuft dann in den Falten zusammen und bildet nach dem Trocknen ein unregelmäßiges Liniennetz. Hält man das Blatt gegen das Licht, dann heben sich die Linien noch deutlicher ab. Beim langsamen Drehen des Blattes wird man da und dort gegenständliche Formen entdecken, die mit Pinsel oder Filzstift nachgezeichnet werden. Meist sind sie noch nicht ganz vollständig und müssen ergänzt werden. Sie können auch durch Ausmalen noch mehr abgehoben werden. Damit kein Sammelsurium von nicht zusammenpassenden Formen entsteht, muß versucht werden, alle in einen sinnvollen Zusammenhang zu bringen. Abtönen des Hintergrundes in einer verbindenden Farbe kann dabei sehr hilfreich sein.

Abb. 116 und 117
Hochgebirge und Wolfskopf, Collagen aus geknittertem und angesprühtem Papier

4. Klecksografien

Ein Papier wird einmal zusammengefaltet und wieder ausgebreitet. Der entstehende Bruch wird zur Symmetrieachse der Klecksografie. Trägt man jetzt auf die eine Seite Farbe auf und faltet das Papier wieder zusammen, dann wird die Farbe auch auf die andere Seite übertragen. Dieser Wechsel von Öffnen und Schließen mit erneutem Farbauftrag wiederholt sich mehrmals. Dabei kann die Farbe einmal rechts, einmal links aufgetragen werden. Dicke pastose Kleckse können durch Reiben des gefalteten Papiers zu größeren Flächen vertrieben werden. Das entstehende symmetrische Gebilde wird ausgedeutet und in der erkannten Bedeutung weiter vervollständigt. So können Schmetterlinge, Käfer, Krebse, aber auch Masken, Totempfähle, Götzenbilder entstehen. Liegt die Symmetrieachse waagerecht, so entstehen Bilder mit der Spiegelung von Häusern, Bäumen, Bergen im Wasser (Abb. 118).

5. Arbeiten mit Tapetenkleister

Die in Ziffer 2. beschriebene Technik führt zu überraschenden neuen Ergebnissen, wenn das Papier vor dem Tuscheauftrag statt mit Wasser mit Kleister eingestrichen wird. Da der Kleister nur sehr langsam auftrocknet, können am gleichen Blatt viele Versuche gemacht werden. Der Kleister kann mit Wasser- oder Pulverfarben eingefärbt werden. Mit den Fingerspitzen, mit Stäbchen und Pappestreifen lassen sich allerlei Spuren erzeugen. Der Kleister wird dabei zur Seite geschoben und bildet dunklere Ränder an den Stellen, wo der weiße Papiergrund wieder sichtbar wird (Kleistergravur).

Kleister eignet sich auch für Absprengarbeiten und ist billiger als Deckweiß. Das weiße Papier erhält zunächst eine Zeichnung aus farblosem Kleister. Er kann mit dem Pinsel aufgetragen, aber auch nur aufgetropft oder in Fäden darüber gezogen werden. Noch vor dem Auftrocknen des Kleisters wird das Blatt mit Tusche übersprüht (Fixativröhrchen oder Spritzsieb mit Zahnbürste). Schon wenn die Tusche dort getrocknet ist, wo sie das Papier unmittelbar berührt, kann das Blatt abgewaschen werden. Der Kleister verschwindet und seine Spuren erscheinen jetzt weiß auf dunklem Grund. Wurde nur kurz und wenig übersprüht, dann ist dieser Grund noch hellgrau. Auf ihn können vor dem Abwaschen erneut Kleisterspuren aufgetragen werden. Ein zweites Übersprühen mit Tusche ergibt dann nach dem Abwaschen verschiedene Helligkeitsabstufungen.

Beispiel 27

Thema: *Menschliche Kleidung*

Technik: *Deckfarben oder Textilcollage*

Bildproblem: *Farbzusammenstellungen ohne Modediktat*

Altersstufe: *7.–9. Schuljahr*

A. Didaktische Analyse

1. Information über die Sachstruktur

„Es ist hier nicht die Rede von einer durchzusetzenden Meinung, sondern von einer mitzuteilenden Methode, deren sich jeder als eines Werkzeuges nach seiner Art bedienen möge." Diese Worte *J. W. Goethes* stehen in dem Brief an den Philosophen *Hegel,* mit dem er ihm seine Farbenlehre übersandt hat. Sie gelten auch für dieses Unterrichtsbeispiel: Die Farbgesetzlichkeiten, hier angewandt auf die menschliche Kleidung, sollen nur Werkzeuge, d. h. nur Mittel und keine Vorschriften sein, um junge Menschen zu befähigen, mit ihnen bewußter umzugehen. Sie sollen in der Wahl ihrer Kleider urteilsfähiger, kritischer, selbstbewußter und schöpferischer werden. Ein angeborenes sicheres Farbgefühl ist nicht jedem mitgegeben, aber es läßt sich entwickeln. Gerade heute, wo die chemische und die Textilindustrie uns ein immer größeres und unübersehbares Farbrepertoire anbieten, sollte man sich nicht mehr nur auf den Geschmack einer Verkäuferin oder auf das wechselnde Diktat einer neuen Modefarbe verlassen müssen. Gewiß kann man heute in vielen Geschäften hervorragend beraten werden. Aber man bleibt unsicher und abhängig, wenn man selbst zu wenig weiß, vor allem, wenn man nicht versteht, was zur eigenen Person paßt. Nicht jeder kann alles tragen. Immer noch sieht man ältere Leute jugendlich aufgetakelt, aber auch langweilig und trist gekleidete Jugendliche umherlaufen. Daß die weitverbreiteten und beliebten Blue jeans einmal aus Protest gegen die Manipulation durch eine kapitalistische Geschäftemacherei getragen wurden, ist längst vergessen. Auch sie unterliegen heute dem Diktat profitbewußter Modemacher und sind zum Exportschlager für Ostblockländer geworden, die sonst von Kapitalismus nichts wissen wollen.

Daß für dieses Thema gerade Mädchen ein besonderes Interesse zeigen werden, liegt auf der Hand. Frauen sind von Natur aus farbenfreudiger veranlagt, wohl weil Farben gefühlsbetonter sind. Es gibt unter ihnen auch nur halb so viele Farbblinde wie bei Männern. Aber auch die Herren, die seit dem 19. Jahrhundert in ihrer Kleidung so konservativ geworden sind und sie meist nur noch als Wärmeschutz und Schmutzabweiser betrachten, sollten daran erinnert werden, wie farbenfroh Männerkleidung in früheren Zeiten war. Man denke an die farbigen Röcke der Landsknechte und Soldaten, an die Pracht barocker Fürstengewänder, an die bunten Bratenröcke des Biedermeier usw. Im Tierreich tragen meist die Männchen das schönere Hochzeitskleid.

2. Kennzeichnung des Bildungsgehaltes

Die Mode wechselt von Jahr zu Jahr und erzeugt stets neue textile Wünsche. Dagegen ist an sich nichts einzuwenden, denn die Textil- und Kleiderfabrikation braucht ständig Absatzmöglichkeiten und will ihre Arbeitsplätze erhalten. Mode ist aber nicht nur Diktat und Manipulation. Mode war zu allen Zeiten auch Ausdruck einer gemeinsamen geistigen Einstellung, die in der Kleidung ebenso ihren Ausdruck fand wie in Architektur und Malerei. Sie änderte sich stets dann, wenn sich die Schönheitsbegriffe änderten.

In unserer Zeit wechselt das Aussehen der Kleidung besonders rasch. Das hängt mit dem schnellen Wandel der Lebensformen, mit dem Bedürfnis nach sportlicher Betätigung und auch mit der gewachsenen Gleichberechtigung von Mann und Frau zusammen. Neue Kunstfasern veränderten die Eigenart der Textilien, und auch die praktische Arbeitskleidung blieb nicht ohne Einfluß. Vielleicht spielt aber auch deshalb gerade heute die Mode eine so große Rolle, weil sie in unserer nüchternen und durchrationalisierten Welt noch einen Bezirk für zwecklose und spielerische ästhetische Betätigung freihält. Nicht von ungefähr sind alle Versuche, auch die Kleidung nach Form und Funktion zu einer perfekten Endlösung zu bringen (Reformkleidung), gescheitert. Nur nüchtern denkende Herren bevorzugen noch unauffälliges Grau und bekennen nur vorsichtig in ihrer

Krawatte einen letzten Rest von Farbe. Junge Menschen sind weniger konventionell und farbenscheu, vor allem bei Sport und in der Freizeit. Darum werden auch Knabenklassen der Hauptschulstufe für Farbprobleme an der Kleidung Interesse aufbringen. Die Pubertät spielt dabei eine große Rolle und wirkt sich positiv auf das Ziel dieses Unterrichtsbeispieles aus: die Möglichkeiten bei der farbigen Gestaltung der Kleidung kennenzulernen, durch die die eigene Erscheinung und Persönlichkeit unterstrichen, betont und charakterisiert werden kann.

3. Stellung des Kindes zum Unterrichtsziel

Was die „eigene Note" in der Kleidung ist, kann erst dann verstanden werden, wenn die Kinder so weit herangewachsen sind, daß sie sich selbstkritisch betrachten und von ihrer Umwelt distanzieren können. Gerade in der Pubertätszeit, in der der Jugendliche mit allerlei Minderwertigkeitsgefühlen zu kämpfen hat, wird ihm mit dieser Aufgabe eine kleine Hilfe geboten werden. Es ist eine bekannte Erscheinung, daß in dieser Zeit in den Schülerzeichnungen die Farben gern blasser werden. Instinktiv spürt der junge Mensch, daß Farben Seelisches ausdrücken können. Und das will er ja gerade vermeiden, um nicht zu zeigen, wie es in seinem Inneren aussieht. Jüngere Kinder bevorzugen helle, bunte und kräftige Farben. Sie gehen mit ihnen unbekümmert um und zeigen dort ebenso wie in ihren Spielen fröhlichen Optimismus. In diesem Alter könnte unser Unterrichtsbeispiel am besten unter Themen wie „Berufskleidung" oder „Faschingskostüm" behandelt werden. An der Tatsache, daß manche Eltern ihre Kinder wie Modepüppchen oder Gartenzwerge herausputzen, kann der Lehrer nichts ändern. Die Kinder selbst werden kaum Widerspruch erheben. Ganz anders ist es, wenn Konfirmation, Tanzstunde, Konzert- und Theaterbesuche in Erwägung gezogen werden. Dann interessiert sich der Jugendliche auf einmal für dieses Thema, zumal er sich jetzt auch gern vom Einfluß des Elternhauses distanzieren möchte (vgl. dazu Abb. 119).

B. Methodische Hinweise zur Durchführung

1. Probleme der Farbzusammenstellung

Jede Farbe erzeugt auf der Netzhaut des Auges ein Nachbild in der Komplementärfarbe. Ein rotes Kleid gibt einem blassen Gesicht einen ungesunden, grünlichen Schimmer. Umgekehrt erhält das gleiche Gesicht bei einem grünen Kleid mehr Wärme und Frische. Weiße Kleider strahlen aus und lassen ihren Träger dicker erscheinen, schwarze dagegen machen schlank. Da aber neben der Gesichtsfarbe und der Körperform auch die Haarfarbe von großer Bedeutung für eine harmonische Farbwirkung ist, ergibt sich die Notwendigkeit, die Kleidung ganz individuell auf den Einzelmenschen abzustimmen. Hier liegt der Ansatzpunkt, um mit den Schülern in eine anregende und fruchtbare Diskussion einzutreten. Es wird sich bald zeigen, daß modische Extravaganzen nicht einfach kritiklos übernommen werden dürfen und daß auch der in der

Klasse herrschende Trend zu bestimmten Farben und Formen nicht für jeden Einzelschüler vorteilhaft ist.

Es gibt eine ganze Reihe von allgemeingültigen Regeln zur Farbharmonisierung. Sie lassen sich bis zu einem gewissen Grade erlernen. Die Jugendlichen, die in diesem Alter rationaler eingestellt sind, werden daraus Nutzen ziehen, wenn damit auch nicht alle Möglichkeiten erfaßt werden und für individuelle Abweichungen noch genügend Spielraum bleibt.*)

Möglichkeit 1: Beschränkung auf einen dominierenden Farbton, der in mehreren Helligkeitsabstufungen auftritt.

Möglichkeit 2: Ausspielen eines Komplementärkontrastes, wobei aber stets eine der beiden Farben deutlich dominiert, während die andere nur sparsam in Verwerfungen an mehreren Stellen eingestreut wird. Die letztere muß nicht unbedingt am Kleid auftreten. Oft genügen ein Schal, ein Gürtel, die Schuhe, eine Mütze, eine passende Handtasche u.ä. Komplementärkontraste können auch dadurch entschärft werden, daß beide Farben eine gemeinsame Komponente enthalten, z.B. eine Weißbeimischung, so daß pastellartige Farbtöne entstehen. Der Rot-Grün-Kontrast kann gemildert werden, wenn dem Rot ein wenig Grün und umgekehrt beigemischt wird.

Neben der Farbharmonisierung spielen natürlich noch andere Komponenten eine wichtige Rolle: der Verlauf von Linien und Konturen; die Textur der verwendeten Stoffe, die oft mehr den Tast- als den Gesichtssinn ansprechen; Symmetrie und Asymmetrie, Proportionen, Musterungen usw. Querstreifen machen dicker, längere Kleider machen schlanker, Gürtel können die Figur zerschneiden, großflächige Musterungen tarnen die Form usw. Starke Kontraste fesseln zwar das Auge, ermüden es aber auch bald. Helle, auffallende Farben machen jünger, und gebrochene Farben lassen den Menschen älter, gereifter und würdiger erscheinen. Die Natur kann uns in vielem als Beispiel dienen. Wenig reine Farbtöne im Zusammenhang mit dominierenden zurückhaltenden Abstufungen ergeben einen kultivierten Zusammenklang. Das meint wohl auch *F. Schiller,* wenn er sagt: „Denn wo das Strenge mit dem Zarten, wo Starkes sich und Mildes paarten, da gibt es einen guten Klang."

2. Bildnerische Techniken (Abb. 119, Seite 142)

Um möglichst schnell zum Thema der Farbgebung bei der Kleidung zu gelangen und um zu vermeiden, daß die Kinder sich allzulange bei dem Zeichnen menschlicher Figuren aufhalten, werden aus Pappe oder Karton Schablonen ausgeschnitten, die in ihren Proportionen mit dem menschlichen Körper übereinstimmen (nähere Angaben in Beispiel 37, Handbuch 55). Mit ihnen lassen sich schnell durch Umfahren mit einem Bleistift beliebig viele Umrißfiguren auf dem Zeichenblock herstellen.

*) Ausführlichere Angaben enthält das Buch von Walter Läuppi: Farbenknigge, Populäre Farbenlehre für Laien und Praktiker. Bern und Stuttgart 1967

Diese werden nun in immer neuen Farbkombinationen „angezogen". Der Formenreichtum, vor allem bei der weiblichen Kleidung, ist so groß, daß es kaum besonderer Hinweise auf Variationsmöglichkeiten bedarf: Pullover, Bluse, Rock, Hose, Jackett, Kleid, Mantel usw. Die Grundformen können weiter differenziert werden durch Kragen, Halsausschnitt, Revers, Manschetten, Gürtel, Schleifen, Schal, Krawatte, Taschen usw. Schmuck und sonstige Accessoires, aber auch Frisur, Kopftuch, Hut, Mütze, Handschuhe, Schirm usw. ergänzen die Bilder.

Die gezeichneten Umrißfiguren, aber auch die Pappschablonen selbst, können mit Stoffresten beklebt werden, wodurch zur Farbwirkung noch der taktile Reiz der Texturen kommt. Schließlich lassen sich auch aus Draht plastische Figurinen herstellen, die wie Puppen richtig angezogen werden können. Ein kräftiges Drahtgestell erhält durch Umwickeln mit Streifen aus fleischfarbenen Strümpfen die nötige Körperfülle. Kopf und Hände werden aus rosafarbenem und eingekleistertem Seidenpapier geformt und angeklebt.

3. Variationsmöglichkeiten der Thematik

Theaterkostüme für bestimmte Schauspiele, Märchenfiguren, Faschingskleidung, Trachten, Kleidung früherer Zeiten, Uniformen, typische Berufskleidung (z. B. Jäger, Polizist, Bäcker, Liftboy, Portier, König), Kleider für Sport, Freizeit, Garten, Küche usw.

Anwendung der Erfahrungen bei der Gestaltung von Einzelfiguren in größeren Zusammenhängen: Partnerlook bei Mann und Frau, Szene im Modesalon, in der Schneiderei, Anprobe vor dem Spiegel, Modepuppen im Schaufenster, in der Diskothek, bei einer Beerdigung usw.

Beispiel 28

Thema: *Mit Lineal und Zirkel*

Technik: *Stift, Feder, Filzschreiber*

Bildproblem: *Technisches Zeichnen im Dienste kreativer Gestaltungskräfte*

Altersstufe: *7.–9. Schuljahr*

A. Didaktische Analyse

1. Information über die Sachstruktur

In den ersten Jahrzehnten unseres Jahrhunderts haben viele Künstler damit begonnen, unter Verzicht auf gegenständliche Darstellungen sogenannte abstrakte Bilder zu malen. Die Katastrophe des Ersten Weltkrieges, aber auch der ungeheure Siegeszug der Technik hatten bei ihnen zu einem grundsätzlichen Sinneswandel geführt. Sie wendeten sich ganz entschieden ab von der Sentimentalität der Salonkunst des ausgehenden

19. Jahrhunderts und verzichteten auf alles Expressive und Anekdotische. Mit reinen, absoluten Formen wollten sie zur Bildung von einfachen Harmonien gelangen. „Das verzweifelte Bemühen, die Kunst vom Ballast der gegenständlichen Welt zu befreien" *(K. Malewitsch)*, entstand gleichzeitig in Rußland unter dem Namen Suprematismus und in Holland als Neo-Plastizismus. Im deutschen Bauhaus trafen beide Bewegungen zusammen und erlebten ihre erste Blütezeit als Konstruktivismus und Funktionalismus. Zirkel und Lineal wurden zu Werkzeugen der Künstler, weil sich mit ihnen jede individuelle Empfindung und jede assoziative Bedeutung ausschalten ließen. Auf diese Weise sollte eine exakte, nüchterne Geometrie der Ästhetik entstehen.

Nach dem Zweiten Weltkrieg erlebte die gegenstandslose Malerei einen ungeheuren Aufschwung. Vor allem in der Op Art (= optical art) wurden reine geometrische Formen auf eine neue Weise verwendet. Durch die Vertauschbarkeit von Figur und Grund in einem Flächenmuster entstand ein Bewegungseffekt, der den Beschauer zwang, Formen bald positiv, bald negativ zu sehen. Auch hier war jedes individuelle Gefühlsmoment ausgeschaltet. Die Bildfläche wurde zu einem interessanten, das Auge beständig aktivierenden „Sehfeld".

Irritationen des Auges dieser Art hat es in der Form von optischen Täuschungen schon lange gegeben, auch gegenstandslose Kunst in der Form von Ornamenten, die mit Lineal und Zirkel geschaffen wurden. Hier zeigt sich deutlich, daß Geometrie und Kunst gar nicht so weit auseinanderliegen, wenn dem spontanen und subjektiven handschriftlichen Duktus kein besonderer Wert beigemessen wird.

2. Kennzeichnung des Bildungsgehaltes

Der Verzicht auf individuellen Ausdruck muß kein Nachteil sein, wenn dadurch Phantasiekräfte und Erfindungsfreude geweckt werden. Das Spiel mit Linien und Formen führt zu unerwarteten neuen Wirkungen. Endlos viele Variationsmöglichkeiten bieten sich an. Dabei entstehen stets neue Gruppierungen, Formzusammenhänge, rhythmische Folgen, Raumwirkungen, Bewegungseffekte, die dem Auge Freude bereiten, wenn sie auch ohne tieferen geistigen Gehalt sind. Die Freude, die in unseren Schulen meist viel zu kurz kommt, wird hier zum ästhetischen Genuß. Daß diese Arbeit auch bei anderen gegenständlichen Bildern Früchte tragen kann, liegt auf der Hand. Der Verzicht auf die Vielfalt gegenständlicher Motive und die Beschränkung auf wenige geometrische Formen machen bildnerische Gesetzlichkeiten, die sich in den Bildern sonst vielschichtig überlagern, einfach und leichter durchschaubar.

3. Stellung des Kindes zum Unterrichtsziel

Die grafisch-ornamentale Flächengliederung mit Lineal und Zirkel kommt vor allem der Mentalität der älteren Schüler entgegen. In der Pubertätszeit verschließen sich die Heranwachsenden gern und scheuen sich vor der Preisgabe innerer Regungen. Mißglückte Versuche gegenständlicher Darstellungen führen zu Entmutigung. Die lebhaften Farben der bildermächtigen Zeit verblassen. Eine rationalere Einstellung macht sie kritisch, erhöht aber andererseits auch ihr Interesse an Maß und Zahl oder an physikalischen Farbgesetzlichkeiten. Ihre Handfertigkeit ermöglicht es ihnen, jetzt peinlich genau und sauber zu arbeiten. Eine streng-nüchterne und sachliche Einstellung, die alles Emotionale ausschaltet, wird durch Übungen im Technischen Zeichnen unterstützt. Wenn unterschwellig doch Rhythmus in die Bilder kommt, dann geschieht das nicht als persönlicher Ausdruck, sondern entsteht durch die Arbeitstechnik von selbst, wird von den Kindern aber gern angenommen und als schön empfunden.

B. Methodische Hinweise zur Durchführung

1. Flächengliederung mit dem Lineal (Abb. 120)

An allen vier Rändern des Blattes markiert man zuerst in gleichen Abständen (etwa 1–2 cm) Punkte. Diese werden dann alle mit einem beliebigen Punkt im Innern der Fläche verbunden. Das Anlegen des Lineals an diesen Mittelpunkt kann erleichtert werden, wenn dort eine Reißzwecke von hinten durch das Papier gestochen wird. Auf diese Weise entsteht ein *Strahlenbündel,* dessen Dichte nach dem Rand zu abnimmt.

Wird nun von einem zweiten Mittelpunkt aus ein weiteres Strahlenbündel gezeichnet, dann überschneiden sich die Linien und bilden ein rasterartiges Netz, in dem Karos allmählich in Rauten oder umgekehrt übergehen und auch die Größe langsam variiert. Beim anschließenden schachbrettartigen Ausmalen der einzelnen Felder entsteht eine reizvolle Flächengliederung, die das Auge irritiert und Bewegung vortäuscht. Da jeder Schüler seine Mittelpunkte selbst auswählen konnte, sieht jede Arbeit anders aus. Alle Arbeiten der Klasse lassen sich zu einem großen Wandschmuck zusammenfügen.

2. Flächengliederung mit dem Zirkel (Abb. 121 und 122)

Auch bei dieser Arbeit werden zunächst Punkte in gleichem Abstand markiert. Bei der Abb. 121 liegen sie auf der Mittelsenkrechten, die das Hochformat von oben nach unten durchschneidet. Diese Punkte werden zu Mittelpunkten von Kreisen, bei denen der Radius gleich der halben Blattbreite ist. Alle Kreise berühren also die seitlichen Ränder des Blattes. Durch die Überschneidung der Kreise entsteht wiederum ein Raster – diesmal aus gebogenen Linien –, der schachbrettartig ausgemalt werden kann und eine räumliche Wirkung erzeugt. Man kann die Markierung der Mittelpunkte auch an die Blattkanten legen oder auf beliebige Linien im Inneren des Blattes (Abb. 122). Die Kinder finden selber durch Probieren immer neue Variationsmöglichkeiten und werden bald erkennen, daß nicht jede Lösung befriedigt.

3. Flächengliederung mit dem Zeichendreieck (Abb. 124a)

Mit dem Dreieck wird die Fläche so aufgeteilt, daß ein Liniennetz entsteht, das aus einer endlosen Linie besteht. Diese Linie setzt sich aus größeren oder kleineren Strecken zusammen, die alle dem Prinzip der

Beispiel 28

Abb. 120

Abb. 121

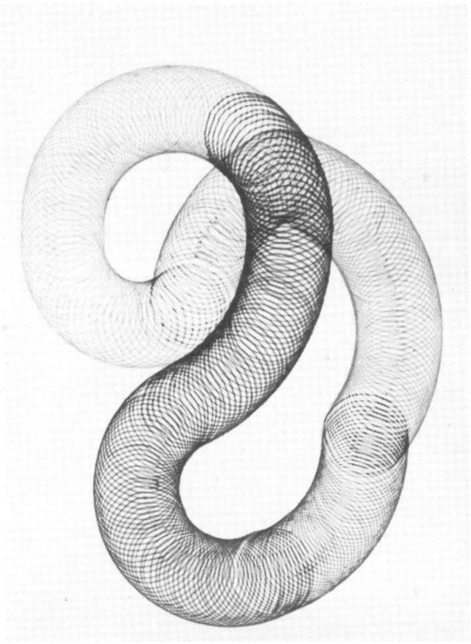

Abb. 122

Abb. 123

Abb. 120 bis 123 Mit Lineal, Zirkel oder Schablonen hergestellte Flächengliederungen, Knaben 6.–8. Schj.

rechtwinkligen Weiterführung gehorchen. Es gibt also nur senkrechte und waagerechte Teilstrecken. Motivation für diese Arbeit: Ein Radfahrer fährt durch Manhattan. Da alle Straßen nur im rechten Winkel zusammenstoßen, kann er an jeder Straßenkreuzung nur rechts oder links abbiegen. Sein Weg wird aufgezeichnet. Es soll dabei ein immer dichter werdendes, flächenfüllendes Netz entstehen, wobei sich die aufgezeichneten Wege auch überkreuzen können. Die Schüler werden gezwungen, stets das ganze Blatt im Auge zu haben, um Lücken im Netz zu erkennen und zu schließen. Diese Aufgabe kann noch erschwert, aber auch reizvoller gemacht werden, wenn es heißt: Im Zentrum sollen die entstehenden Felder sehr klein sein und nach dem Rande zu allmählich größer werden. Schülern, denen es Schwierigkeiten bereitet, beim Zeichnen des Liniennetzes gleichzeitig auch noch auf eine exakte Einhaltung der Senkrechten und Waagerechten zu achten, kann die Aufgabe dadurch erleichtert werden, daß man ihnen kariertes Schreib- oder Millimeterpapier gibt.

4. Flächenfüllung durch Quadrate und Rechtecke (Abb. 124b)

Das entstehende Liniennetz ähnelt der bei 3 beschriebenen Aufgabe. Es besteht aber nicht aus einer durchlaufenden Linie, sondern aus in sich geschlossenen rechtwinkeligen Einzelformen (Quadrate, hoch- und querliegende Rechtecke), die ineinandergeschoben sind und sich gegenseitig überschneiden.

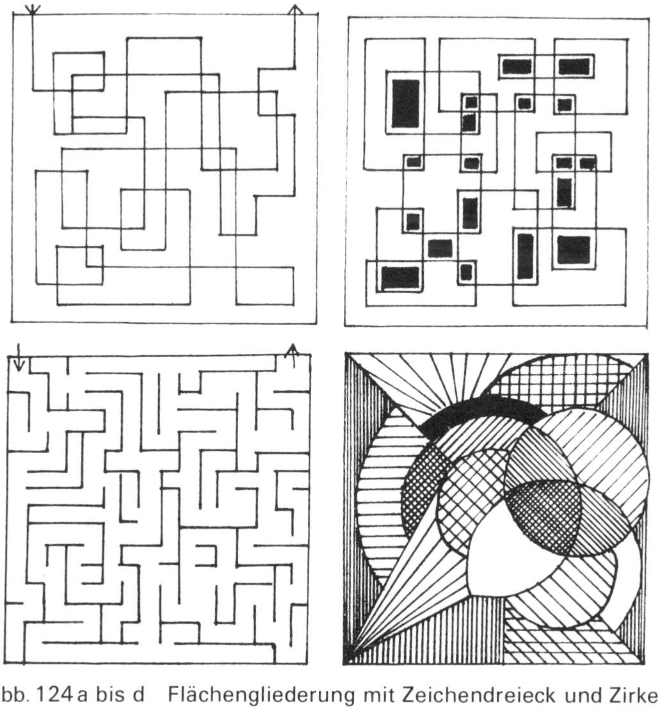

Abb. 124a bis d Flächengliederung mit Zeichendreieck und Zirkel

Beispiel 28

5. Irrgarten als Flächenfüllung (Abb. 124c)

Der Irrgarten wird auf kariertes Papier gezeichnet. Der vorhandene Raster wird mit dem Filzstift oder Kugelschreiber in kleinen Abschnitten nachgezogen. Die Striche bedeuten Mauern und begrenzen rechtwinklig verlaufende Wege. Nur ein einziger Weg führt vom Eingang zum Ziel. Viele Sackgassen und Irrwege zwingen zur Umkehr.

6. Kombinationen aus Kreisen und Geraden (Abb. 124d)

Werden sowohl Zirkel als auch Lineal benutzt, dann ergeben sich viele neue Möglichkeiten für eine interessante Musterung der Bildfläche. Im Beispiel 124d überschneiden sich größere und kleinere Kreise. Die entstehenden Teilflächen wurden unterschiedlich mit parallelen, überkreuzten und strahlenförmigen Linienbündeln voneinander abgehoben.

7. Flächenfüllung mit Schablonen (Abb. 123)

Aus Pappe oder Karton werden Schablonen ausgeschnitten, die mit dem Stift umfahren werden. Durch öfteres Verschieben auf dem Zeichenblatt entsteht wieder ein flächenfüllendes Liniennetz. Die Schablonen können geometrische Grundformen, aber auch bewegte Konturen haben (Kurvenlineal). Werden sie mit einer Stecknadel oder Reißzwecke (Pappunterlage!) auf dem Blatt befestigt, dann lassen sie sich drehen. Neues Umfahren nach einer kleinen Drehung führt wieder zu reizvollen, rhythmisch belebten Linienbündeln.

8. Flächen aus geflochtenen Papierstreifen (Abb. 125a/b)

Zwei gleichgroße Bögen aus verschiedenfarbigem Papier werden in schmälere oder breitere Streifen zerschnitten, der erste Bogen in Längs-, der zweite in Querrichtung. Jetzt lassen sie sich wie ein Gewebe miteinander verflechten. Es entsteht ein Schachbrettmuster. Die Arbeit wird erleichtert, wenn die kürzeren Querstreifen zunächst am Rande noch zusammenhängend bleiben. Erst nach dem Einflechten einiger Längsstreifen wie in einen Kamm werden die Verbindungen aufgeschnitten und die übereinanderliegenden Enden miteinander verklebt.

Abb. 125a, b, c Flächen aus verschiedenfarbigen geflochtenen Papierstreifen

Die einzelnen Streifen müssen nicht unbedingt gerade Kanten haben. Geschwungene, wellenförmige Ränder führen zu Löchern im Papiergewebe. Ein untergelegtes drittes Blatt in einer anderen Farbe wird durch die Löcher sichtbar (Abb. 125 c). Solche Flechtarbeiten aus Papierstreifen eignen sich gut für die Steigerung der Farbsensibilität. Selbsteingefärbte Papiere mit streifig angeordneten Farbübergängen führen zu überraschenden neuen Farbkombinationen und Farbklängen. Auch bei dieser Arbeit ergeben sich durch Experimentieren immer neue Variationen.

9. Flächenfüllung durch Fadenverspannung (Abb. 126 a/b)

Auf ein steiferes Grundmaterial (z. B. Pappe oder Karton) lassen sich farbig kontrastierende Fäden straff aufspannen und zu interessanten Linienbündeln vereinen. Bei der Abb. 126 a wurden die Fäden durch nicht zu eng beieinander liegende Löcher gezogen. Bei der Abb. 126 b erhielt das Kartonblatt am Rand kleine Kerben, die dafür sorgen, daß die übergespannten Fäden nicht verrutschen können.

Abb. 126 a, b   Flächengliederung durch Fadenverspannung

Beispiel 29

Thema: *Symmetrie- und Schachbrettspiel*

Technik: *Scherenschnitt, Faltschnitt*

Bildproblem: *Verwerfung, Symmetrie und rhythmische Flächengliederung*

Altersstufe: *5.–9. Schuljahr*

A. Didaktische Analyse

1. Information über die Sachstruktur

Der Begriff „Verwerfung" stammt aus der Geologie. Dabei werden unterschiedliche Gesteinsschichten entlang einer senkrecht oder geneigt verlaufenden Verwerfungsspalte durch vulkanische Kräfte im Erdinnern gegeneinander verschoben. Das wechselnde Gegeneinanderausspielen verschiedener Strukturen, Farben und Formen führt zu einer reizvollen, rhythmisch wirkenden Flächengliederung, die in der modernen Kunst gern und vielfach übernommen und im übertragenen Sinne für dekorative Bildgestaltungen verwendet wurde. Bei der Verwerfung können sowohl einfache gegenständliche als auch abstrakte Formen in einer Art Umkehrung der grafischen und farbigen Verhältnisse spiegelbildlich gegeneinander ausgespielt werden. Dabei läßt sich durch ein sehr einfaches technisches Verfahren eine unerschöpfliche Fülle von Kombinationen herstellen, bei der weniger eine bestimmte Bildidee verwirklicht werden soll, als daß der Zufall zu überraschenden Entdeckungen führt, die nur erkannt, ausgewertet und angewendet werden müssen.

2. Kennzeichnung des Bildungsgehaltes

Das Spiel mit den Möglichkeiten der *Verwerfung* ist keine formale Spielerei, sondern frei von Willkür, weil wie bei jedem anderen Spiel auch bestimmte Regeln und Ordnungen eingehalten werden müssen. Innerhalb einer gesetzmäßigen Begrenzung ist trotzdem gestalterische Freiheit möglich. Das ausgeglichene Verhältnis von freisteigender Erfindungsgabe und Bindung an einfache bildnerische Anordnungen erzieht zu disziplinierter gestaltender Auseinandersetzung.

Beherrschendes Gestaltungsprinzip ist die Symmetrie, d. h. die spiegelbildliche Entsprechung von Formteilen. Sie kann als Hälftensymmetrie oder als radiale Zentralsymmetrie auftreten. Sowohl in der Natur als auch in der Kunst ist sie eine der häufigsten Erscheinungen. Sie entspricht einem Urtrieb des menschlichen Ordnungssinnes und ist deshalb bei Künstlern wie bei Laien gleichermaßen beliebt. Symmetrische Ordnungen bringen Überschaubarkeit in komplizierte Erscheinungen. Die Symmetrieachse lenkt den Blick auf die Mitte der Form und erleichtert die

---

Abb. 137 Schneeballschlacht, Knabe 8. Schj.; Deckfarben auf schwarzem Tonpapier

Abb. 138 Schlittschuhläufer, Knabe 8. Schj.; Scherenschnitt aus Buntpapier

Orientierung. Allzu große Bewegungen können durch Symmetrie vereinfacht, unbewegte starre Formen dagegen durch Verdoppelung oder Vervielfältigung belebt werden.

3. Stellung des Kindes zum Unterrichtsziel

Auch bei Kindern kann man schon in ihren ersten Sinnzeichen das Bestreben nach einer überschaubaren Ordnung feststellen. Gesichter, Menschen, Bäume, Blumen, Häuser zeigen meist spiegelbildliche Hälften. Symmetrie vereinfacht die Gestalten zu flächig wirkenden Gestaltschemata, sofern auf diese Weise noch Wesentliches gezeigt werden kann. Das Schmuckbedürfnis der Kinder findet bei einfachen symmetrischen Formen Befriedigung. Sie lassen sich leicht additiv wiederholen und haben wegen ihres ornamentalen Charakters keine Raumtiefe. Sie bleiben stets vordergründig und flach und sind deshalb hervorragend geeignet, Flächen durch Reihung, Streuung oder schachbrettartige Anordnung zu füllen.

Eine weitere Tatsache erleichtert den Kindern die Arbeit an dieser Aufgabe. Das ist ihr Spielcharakter. Schwierigkeiten bei der Darstellung bestimmter Gegenstände treten kaum auf. Das Machen und Herstellen mit Schere und Papier führt zu einem unbeschwerten Tun, bei dem von experimentell und zufällig gefundenen Formen Inspirationen für weitere Gestaltungen ausgehen. Das Ergebnis steht nicht als angestrebtes Ziel von Anfang an fest, sondern ergibt sich aus der final-offenen Arbeitsweise. Die Beschränkung auf den formalen Aspekt erspart dem Kind die Auseinandersetzung mit schwierigen Inhalten. Schließlich hat das bloße „Spiel mit den bildnerischen Mitteln" auch einen Wert, wenn dadurch Freude und Phantasie geweckt werden.

B. Methodische Hinweise zur Durchführung

1. Die Umklappung

Aus dem Rand eines schwarz oder farbig durchgefärbten Tonpapiers schneidet man zuerst kleinere Teilformen heraus. Setzt man diese, nach außen umgeklappt (gewendet), auf einem weißen Hintergrund wieder an der Schnittstelle des ersten Papiers an, dann verdoppeln sie sich zu größeren Formen. Bei ihnen stoßen jetzt an einer Symmetrieachse jeweils zwei Farben zusammen. Negative und positive Hälfte ergänzen sich zu einer Gesamtform (Abb. 127 und 128). Die Kinder werden nach anfänglichem Probieren mit Kreisen, Vierecken und Dreiecken (links) bald zu Formen mit spiegelbildlich gleichen Hälften kommen. Dieses Umklappspiel kann verlängert werden, wenn jetzt aus den herausgeklappten Teilen wiederum Teile herausgeschnitten und in die Ausgangsform zurückgeklappt werden. Das wird vor allem dann von Vorteil sein, wenn die ersten Klappteile zu groß und unlebendig geraten sind. Auf diese einfache Weise

---

Abb. 152 Anbetung der Hirten, Teil einer Gemeinschaftsarbeit, 8. Knabenklasse; zu Beispiel 32, S. 180

Abb. 155 Heilige Drei Könige, Mädchen 6. Schj.

Beispiel 29

Abb. 127 und 128 Umklappungen aus durchgefärbtem schwarzem Tonpapier

Abb. 129 und 130 Umklappungen bei waagerechter Symmetrieachse

lassen sich schon allerlei Spiegelthemen bearbeiten. Bei der Abb. 129 ist es eine komplizierter aufgebaute Fabrik, die sich im Wasser darunter widerspiegelt. Bei der Abb. 130 stehen Max und Moritz am Ufer. Durch Zerschneiden des nach unten geklappten Hintergrundes in waagerechte Streifen entsteht der Eindruck von Wasserwellen, in denen die Figuren sich als Negativformen spiegeln. Umklappungen lassen sich nur aus ungummierten Papieren herstellen. Die Teile werden am besten mit Klebestiften aufgeklebt. Wasserhaltiger Klebstoff weicht das Papier auf und führt zu Falten und Blasen. Steht Papier zur Verfügung, das auf jeder Seite anders eingefärbt ist (evtl. selbst herstellen!), kann die Verbindung der umgeklappten Teile mit dem Ausgangsblatt an der Symmetrieachse erhalten bleiben.

2. Das Schachbrett als Flächengliederung

Ein Schachbrett entsteht, wenn gleichbreite waagerechte Streifen nochmals senkrecht zerschnitten und die entstehenden Quadrate im Wechsel zusammengesetzt werden. Sind die waagerechten und senkrechten Streifen verschieden breit, dann entsteht ein Schachbrett aus rechteckigen Formen (Abb. 131 und 132). Jedes dieser Quadrate oder Rechtecke wird nun zur Ausgangsfläche für eine Umklappung. Damit die positiven und negativen Formen alle gleich ausfallen, werden alle Schachbrettfelder aufeinandergelegt und auf einmal im Serienschnitt zerteilt. Das hochgestellte Rechteck eignet sich besser für eine gleichgewichtige Verteilung von Positiv- und Negativform, weil die Kinder aus Quadraten meist zu wenig herausklappen (Abb. 127). Bei den Pinguinen (Abb. 133) wurde ein Teil des Rumpfes herausgeschnitten und in die negative Form zurückgeklappt. So entstand ein reizvolles Wechselspiel

Abb. 131 und 132 Anwendung der Umklappung beim Schachbrett

zwischen den Restflächen und den umgeklappten Teilen. Von Feld zu Feld wechselt im Schachbrett Figur und Grund. Es gibt bei dieser Arbeit keine Abfälle. Soll die Arbeit auch noch Farbe bekommen, dann braucht man für die Ausgangsflächen des Schachbretts nur verschiedenfarbiges Papier verwenden.

Abb. 133 Pinguine, Mädchen 7. Schj.

3. Variationsmöglichkeiten

Viele Naturformen lassen sich mit senkrecht stehender Symmetrieachse darstellen: Menschen, Masken, Bäume, Sträucher, Schmetterlinge, Käfer, Krebse, Spinnen, Fachwerkhäuser, Herzen, Blumensträuße usw. Die waagerechte Symmetrieachse führt zu Wasserspiegelungen, Fischen, fliegenden Vögeln, Eidechsen usw. Bei Tieren, die sich nach allen Seiten im Wasser oder in der Luft bewegen können, kann die Symmetrieachse auch diagonal verlaufen. Radiale Symmetrie ist möglich bei Sternen und Blüten (vgl. Beispiel 9: Leuchtbilder).

Beispiel 30

Thema: *Sport und Spiel*

Technik: *Malen, Scherenschnitt*

Bildproblem: *Menschen in Bewegung*

Altersstufe: *3.–9. Schuljahr*

A. Didaktische Analyse

1. Information über die Sachstruktur

Sport und Spiel werden heute unter dem Sammelbegriff Leibesübungen zusammengefaßt, zu dem auch Turnen, Gymnastik, Wandern, Tanzen, Leicht- und Schwerathletik, Schwimmen, Reiten und vieles mehr gehören. Das alles sind Tätigkeiten, die aus Freude an der Bewegung und an der Überwindung von Schwierigkeiten meist um ihrer selbst willen ausgeübt werden. Sie fördern die Gesundheit, entwickeln die Körperkräfte, dienen vielfach als Ausgleich für eine bewegungsarme Lebensweise und spielen auch für die Wehrertüchtigung eine wichtige Rolle. Sportliche Spiele werden immer unter freiwilliger Anerkennung bestimmter Regeln durchgeführt, steigern auch geistig-charakterliche Fähigkeiten und wirken gemeinschaftsbildend.

Sport und Spiele begleiten die Entwicklung der Menschheit von ihren Anfängen an. Davon künden steinzeitliche Felszeichnungen, ägyptische Wandbilder ebenso wie Abbildungen auf griechischen Vasen. Bei vielen Naturvölkern sind sie heute noch fester Bestandteil ihrer kultischen Feste. Nach einer Phase der Vernachlässigung im Mittelalter erlebte der Sport vor etwa 200 Jahren einen unerhörten Aufschwung. Von England ausgehend, wo er zuerst als Zerstreuung der Adligen in allerlei Wettkämpfen betrieben wurde, breitete er sich später als Gegenströmung gegen Verweichlichung und Naturentfremdung auch in Deutschland aus *(Turnvater Jahn)*. Daher kommt es auch, daß so viele, heute allgemein verbreitete Fachausdrücke aus der englischen Sprache stammen (Sport, Training, Rekord, fair play, foul, Champion, Handicap, dribbeln, kicken, stoppen, boxen, spurten, starten, sprinten, kraulen usw.).

Heute ist das Interesse am Sport so ungeheuer gestiegen, daß alle Bevölkerungskreise entweder als Ausübende (Amateure und Berufssportler) oder als Zuschauer davon erfaßt werden. Zeitungen, Rundfunk, Film und Fernsehen tragen mit ihren Sportberichten dem ebenso Rechnung wie Städte und Dörfer mit der Schaffung von Sportplätzen und Stadien. Der Sportbegeisterung können und wollen sich auch unsere Kinder nicht entziehen.

2. Kennzeichnung des Bildungsgehaltes

Bei diesem Unterrichtsbeispiel geht es in erster Linie um die Darstellung bewegter menschlicher Körper. Dabei soll ihre plastische Dreidimensionalität so in der Bildfläche ausgebreitet werden, daß Dynamik ablesbar wird. Das ist für Kinder und Jugendliche eine schwierige Aufgabe. Statisch wirkende gerade Linien, vor allem die am Anfang vorherrschenden Senkrechten und Waagerechten, müssen in richtungsveränderliche, geknickte oder schwungvoll geführte verwandelt werden. Der Betrachter wird ihnen unwillkürlich mit den Augen folgen und dadurch den Eindruck der Bewegung bekommen. Da sich dies am leichtesten bei den Gliedmaßen erreichen läßt, sollte darauf geachtet werden, daß bei der Darstellung der Sportler möglichst alle Arme und Beine sichtbar sind und sich wenig Überschneidungen ergeben. Die Beschränkung auf wenige Hauptfiguren, die sich in einer spannenden Phase eines Wettkampfes befinden und gut einander zugeordnet werden (z. B. eine dramatische Szene vor dem Fußballtor), wird vorteilhaft sein, weil sie zu einer intensiveren Auseinandersetzung mit der Bewegungsdarstellung einer Einzelfigur führt. Schwierigkeiten beim Ansatz der Gliedmaßen am Schulter- und Beckengürtel werden von den Kindern meist auf einfache Weise bewältigt, indem Frontal- und Seitenansicht miteinander verquickt werden (vgl. Abb. 134, bei der durch die Schrägstellung des Rumpfes das angestrengte Vorwärtsstreben des Skilangläufers gut zum Ausdruck kommt).

Beispiel 30

Abb. 134 Skilangläufer, Knabe 6. Schj.

3. Stellung des Kindes zum Unterrichtsziel

Daß gerade Kinder für Spiel und Sport leicht zu begeistern sind, muß nicht besonders betont werden. In der Bewegung können sie sich unermüdlich selbst verwirklichen und stellen ihr Können und ihre Leistung gern unter Beweis. Unser Thema wird deshalb keiner besonderen Motivation bedürfen. Trotzdem wird es gut sein, in der Pause oder in der Turnstunde ihre Aufmerksamkeit auf bestimmte Körperhaltungen zu richten und Bewegungen bewußt ausprobieren zu lassen. Daran werden sie interessiert sein, weil sie ja noch schneller laufen, noch höher springen, noch weiter werfen wollen. Und wenn sie sich in ihren Bildern selbst darstellen, dann möchten sie auch haben, daß jeder Betrachter das dort deutlich sehen kann.

Die Bewegungsdarstellung entwickelt sich in der Kinderzeichnung nur langsam und dauert viele Jahre. Darum sei davor gewarnt, die Kinder durch verfrühte Belehrungen mutlos zu machen oder ihr natürliches Ausdrucksbedürfnis durch allerlei aufgepfropfte Schemata zu verfälschen. Meist beginnt erst im 3. Schuljahr im Zuge der Richtungsveränderlichkeit die Knickung der Gliedmaßen. Und bis es gelingt, dazu noch Rumpf und Kopf in einen bewegten Gesamtzusammenhang zu bringen, bedarf es vieler Versuche, Skizzen, und immer wieder neuer Beobachtungen. Auch der angehende Künstler muß das in jahrelangem Aktzeichnen am Modell studieren. Bewegungsdarstellung kann zum Dauerthema werden auch bei anderen Motiven (Bäume im Sturm, einstürzende Gebäude, ziehende Wolken usw.).

B. Methodische Hinweise zur Durchführung

Unter Verzicht auf eine Bleistiftvorzeichnung sollte gleich mit dem dicken Pinsel gearbeitet werden, damit sich die entstehenden Figuren von Anfang an flächenwirksam vom Bildgrund abheben. Am besten wird mit dem Rumpf begonnen, der, senkrecht oder schräg stehend, als bildbeherrschender Fleck gut in das Format gesetzt wird. Bei mehreren Figuren werden die Körper gut verteilt zu Papier gebracht. Erst danach folgen, von Schulter und Becken ausgehend, die Gliedmaßen, die in der für die verschiedenen Sportarten charakteristischen Weise gerade oder geknickt angebracht werden. Zwischen der Bewegung der malenden Hand und der Bewegung der Arme und Beine bestehen enge Beziehungen.

1. Schneemann (Abb. 135 und 136)

Bei den beiden Abb. 135 und 136 wurde Schülern einer 2. Knabenklasse mit einem Kaffeelöffel selbsthergestelltes Deckweiß mitten auf ein graues Packpapier ausgeteilt. Die Buben formten daraus einen großen Schneemann, neben den rechts und links bauende und schneeballwerfende Kinder gemalt werden sollten. Während die Figuren auf dem rechten Bild noch steif dastehen und nur in der Spreizung der Beine zaghafte Bewegung andeuten, wurden links bereits die Arme geknickt. Hier kommen die Arme auch schon aus dem Schultergürtel und nicht mehr einfach aus Brust und Bauch.

Abb. 135

Abb. 136

Abb. 135 und 136 Schneemann bauen, Knaben 2. Schj.

2. Schneeballschlacht (Abb. 137, Seite 159)

Bei dieser Abbildung wurden von Schülern einer 8. Knabenklasse die bewegten Figuren mit Deckfarben auf schwarzes Tonpapier gemalt. Deutlich erkennbar wurden sie zu zwei gegeneinander kämpfenden Gruppen zusammengefaßt. Das Ausmalen des Bildgrundes mit Deckweiß erfolgte erst später, und zwar so, daß um die Figuren herum schwarze Konturen ausgespart blieben. Auch beim Ausmalen des Hintergrundes übertrug sich die Bewegung der Hand auf das Bild und steigerte damit den Ausdruck des dynamischen Geschehens.

3. Arbeiten mit beweglichem Modell

Wird eine stehende menschliche Figur aus Papier ausgeschnitten, dann können allerlei Bewegungen ausprobiert werden, wenn die Gliedmaßen abgetrennt und verschoben wieder angesetzt werden. Die Darstellung bewegter Figuren bereitet manchen Kindern Schwierigkeiten, weil dies eine gewisse geistige Beweglichkeit voraussetzt, die ihnen fehlt. Haben sie aber ein verschiebbares Modell vor Augen, also etwas Anschauliches zum Ausprobieren, so können sie doch sehr gut beurteilen, ob eine Anordnung der Gliedmaßen richtig ist. Auf dieses Arbeiten mit Modellen wurde bereits in den Beispielen 12 (Hahnenkampf) und 19 (Tierpaare) dieses Buches hingewiesen*). Werden diese Modelle aus gummiertem Buntpapier (evtl. im Serienschnitt) ausgeschnitten, so können sie gleich zu Bildern zusammengeklebt werden (Abb. 138, Schlittschuhlaufen).

4. Motivvorschläge

Einzelfiguren: Jongleur, Seiltänzer, Kunstradfahrer im Zirkus, Hürdenspringer, Bergsteiger, Tänzerin, Turner im Handstand, Fahnenschwinger, Trampolinspringer, Kletterer an Tau oder Stange, Skiläufer, Bogenschütze, Windsurfer, Skispringer.

Figurenpaare: Boxer, Ringer, Fechter, Eislaufpaar, Reiterkampf, Blindekuh, Rodelschlitten.

Figurengruppen: Radrennen, Szene vor dem Fußballtor, Handball, Völkerball, Faustball, Eishockey, Akrobaten im Zirkus, Ringelreihen, Turnerinnen mit Keulen oder Reifen.

Beispiel 31

Thema: *Comics*

Technik: *Filzstift, Collage*

Bildproblem: *Erfinden einer Bildergeschichte, Verändern einer Schemafigur*

Altersstufe: *3.-9. Schuljahr*

A. Didaktische Analyse

1. Information über die Sachstruktur

Comics (das Kurzwort für comic strips) sind anspruchslose Serien von Einzelbildern, die, in Streifen angeordnet, meist witzige oder abenteuerliche Geschichten erzählen. Für unsere Kinder sind sie neben dem Fernsehen zum verbreitetsten optischen Massenmedium geworden. Monatlich werden 12-13 Millionen Hefte gekauft und im gegenseitigen Austausch von einer weit höheren Anzahl von Kindern gelesen. „Gelesen" ist eigentlich zuviel gesagt, denn ihre Sprache beschränkt sich auf knappe

*) Über die Proportionen des menschlichen Körpers vgl. Handbuch 55, S. 177f.

Unterschriften und auf in die Bilder eingefügte Sprechblasen, in denen das mitgeteilt wird, was sich zeichnerisch nicht wiedergeben läßt: Gesprächsfetzen, Ausrufe, Geräusche, Gefühle. Comics haben die Rolle der Märchen übernommen und schildern wie diese lebhafte Aktionen in einzelnen Ablaufphasen, wobei sich stets das Gute mit dem Bösen auseinanderzusetzen hat, letzten Endes aber immer Sieger bleibt. Der heutige Konsum von Comics kann dazu führen, daß die Kinder das Verhalten der Helden dieser Bilderfolgen und ihre Sprache nachahmen, daß sie im Zeichnen ihre Schemata übernehmen, daß ihre eigene Erlebnis- und Ausdrucksfähigkeit abstumpft und kreative Kräfte sich nicht entwickeln können. Seit vielen Jahren wird in der einschlägigen pädagogischen Literatur heftig über Wert oder Unwert der Comics diskutiert. Wer sie ablehnt, wird nicht verhindern können, daß sie doch gelesen werden. Man sollte lieber dafür sorgen, daß sie in der Schule kritisch unter die Lupe genommen werden. Der Kunsterzieher kann hier in Zusammenarbeit mit dem Deutschlehrer sein Augenmerk vor allem auf die formalen Elemente dieses optischen Phänomens richten.

Bilderzählungen sind an und für sich nichts Neues und Verwerfliches. Ihre Vorläufer lassen sich durch viele Jahrhunderte zurückverfolgen. Schon bei den Sumerern gab es Bildbänder, bei Griechen und Römern Streifenbilder, die von den Taten der Götter und Kaiser berichteten. Erinnert sei auch an die mittelalterliche Buchmalerei oder an die Moritatengeschichten der Bänkelsänger. Im 19. Jahrhundert kamen Bilderbogen auf mit politischen Satiren, und die Lausbubenstreiche von Max und Moritz oder des Struwwelpeters begeisterten einmal die Kinder ebenso wie heute die Comics. Deren eigentliche Geburtsstunde fällt aber mit dem Aufkommen des Stummfilms in Amerika zusammen. Das ist nicht verwunderlich, denn Film und Comics haben viel gemeinsam: die laufende Bilderfolge, die Betonung einzelner dramatischer Szenen, den Wechsel von Großaufnahme und Totalansicht, Zeitlupe und Zeitraffer; schließlich haben auch Comics und der gezeichnete Trickfilm ähnliche Merkmale. Das alles hat ja auch das Fernsehen übernommen und damit die Veränderung unserer Sehgewohnheiten beschleunigt.

2. Kennzeichnung des Bildungsgehaltes

Es kommt darauf an, daß die Kinder von der passiven Rezeption dieser Bildergeschichten zu einer aktiven Auseinandersetzung durch kreative Produktion angeregt werden. Bestimmte bildnerische Mittel und Herstellungsverfahren der Comics zeigen eine gewisse Verwandtschaft mit der kindlichen Bildsprache, so daß sich von daher Anknüpfungsmöglichkeiten ergeben. Auch Künstler haben sich von Comics inspirieren lassen und z. B. in der Pop Art ähnliche Mittel in die Kunstproduktion eingeführt.

Die Entstehung der Comics zu Ende des 19. Jahrhunderts in den USA war von Anfang an mit ausgesprochen profitorientierten Geschäftsinteressen verbunden. Die Anschaffung teurer Rotationsmaschinen für den Mehrfarbendruck sollte sich auszahlen, indem die Zeitungen unterhaltende Beilagen mit lustigen Bilderfolgen erhielten. Sie wurden von festangestellten Grafikern im Schnellverfahren gezeichnet. Die ständige Wiederholung der agierenden Hauptpersonen in den einzelnen Bildern und auch in den Fortsetzungsgeschichten führte zu einer Methode, bei der die gleichen Schablonen immer wieder verwendet werden konnten. Sie brauchten nur geringfügig verändert werden, um bestimmte Körperhaltungen und Gesichtsausdrücke zu variieren. Technische Gründe erlaubten nur einen Druck mit vier Farben ohne Abstufungen. Der Bildtext und der Inhalt der Sprechblasen konnte leicht ausgewechselt werden. Dadurch war es möglich, Fremdsprachen einzusetzen und die Comics mit großem Profit auch ins Ausland zu exportieren. In Beilagen bereits veröffentlichte Comics wurden später in Comicbooks zusammengefaßt und erneut mit Gewinn auf den Markt gebracht. Heute sind ihre Figuren zu einem Massenkonsumartikel geworden, an dem auch Spielzeughersteller, Bekleidungsfirmen u. a. gut verdienen.

Die praktische Arbeit mit Comics in der Schule kann auf verschiedene Weise erfolgen:

- Erfinden einer spannenden Begebenheit und Zerlegen derselben in einzelne Phasen, die besonders charakteristisch und bildträchtig sind;
- Vergrößern des Kopfes einer Figur und Verändern ihres Gesichtsausdrucks: Lachen, Weinen, Trauer, Wut, Ärger;
- Herstellen der Schablone für eine ganze Figur und Ausprobieren der verschiedensten Körperhaltungen durch Verändern der Gliedmaßen;
- Untersuchungen an mehreren Comics, mit welchen Mitteln der Hersteller versucht hat, gute und böse Menschen zu unterscheiden (Bärte, Narben, Schlitzaugen, Backenknochen, Glatzen, Mundwinkel, Augenwülste usw.);
- Auswechseln und Verändern der Farben;

Abb. 139
Schneewittchen, Mädchen 5 Jahre.
Erstaunlich ist die Ausdauer und Sorgfalt, mit der das Mädchen einen kleinen Notizblock vom ersten Blatt bis zur letzten Pappunterlage vollgezeichnet hat. Die Geschichte beginnt mit der bösen Königin vor dem Spiegel und endet vorzeitig, weil das Papier nicht ausreichte. Wie bei Comicgeschichten wurde der Text ins Bild hineingezeichnet, hier in Form von Zickzacklinien, die das Kind sprechend erläuterte

- Erfinden von Zeichen und Symbolen, mit denen Laute, Geräusche, Gemütsverfassungen, Gedanken, auch ihre Intensität wiedergegeben werden können;
- Ausschneiden oder Abpausen von Comicfiguren und Einsetzen in eine andere, selbsterfundene Geschichte.

3. Stellung des Kindes zum Unterrichtsziel

Daß die Aneinanderreihung von Einzelbildern zu einem Geschehensablauf dem additiven Denken der Kinder sehr entgegenkommt, liegt auf der Hand. Auf diese Weise ist es möglich, zeitlich Aufeinanderfolgendes gleichzeitig darzustellen (vgl. Abb. 14 in Beispiel 4: Die Bremer Stadtmusikanten). In einem Kindergarten konnte beobachtet werden, wie ein 5jähriges Mädchen nacheinander alle Blätter eines Notizblocks mit 18 Seiten vollzeichnete, um in einzelnen Phasen das ganze Märchen vom Schneewittchen nachzuerzählen (Abb. 139).

Viele Märchen, Kinderlieder und -spiele zeigen den gleichen additiven Aufbau (vgl. Hans im Glück oder das Lied vom Dornröschen). Auch die deutliche Konturierung der Comicfiguren und ihre undifferenzierte Farbgebung mit reinen, deutlich unterscheidenden Nennfarben entspricht der kindlichen Bildsprache. Die ständige Wiederkehr bestimmter feststehender Schemaformen stört die Kinder nicht. Im Gegenteil: Sie erleichtert ihnen das Wiedererkennen und das Verständnis für den Ablauf des Geschehens und kommt ihrer Vorliebe für einen durchgehenden Rhythmus entgegen. Der Einwand, daß mit diesem Thema dem verpönten Schemazeichnen Vorschub geleistet wird, ist nicht stichhaltig. Die Schemata können in diesem Falle sogar positiv bewertet werden. Ihre schnelle und mühelose Herstellung sorgt dafür, daß die Aufmerksamkeit der Kinder nicht an der Einzelform hängen bleibt, sondern sich dem Ablauf eines Geschehens, dem Erzählen (= Aufzählen von Phasen), zuwenden kann. Wenn Anregungen durch literarische Inhalte verwirklicht werden sollen, dann richtet sich die Phantasie auf einen Prozeß und nicht auf eine stillstehende Einzelfigur. Außerdem wird ja in anderen Unterrichtsbeispielen ständig auf Form- und Farbdifferenzierung gedrängt. Und auch hier geht es im Grunde ja um ein selbsttätiges Verändern vorgegebener Klischees. Die Möglichkeit, bei dieser Arbeit durch das Einfügen von Wörtern und Sätzen zu Bildern mit einer visuellen Doppelinformation zu gelangen, sollte ausgenutzt werden (vgl. dazu auch Beispiel 16: Plakate).

B. Methodische Hinweise zur Durchführung

Der Inhalt der Einzelbilder wird immer drei Komponenten enthalten: die Hauptfigur in Aktion, den Hintergrund zur Kennzeichnung des Ortes der Handlung und einen erläuternden Text als Unterschrift oder als Sprechblase. Eine befriedigende Anordnung wird den Kindern kaum Schwierigkeiten machen, weil sie mit dem Text leicht leere Felder ausfüllen können. Die einfachen Bildmittel sorgen für eine einheitliche, dekorative Gesamtwirkung der ganzen Bildergeschichte. Die Reihenfolge der Einzelbilder

Beispiel 31

folgt der Leserichtung von links nach rechts und in Streifen untereinander. Dabei kann die Breite der Einzelbilder bei Bedarf variiert werden (Abb. 140 und 141, 4. Schuljahr). In der Grundschule genügen zunächst vielleicht drei Bilder, die eine alltägliche Situation mit ihrem Vorher und Nachher schildern. Später vergrößert sich die Zahl der Bilder und erzählt eine längere dramatische Geschichte. Für die Ausführung eignen sich Filzstifte besonders gut, weil sie kräftige Konturen und deutliche Farbkontraste ermöglichen.

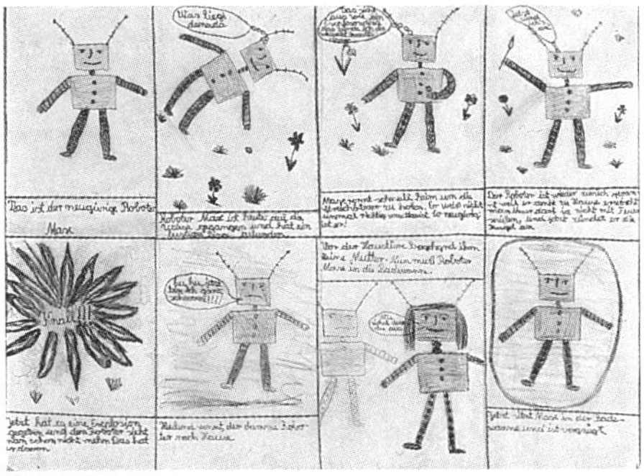

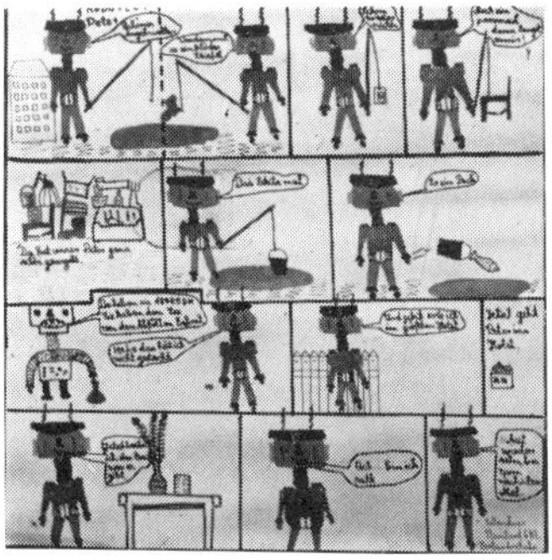

Abb. 140 und 141 Selbsterfundene Comics, Mädchen und Knabe 4. Schj.

1. Vergrößern einer Comicfigur

Bei den Abb. 142 und 143 (6. Schuljahr) sind bestimmte Comicfiguren zu Lesern ihrer eigenen Geschichte geworden. Sie wurden so stark vergrößert, daß eine Seite aus einem Comicheft eingeklebt werden konnte, die sie selbst in den Händen halten.

Abb. 142 und 143
Vergrößerte Comicfiguren lesen ihre eigene Geschichte, Knaben 6. Schj.

2. Verwandeln einer Comicfigur in einen Menschen

Die Abb. 144 und 145 (9. Schuljahr) zeigen Köpfe von Comicfiguren, die sich durch kleine Veränderungen in mehreren Phasen immer mehr einem normalen menschlichen Gesicht angleichen. Der Vorgang kann auch in umgekehrter Reihenfolge erfolgen. Dabei lernen die Kinder, mit welch einfachen Mitteln der Eindruck des Grotesken und Absurden herzustellen ist.

Abb. 144 und 145 Köpfe von Comicfiguren verwandeln sich allmählich in Menschenköpfe, Knaben 9. Schj.

3. Fernsehen, selbst gemacht

Eine Pappschachtel erhält ein viereckiges Fenster, hinter dem ein langer Papierstreifen vorbeigezogen werden kann. Die Schachtel wird zum Fernsehapparat. Der Papierstreifen zeigt nacheinander Szenen eines Handlungsablaufes. Die Kinder werden bald Spaß an diesem Spiel haben und vor Programmbeginn Pausenzeichen, Uhr, Werbung, Ansagerin, ab und zu vielleicht auch eine Bildstörung erscheinen lassen und für die nötige akustische Untermalung der „Sendung" mit Tönen, Geräuschen, Musik und Sprache sorgen.

4. Vervielfältigung einer Figur

Köpfe oder ganze Figuren werden auf Karton aufgezeichnet und ausgeschnitten. Durch Umfahren mit einem Bleistift können sie beliebig oft vervielfältigt werden. Die Konturen dienen dann zum Studium verschiedener Variationsmöglichkeiten: Verändern eines Gesichtsausdrucks, Verändern der Kleidung usw.

5. Thematische Variationen

- Comicfiguren in Alltagssituationen, z. B. beim Essen, beim Trinken, beim Friseur, beim Einkaufen, beim Rauchen, beim Umzug, bei der Hausarbeit, bei den Schulaufgaben usw.
- Märchen und Sagen in Bilderfolgen erzählt, z. B. Hans im Glück, Rotkäppchen, Dornröschen, Froschkönig, Till Eulenspiegel, Odysseus, Münchhausen, Hexen, Riesen, Zwerge
- Mein Tagesablauf, mein Lebenslauf, Tätigkeiten im Ablauf eines Jahres (Sport und Spiele, Gartenarbeiten)
- Szenen aus biblischen Geschichten, Kreuzwegstationen, Prozession
- Szenen aus dem Zirkus; Clown, Zauberer, Akrobat, Dompteur, Seiltänzer

Beispiel 32

Thema: *Weihnachtliche Bildmotive*

Technik: *Alle Techniken*

Bildproblem: *Erzählendes Zeichnen, kritische Auseinandersetzung mit dem Weihnachtskitsch*

Altersstufe: *1.–9. Schuljahr*

A. Didaktische Analyse

1. Information über die Sachstruktur

In den dunkelsten Tagen des Jahres sollte die Advents- und Weihnachtszeit eigentlich Gelegenheit geben, daß die Menschen in besinnlichen Stunden sich wieder näher kommen, mehr miteinander sprechen, besser einander zuhören und gemeinsame Erlebnisse pflegen. Statt dessen erreicht gerade in dieser Zeit das Hasten und Eilen seinen Höhepunkt. Die Vorbereitungen für das Fest, das Einkaufen von Geschenken, die obligatorischen Weihnachtsfeiern in den Vereinen, das Packen von Paketen und vieles mehr führt dazu, daß die Menschen sich nur noch erschöpft nach Ruhe sehnen, wenn endlich das Fest herangekommen ist. Weihnachten ist zur Hochkonjunktur kommerzieller Geschäftigkeit geworden. Lichterketten, erleuchtete Schaufenster, öffentliche Christbäume, Christkindlesmärkte mit verkleideten Weihnachtsmännern und viel stimmungsmachende Musik aus der Konserve sorgen dafür, daß die Menschen emotional aufgeladen werden und kritiklos reagieren. Für viele, denen der Wohlstand bereits alle materiellen Wünsche erfüllt hat, bietet die Touristikindustrie verlockende Möglichkeiten, zum Fest zu verreisen und die aufkommende innere Leere mit Vergnügungen und Abwechslungen zu überwinden. An die „stille, heilige Nacht" von Bethlehem denken bei all dem Trubel nur noch wenige.

2. Stellung des Kindes zum Unterrichtsziel

Für Kinder, vor allem für die jüngeren, die noch nicht von diesem traurigen „Ernst der Lebens" ergriffen wurden, hat das Weihnachtsfest noch nichts von seinem faszinierenden Glanz verloren. Sie singen in der Schule noch die alten Lieder, sie hören noch aufmerksam den alten Geschichten zu, sie basteln und werken oder üben ein Krippenspiel ein, um anderen zum Fest eine Freude zu machen. Sie ahnen noch nichts davon, daß wir längst nicht mehr in der romantisch-verklärten heilen Welt leben, in der man noch vom „holden Knaben im lockigen Haar" gesungen hat. Ihre Aufgeschlossenheit für die ungewöhnliche, spannungsgeladene Stimmung der Advents- und Weihnachtszeit macht sie aber auch zugänglich für alle Arten von Kitsch, der gerade jetzt seine üppigsten Blüten treibt. Darum darf sich der verantwortungsbewußte Lehrer nicht durch die Begeisterung der Kinder täuschen lassen. Die alljährlich gedankenlos wiederholten und abgeklapperten Themen der Sterne, Glöckchen, Tannenzweige mit Kerzen,

Weihnachtsmänner und süßlichen Engel sind kaum geeignet, bildnerisches Denken zu entwickeln und fachspezifische Sachverhalte zu vermitteln.

Jugendliche, die dem Weihnachtsrummel bereits distanzierter gegenüberstehen, können mit solchen Allerweltsthemen nicht mehr aktiviert werden. Entweder sind sie bereits dem weihnachtlichen Konsumzwang erlegen oder sie mokieren sich über den ganzen Feiertagsrummel. Im Hauptschulalter kann die kritische Auseinandersetzung mit den Praktiken der Warenästhetik, mit den optischen Medien der Werbung, mit Fotografie und Fernsehen neue Impulse bringen. Zweifellos enthalten die Massenmedien auch künstlerische Sachverhalte. Erst durch Urteilsschulung können die Schüler zu stichfesten Auswahlkriterien gelangen. Die theoretische Reflexion tritt in diesem Alter gleichberechtigt neben die Produktion eigener Bilder. Ein erfolgversprechendes Unterrichtsvorhaben ist die Untersuchung des Weihnachtskitsches in Plakaten, Verpackungen, Glückwunschkarten u. a. (vgl. auch Beispiel 35: Dürerbilder – verkitscht).

B. Methodische Hinweise zur Durchführung

1. Der Gabentisch

Grundschulkinder sind in ihrer naiven Gestaltungsfreude noch in der Lage, den Zauber der weihnachtlichen Bescherung wiederzugeben. Die ganze Familie – Geschwister, Eltern, Großeltern – sind einträchtig miteinander vereint und heben erfreut und lächelnd die Arme. Der mit allerlei Geschenken und Naschereien bedeckte Tisch wird einfach in die Bildebene geklappt, damit man genau sehen kann, was es da alles gibt. Auf diese Weise wird das Kompositionsproblem auf einfache Weise befriedigend gelöst. Solche Bilder, in den beliebten warmen Farben ausgemalt oder gleich mit dem Pinsel niedergeschrieben, geben die anheimelnde, weihnachtliche Stimmung überzeugend wieder (Abb. 146).

Abb. 146 Weihnachtliche Bescherung, Mädchen 1. Schj.

Beispiel 32

2. Der Christbaum

Die Christbäume der Abb. 147a und b bestehen aus geschriebener Schrift. In eine Bleistiftskizze wurden Weihnachtslieder oder das Weihnachtsevangelium so klein hineingeschrieben, daß man sie nicht mehr

Abb. 147a und b Texte von Weihnachtsliedern und des -evangeliums werden eng geschrieben zur Christbaumstruktur, Lehrerstudenten

lesen kann. Auf diese Weise entstand aus dem lebendigen Rhythmus der Handschrift eine dichte grafische Struktur, in der Lichter, Kugeln, Kerzen oder Bänder als belebende Akzente ausgespart wurden.

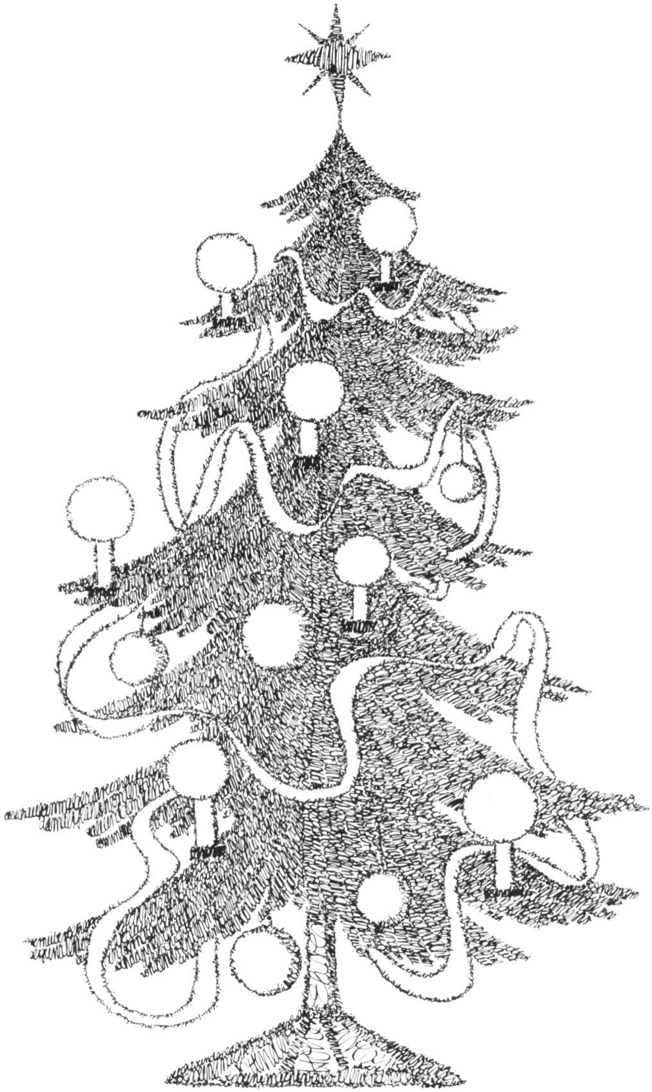

Abb. 147b

Beispiel 32

Bei dem Wirtschaftswunderbaum (Abb. 148) wird die Verfälschung des Weihnachtsfestes durch den Konsumzwang ironisch-kritisch glossiert. Der Baum entstand als Collage aus Dingen, die aus den „Konsumbibeln" der Versandhauskataloge ausgeschnitten wurden. Flaschen wurden zu Kerzen, Brillanten zu Lichtern, Perlenketten und Wurstwaren zu Christbaumschmuck. Das Tohuwabohu des Warenangebotes bekam durch Verfremdung einen neuen bildnerischen Sinn.

Abb. 148 Wirtschaftswunder-Weihnachtsbaum, Knabe 9. Schj.; Collage

3. Der Weihnachtsmarkt

Die Absprengtechnik mit Deckweiß und schwarzer Tusche ist besonders geeignet, die Stimmung der durch allerlei Lichter erhellten Winternacht treffend wiederzugeben. Erleuchtete Fenster, brennende Kerzen, Autoscheinwerfer spiegeln sich im Schnee. Schneeflocken oder Sterne beleben den schwarzen Himmel (Abb. 149). Wenn das Bild beim Abwaschen noch nicht befriedigt, kann es nach dem Trocknen mit Deckweiß oder anderen Farben verbessert werden.

Abb. 149 Christbaum in der Stadt, Mädchen 8. Schj.; Absprengtechnik

Das gleiche Motiv wurde bei der Abb. 150 als Collage aus Zeitungspapier auf schwarzem Karton gestaltet. Die Zeitung erhielt vor dem Ausschneiden der verschiedenen Formen zunächst eine Grundierung in vielen Grauabstufungen. Die Lichter des Christbaumes wurden mit einem Bürolocher ausgestanzt. Auch hier kann das fertige Bild noch mit Deckweiß nachbehandelt werden.

4. Die Heiligen Drei Könige

Das Bild der drei Sternsinger entstand auf die gleiche Weise aus grau eingefärbtem Zeitungspapier. Die Formen können ausgeschnitten oder gerissen werden. Oft entstehen durch das Reißen willkommene, lebendigere Konturen. Sind die Hauptformen aufgeklebt, dann werden sie mit allerlei Verzierungen aus kontrastierendem Papier ausgeschmückt.

Beispiel 32

Schon geringe Helligkeitsunterschiede genügen. Die nächtliche Stimmung soll nicht durch zu große Kontraste zerstört werden (Abb. 151).

Abb. 150 Christbaum in der Stadt, Knabe 8. Schj.; Collage

5. Die Weihnachtsgeschichte als Wandfries

Die Abb. 152, Seite 160, zeigt einen Ausschnitt aus einem 7 m langen Wandschmuck, der, auf eine breite Packpapierrolle gemalt, als Gemeinschaftsarbeit einer 8. Knabenklasse in der Adventszeit entstanden ist. In der Mitte befand sich der Stall von Bethlehem; von links näherten sich in langem Zug die Hirten mit ihren Schafen und Hunden, von rechts die drei Könige mit Kamelen, Pferden und Dienerschaft. Aus den ersten Entwürfen wurden in einer gemeinsamen Besprechung die ansprechendsten Figuren ausgewählt. Jeder Schüler erhielt seine besondere Aufgabe. Auch eine einheitliche Größe mußte festgelegt werden. Dann begann die Arbeit an der Wand. Zwei bis drei Schüler durften auch während anderer

Abb. 151 Sternsänger, Knabe 8. Schj.; Collage

Unterrichtsstunden zeichnen, wenn sie sich dort durch fleißige Mitarbeit bewährt hatten. Das wirkte sich als starker Ansporn in allen Fächern aus. Jede Figur wurde von der ganzen Klasse kritisch begutachtet und evtl. verbessert. Das Ausmalen erfolgte mit Kalkfarben, denen etwas Kleister beigemischt war. Bei einem weihnachtlichen Elternabend ernteten die Buben stolz ein großes Lob.

6. Glückwunschkarten zum Weihnachtsfest

Weihnachtskarten werden meist in größerer Anzahl verschickt. Deshalb eignet sich für ihre Herstellung ein Vervielfältigungsverfahren, das möglichst wenig Aufwand erfordert und von jedem Schüler an seinem Platz durchgeführt werden kann. Die Abb. 153 zeigt Weihnachtskarten, die nach der im Handbuch 55 (Beispiel 43) beschriebenen Methode als Frottagen entstanden sind. Sie können schwarz auf weiß oder umgekehrt, aber auch auf farbigem Tonpapier oder mit farbigen Wachskreiden hergestellt werden. Sauber ausgeschnitten, lassen sie sich, auf Postkarten geklebt oder als Faltkarten, in Briefumschlägen verschicken.

Abb. 153 Weihnachtskarten, Vervielfältigung durch Frottage

Für Mädchen, aber nicht nur für sie, ist eine genähte Weihnachtskarte eine beliebte Arbeit. Sie macht zwar einige Mühe, wirkt dafür aber auch besonders überraschend. Mit Nadel und weißem Faden wird das Motiv (bei Abb. 154a und b: Engel) auf schwarzem Karton aufgenäht. Die von Loch zu Loch gespannten Fäden erlauben keine kurvigen Linien. Das ist aber kein Nachteil, weil dadurch einem übertriebenen Naturalismus entgegengearbeitet wird. Die fertigen Bilder werden auf weißes Papier geklebt, damit die Rückseite verschwindet. Auch von diesen Karten lassen sich Frottagen herstellen.

Abb. 154a, b Weihnachtsengel, auf Pappe aufgenäht, Lehrerstudenten

7. Weitere Anregungen für weihnachtliche Motive

In diesem Buch die Beispiele

1: Religiöse Bildmotive, 9: Leuchtbilder, 20: Feuer und Lichter bei Nacht, 33: Weihnachtsbilder aus drei Stilepochen

In Handbuch 55 die Beispiele

5: Landschaft mit Eisenbahn, 33: Dorf im Winter, 46: Nußknacker, 50: Text in Blockschrift, 52: Kerzen und Sterne, 56: Christbaumverkäufer, 57: Eingeschneites Walddorf, 64: Heilige Drei Könige (vergl. auch Abb. 155, S. 160)

Beispiel 33

Thema: *Weihnachtsbilder aus drei Stilepochen*

Technik: *Kupferstich, Radierung, Holzschnitt*

Bildproblem: *Vergleichende Kunstbetrachtung*

Altersstufe: *5.-9. Schuljahr*

A. Didaktische Analyse

Sachinformation

Dieses Unterrichtsbeispiel steht in engem Zusammenhang mit den Ausführungen über die Möglichkeiten einer Kunstbetrachtung, die an Dürers Apokalyptischen Reitern (Beispiel 34, S. 191) aufgezeigt werden. Neu daran ist, daß diesmal gleich drei Bilder zum gleichen Thema miteinander verglichen werden sollen. Die Frage: Was ist dargestellt? beantwortet sich also immer gleich. Das primär auf den gegenständlichen Inhalt der Bilder gerichtete Interesse der Kinder verliert an Gewicht. Dagegen werden die anderen W-Fragen nach der *bildnerischen Technik,* nach der *Entstehungszeit* und den *unterschiedlichen Ausdrucksformen* der drei Künstler größere Bedeutung erhalten. Bei der abschließenden und zusammenfassenden Auslegung und Deutung des geistigen Gehalts wird sich dann zeigen, daß trotz aller Unterschiede im Technischen, Stilistischen und Zeitgebundenen wieder Übereinstimmung besteht.

B. Praktische Hinweise zur Durchführung

Da alle drei Bilder Schwarzweißdarstellungen sind, lassen sie sich auf einfache Weise vervielfältigen und können jedem Kind zur genaueren Betrachtung in die Hand gegeben werden. Ihre Vervielfältigung mit modernen Apparaten ist zu vertreten, weil sie ja von den Künstlern selbst in Techniken ausgeführt wurden, die eine weite Verbreitung ermöglichen sollten. Mit der Reproduktion von Grafiken kann den Kindern auch gezeigt werden, daß der Wert eines Kunstwerkes nicht allein im Material steckt. Reproduktionen sind gerade in einer demokratischen Gesellschaft geeignet, echte Kunst unter das Volk zu bringen. Jeder, der daran interessiert ist, kann Besitzer und Sammler werden. Das pastos gemalte Ölbild mit seinem protzigen Rahmen im Wohnzimmer ist keineswegs wertvoller, weil es von Hand hergestellt wurde. Wer das denkt, zeigt nur, wie wenig er vom künstlerischen Gehalt versteht.

1. Die Künstler und ihre Zeit

Martin Schongauer lebte von ca. 1430 (nach anderen Angaben von 1453) bis 1491 in Breisach und war zu seiner Zeit durch seine mehr als hundert signierten Kupferstiche weit bekannt. *Dürer* schätzte ihn so hoch, daß er sich zu einer Reise ins Elsaß aufmachte, den Meister aber nicht mehr lebend antraf. Schongauer gilt als Hauptmeister der deutschen *Spätgotik.* In seinen eigenhändig hergestellten Kupferstichen vervollkommnete er diese Technik zu einer bisher unbekannten Höhe. Was Dürer an der Schwelle der beginnenden Neuzeit wohl am meisten gereizt haben wird, sind Schongauers klar aufgebaute Kompositionen, die den neuen Geist der Renaissance ahnen lassen. Trotz überlegter und durchdachter Anordnung besitzen seine Figuren und Tiere eine natürliche Anmut. Sie stehen stets bildbeherrschend und durch Licht und Schatten plastisch modelliert im Mittelpunkt. Architektur und Landschaft werden nur nebensächlich dargestellt und sind oft nur Mittel der Blickführung. Schongauer hat die Reformation nicht mehr erlebt. Der Marienkult seiner Zeit findet in seinen Bildern noch vielfältigen Ausdruck.

Rembrandt lebte fast 200 Jahre später (1606–1669) in den Niederlanden und gilt als Hauptmeister der holländischen Malerei, sogar der Weltkunst des 17. Jahrhunderts. Während in dieser Zeit in Deutschland der schreckliche Dreißigjährige Krieg tobte, hatte das niederländische Volk den heroischen Kampf ums Dasein und um seine religiöse Freiheit bereits hinter sich und stand am Beginn eines ungeheuren wirtschaftlichen Aufschwungs. Die spanische Fremdherrschaft war überwunden. Auch Rembrandt befaßte sich oft und intensiv mit biblischen Themen. Die

Bibelübersetzung in die Sprache des Volkes mag dabei wohl eine Rolle gespielt haben. Dürers Holzschnitte von der großen Passion und vom Marienleben übten einen starken Einfluß auf ihn aus. Von der aus Italien kommenden neuen Mode der Renaissance hielt er aber wenig. Von Rembrandt sind über 300 meist kleinformatige Radierungen erhalten. Die neue Technik erlaubte dem Künstler die Darstellung von Szenen, die sich meist in dämmerigen, durch starke Hell-Dunkel-Gegensätze dramatisierten Innenräumen abspielen. Eine meisterhafte Behandlung der Tonwerte mildert harte Kontraste und führt zu einer bisher unbekannten Verinnerlichung und Vertiefung der Darstellung. Das Licht und seine Führung wird zum Hauptanliegen seiner Bilder, wie wir das ja auch aus der *Barock*architektur dieser Zeit kennen.

Ruth Schaumann, 1899 in Hamburg geboren, gelangte in München als Bildhauerin, Grafikerin und Dichterin wiederum über 200 Jahre später zu allgemeiner Anerkennung und wurde mit mehreren Preisen und Orden ausgezeichnet. Unter dem Einfluß des Ersten Weltkrieges und der Revolution in der modernen Kunst wandte sie sich von der sentimentalen und illustrativen religiösen Malerei des 19. Jahrhunderts ab. Mit einfachen, fast kargen Holzschnitten versuchte sie, biblische Inhalte so darzustellen, daß der von Hast, Unruhe und Oberflächlichkeit getriebene moderne Mensch aufmerksam und nachdenklich werden mußte. Ihre Bilder müssen im Zusammenhang mit der nüchternen, auf das Wesentliche beschränkten Architektur unserer Tage gesehen werden. Als Mutter von fünf Kindern gelangen ihr Mariendarstellungen, mit denen sie sich identifizieren kann, besonders eindrucksvoll.

2. Die bildnerischen Techniken

Der *Kupferstich* ist ein Tiefdruckverfahren, das sich nach 1400 und nach der Erfindung der Papierherstellung in Europa schnell ausgebreitet hat, weil es bis zu 1000 Kopien einer Zeichnung ermöglichte. Mit einem Grabstichel werden in eine polierte Kupferplatte Linien eingeritzt. Durch wechselnde Stärke des ausgeübten Druckes variiert die Breite und Tiefe der entstehenden Rillen. Die bearbeitete Platte wird mit Druckerschwärze eingerieben und anschließend wieder abgewischt. Die in den vertieften Linien verbliebene Farbe wird unter Druck auf angefeuchtetes Papier übertragen. Seit dem 17. Jahrhundert wurde der Kupferstich durch die Radierung verdrängt. In der Schule können heute in ähnlicher Weise Tiefdrucke auf Kunststoffplatten (Zelluloid oder Preßspan) hergestellt werden, die sich leichter ritzen lassen.

Auch die *Radierung* ist ein Tiefdruckverfahren. Dabei wird die Kupferplatte auf beiden Seiten mit einer dünnen, von Säuren nicht angreifbaren Schicht aus Wachs, Harz oder Asbest, dem Ätzgrund, überzogen. Die Zeichnung braucht jetzt mit der Radiernadel nur in die Isolierschicht eingeritzt zu werden, damit das Kupfer freigelegt wird. In einem Säurebad frißt sich die Säure in die freiliegenden Stellen der Kupferplatte ein. Der Druck erfolgt wie beim Kupferstich nach Reinigung der Platte. Die Vorteile dieser Technik liegen auf der Hand. Da keine große Kraftanstrengung mehr nötig ist, kann die zeichnende Hand sich so schnell und frei bewegen wie auf dem Papier. Korrekturen werden möglich, weil Mißlungenes erneut mit Ätzgrund abgedeckt werden kann. Diese Technik war für Rembrandt ein ideales Verwirklichungsmittel. Die schnell und beweglich zu führende Radiernadel erlaubte eine unmittelbare persönliche Strichführung. Zartere Linien wurden möglich, konnten aber durch erneutes Abdecken oder durch längere Ätzdauer verändert werden. Rembrandts Hauptanliegen, Stimmungen durch Hell-Dunkel-Übergänge zu erzeugen, mußten mit dieser Technik besonders gut gelingen.

Der *Holzschnitt* ist ein Hochdruckverfahren, das schon lange vor der Erfindung des Papiers als Zeug- oder Stoffdruck angewendet wurde. Dabei werden aus einer Holzplatte, umgekehrt wie beim Kupferstich, die Teile herausgeschnitten, die nicht drucken sollen. Die aufgetragene Zeichnung bleibt also ähnlich wie bei einem Stempel erhaben stehen. Der geschnittene Holzstock wird dann mit einer Walze eingefärbt und auf angefeuchtetes Papier abgedruckt. Da der Buchdruck nach der gleichen Weise verfährt, war es möglich, Holzschnitte als Abbildungen in Büchern zu verwenden. Den Höhepunkt erreichte der Holzschnitt bei Dürer (vgl. Beispiel 34: Apokalypse). Danach geriet er durch die Radierung in Vergessenheit. Erst zu Beginn unseres Jahrhunderts erlebte er in der modernen Grafik eine Wiederbelebung. Expressionistische Künstler wie *Edvard Munch* und *Emil Nolde* benutzten absichtlich den kantigen und groben Schnitt, um unter Beachtung der Materialgesetzlichkeit des Holzes die charakteristischen Merkmale des Werkvorganges zur Steigerung der Ausdruckskraft ihrer Bilder zu benutzen. In der Schule kann auf einfachere Weise das Hochdruckverfahren mit Linolschnitten praktiziert werden.

3. Formbestand und geistiger Gehalt der Bilder

Schongauer (Abb. 156): Maria kniet bildbeherrschend in der Mitte des quadratischen Formats. Die beiden Diagonalen schneiden sich über ihrer Brust, dort, wo sich auch ihre Arme kreuzen. Es entsteht ein Andreaskreuz, das an den späteren Kreuzestod des Kindes erinnert. Die Blickführung durch die Diagonalen wird an vielen Stellen der Komposition aufgegriffen: Dach und Mauer, stützende Holzstangen, Falten des Kleides, ein Stein links unten, Windel und Strohbündel rechts unten. Durch die beiden Diagonalen wird das Quadrat in vier dreieckige Felder aufgeteilt, die mit ihren Spitzen in der Mitte zusammenstoßen. Die Inhalte dieser Dreiecke sorgen für eine gleichgewichtige Verteilung. Im linken Dreieck nähern sich zwei Menschen. In der Ferne sieht man einen Hirten bei seinen Schafen. Im rechten Dreieck befinden sich Ochs und Esel. Ebenso entsprechen die Engel im oberen Dreieck dem Kind im unteren. Die Anordnung dieser Inhalte enthält einen tieferen Sinn: Rechts und links, also in der Waagerechten, befinden sich Menschen und Tiere, also irdische Wesen; oben und unten aber, in senkrechter Anordnung, Engel und Jesuskind, also himmlische Wesen. Auch auf diese Weise wird ein Kreuz angedeutet. Dabei ragt Maria als einziges irdisches Lebewesen mit ihrem Heiligenschein in das Himmelsfeld hinein: Sie ist göttliche Magd

Abb. 156 Martin Schongauer, Kupferstich

und Himmelskönigin zugleich. Der Stall von Bethlehem wird als armselige Ruine dargestellt, durch die von allen Seiten der Wind bläst. Das Kind liegt nackt auf dem kalten Boden. Die Tiere schauen verwundert, vielleicht auch voller Mitleid auf das Kind und scheinen es mit ihrem Atem erwärmen zu wollen.

Rembrandt (Abb. 157) verlegt das Geschehen in einen geschlossenen Stall, dessen dämmeriger Innenraum von einer Öllampe spärlich erleuchtet wird. 1654, als diese Radierung entstand, hatte das Leben des gefeierten Künstlers eine tragische Wende genommen. Durch den frühen Tod seiner Frau, durch wirtschaftliche Schwierigkeiten und Anfeindungen seiner Zeitgenossen lebte er verbittert und zurückgezogen in größter Armut. Die Bibel spendete ihm in seiner Einsamkeit Trost. In dieser Radierung spürt man deutlich, wie er bei der Darstellung der Geburt seine eigene tiefe Ergriffenheit und Armseligkeit zum Ausdruck bringt. Neugierig drängen von links die Hirten herein und versinken vom Licht geblendet in Andacht. Rechts wird der Raum in Finsternis getaucht, aus dem nur die Köpfe der Tiere aufleuchten. Das Kind ruht in Windeln gewickelt im Schoße seiner Mutter, Maria hebt ihr Kopftuch, das sie schützend über das Kind gehalten hatte. Josef breitet still und wortlos seine Arme aus, als könnte er das Wunder selbst nicht fassen. Rembrandts Vorliebe für eine Gestaltung in abgestuften Hell-Dunkel-Tönen führt bei der Darstellung dieser Szene zu einer eindrucksvollen Geschlossenheit und stimmungsvollen Innerlichkeit. Mit dem Jesuskind ist das Licht in diese arme Welt gekommen, so wie es im Liede heißt: „Das ewig' Licht geht da herein und gibt der Welt einen neuen Schein."

Abb. 157 Rembrandt, Radierung

Schaumann (Abb. 158): Der Holzschnitt verzichtet auf weiche Zwischentöne. Hart stoßen schwarze und weiße Flächen aufeinander. Aber auch das wird wirkungsvoll ausgenutzt, um Geistiges sichtbar zu machen. Eine schwarze Säule teilt das Bild in zwei Hälften, eine linke irdische mit den beiden Tieren und eine rechte himmlische mit der weißgekleideten Maria. Nur eine Krippe verbindet die beiden Hälften, und das Kind ragt weit in den linken Teil hinein. Vom dunklen Himmel fällt der helle Strahl des Sterns von Bethlehem auf das Kind. Er überschneidet die schwarze trennende Säule und taucht den Stall in helles Licht. Damit wird sichtbar ausgedrückt, wie Gott seinen Sohn in die Welt geschickt und Himmel und Erde wieder versöhnt hat.

Abb. 158 Ruth Schaumann, Holzschnitt

4. Vorschläge für die Unterrichtspraxis

- Gemeinsame Betrachtung und Besprechung einzelner Bilder anhand einer Dia- oder Episkopprojektion.
- Verteilung von Vervielfältigungen an alle Schüler. Die Kopien können ausgemalt oder wichtige Kompositionslinien der Bildordnung nachgezeichnet werden.
- Die Bilder können in Teile zerschnitten werden. Die untereinander gemischten Teile müssen wieder sortiert und neu zusammengesetzt werden. Dabei werden die durch die verschiedenen Techniken bedingten Strukturen hilfreich sein.
- Die historische und kunstkundliche Betrachtung wird durch eigene Gestaltungsversuche ergänzt. Diese können darin bestehen, daß
  - das Motiv vor der Kunstbetrachtung nach Lehrerdiktat gezeichnet wird;
  - Hoch- und Tiefdrucktechniken im Unterricht ausprobiert werden;
  - Einzelteile, die in allen drei Bildern vorhanden sind, groß herausgezeichnet und verglichen werden, z. B. Ochs, Esel;
  - die Hauptpersonen ausgeschnitten und auf ein leeres Blatt geklebt werden. Anschließend sollen sie eine veränderte Umgebung erhalten,

- eines der drei Bilder nach eingehender Betrachtung aus dem Gedächtnis nachgezeichnet wird;
- nur die Hauptlinien eines Bildes auf einem durchsichtigen Pergament- oder Architektenpapier nachgezeichnet werden, alles andere aber aus dem Gedächtnis ohne Vorlage ergänzt wird;
- die Hauptfiguren auf dünnen Karton übertragen, ausgeschnitten und in Frottage- oder Pappedruckverfahren für die Herstellung von Weihnachtskarten verwendet werden;
- ein Bild im Rasterverfahren (Beispiel 23, Seite 128) vergrößert auf Karton übertragen wird. Die Hauptlinien werden zu Stegen für ein Transparent verbreitert, eventuell noch weitere Stege eingezeichnet, die für Stabilität und Zusammenhalt sorgen. Nach dem Hinterkleben mit farbigem Transparentpapier entsteht ein großes Leuchtbild für das Fenster.
- Weitere Anregungen für Weihnachtsbilder bringen das Beispiel 32, Seite 174 und im Handbuch 55 die Beispiele 46: Nußknacker, 52: Kerzen und Sterne, 56: Christbaumverkäufer, 64: Heilige Drei Könige.

- Ähnliche Vergleiche lassen sich auch mit farbigen Reproduktionen durchführen, wenn dafür Kunstpostkarten verwendet werden. Das gleiche gilt für den Vergleich von Bauwerken oder Plastiken.
- Der Bildvergleich führt zwar zu einem größeren Verständnis für künstlerische Sachverhalte; er darf aber nicht das alleinige Mittel der Kunstbetrachtung bleiben. Kunstwerke sollen nicht nur lehr- und verstandesmäßig zerpflückt und zerredet werden, sie sollen auch zum Erlebnis führen. Ein wirkliches Ergriffensein läßt sich im normalen Schulunterricht nur schwer erreichen. Gerade Weihnachtsbilder sind dafür aber besonders geeignet, wenn sie im Rahmen einer musischen Feierstunde, etwa einer Adventsfeier, bei Kerzenschein und im Zusammenhang mit Liedern, Gedichten, kleinen Spielszenen und Lesungen dargeboten werden. Im weihnachtlich geschmückten Klassenzimmer, evtl. auch im Rahmen eines Elternabends, wird die Vorfreude auf das Fest für eine aufnahmebereite Einstellung sorgen. Für viele Kinder bringt eine solche Stunde die Besinnung, auf die sie zu Hause vor lauter vorweihnachtlicher Geschäftigkeit verzichten müssen.
- Alte, im Zuge der Schulreform ausrangierte Lesebücher enthalten oft wertvolles Bildmaterial für Kunstbetrachtungen. Wer sich die Arbeit macht, brauchbare Abbildungen vor der Vernichtung der Bücher auszuschneiden und zu sammeln, hat immer genügend Material zur Hand. Die beiden Bilder von Schongauer und Schaumann stammen z. B. aus einem alten bayerischen Lesebuch für den 5./6. Schülerjahrgang. In Kreis- und Stadtbildstellen können zahlreiche Diaserien ausgeliehen werden. Oft bringen auch Tageszeitungen zu Weihnachten und Ostern in ihren Festausgaben brauchbare Abbildungen alter Holzschnitte.

Beispiel 34

Thema: *Dürer: Die vier apokalyptischen Reiter*

Technik: *Holzschnitt 28 × 39 cm, 1498* – Puzzle-Spiel

Bildproblem: *Möglichkeiten aktiver Kunstbetrachtung*

Altersstufe: *3.–9. Schuljahr*

A. Didaktische Analyse

1. Mögliche Zugänge bei der Betrachtung von Kunstwerken

Im Kunstunterricht sind bildnerische Produktion und bildnerische Reflexion eng miteinander verbunden. Herstellen fördert das Denken ebenso, wie Denken das eigene Machen und Tun befruchtet. Trotzdem kommt in der Praxis des Zeichnens und Malens die Werkanalyse und Interpretation meist zu kurz. Wenn das schon bei der eigenen Produktion so ist, dann gilt das in viel stärkerem Maße für die Kunstbetrachtung. Eine bewußte Auseinandersetzung mit Kunstwerken durch genaue und gezielte Beobachtung ist mehr als das, was in der Herstellung von eigenen Bildern gelernt werden kann. Darum soll in diesem Unterrichtsbeispiel gezeigt werden, welche Möglichkeiten bestehen, um tiefer in ein Kunstwerk einzudringen.

Wir behelfen uns dabei mit einer Reihe von W-Fragen, die jeweils von einem anderen Aspekt aus das Werk untersuchen:

Wer: Dabei geht es um einen biographischen Zugang, der Daten des Verfassers zusammenträgt, Selbstzeugnisse und Zitate aus seinen Schriften berücksichtigt.

Was: Hier wird nach den thematischen Inhalten, den Motiven, den dargestellten Personen und Gegenständen gefragt.

Womit: Mit welchem Material und Werkzeug wurde gearbeitet? Bildnerische Technik, Maße, vorbereitende Skizzen sind hier gefragt.

Wann: Das Werk wird im Zusammenhang mit der Zeit seiner Entstehung gesehen. Historische, politische, soziale und stilistische Verhältnisse werden erkundet.

Wie: Dabei geht es um eine Analyse der Bildstruktur, wobei der formale Werkbestand möglichst objektiv auf seine bildnerischen Mittel hin untersucht wird.

Warum: Eine Interpretation soll den geistigen Gehalt aufdecken. Durch eine Auslegung und Deutung werden alle bisher gefundenen Faktoren und Bezüge zusammengefaßt. Dabei wird versucht, Sinn und Wert des Werkes, auch seine zeitlose Gültigkeit, zu umreißen.

2. Betrachtungs- und Arbeitsmethoden

Die sechs W-Fragen führen in der Praxis zu bestimmten Arbeitsmethoden, die den Schülern vermittelt und von ihnen eingeübt werden sollen. Sie stellen kein starres Schema dar, sondern können von Werk zu Werk wechseln. Sie sollten auch auf das jeweilige Leistungsvermögen der Schulklasse Rücksicht nehmen. Beginnend bei einem unreflektierten, gefühlsmäßigen ersten Eindruck über eine stille Betrachtung oder über gezielte Beobachtungsaufgaben kommt man zu einer Diskussion. Kleinere Schülergruppen können versuchen, vorbereitend für die eine oder andere W-Frage Material zusammenzutragen. Eine tätige Analyse des Werkes durch Form- und Farbauszüge oder durch Kompositionsskizzen kann zu einer eingehenderen Betrachtung führen und das Bedürfnis wecken, sich mit dem Thema in einer eigenen freien Nachgestaltung zu beschäftigen. Der Vergleich mit ähnlichen Arbeiten des gleichen Malers oder anderer Künstler erweitert und vertieft die Einsichten.

3. Einstellung der Schüler zur Kunstbetrachtung

Sie hängt von der Altersstufe, von der jeweiligen Interessenlage, aber auch vom vorhandenen Vorwissen ab. Im allgemeinen interessiert am Anfang das „Was" am meisten. Eigene Erfahrungen mit bestimmten bildnerischen Techniken machen auch das „Womit" interessant. Versteht es der Lehrer, Persönlichkeit und Lebensweg des Künstlers spannend zu schildern, dann ist auch der biographische Zugang zu seinem Werk sehr erfolgreich. Dasselbe gilt für den historischen Aspekt, wenn im parallellaufenden Geschichtsunterricht die nötigen Voraussetzungen geschaffen wurden. Die größten Schwierigkeiten entstehen bei den Fragen nach dem „Wie" und „Warum". Schon *Goethe* hat dazu bemerkt:

„Den Stoff sieht jedermann vor sich, → *(was, womit)*
den Gehalt findet nur der, der etwas hinzu tun kann. → *(warum)*
Die Form bleibt ein Geheimnis den meisten." → *(wie)*

Das „Wie", die Frage nach den bildnerischen Mitteln, sollte wenigstens in Hauptschulklassen zu beantworten sein, wenn nach dem eigenen Zeichnen und Malen immer wieder in Schlußbetrachtungen darüber gesprochen wurde. Das „Warum" aber wird nur dann eine befriedigende Antwort finden, wenn der Lehrer selbst vom Sinn und Wert eines Kunstwerkes überzeugt ist und seine Deutung in überzeugender und mitreißender Weise zum Ausdruck bringt.

Wir bringen in diesem Unterrichtsbeispiel eine ungewöhnliche Arbeitsweise, die vielleicht bei manchen Lesern auf Ablehnung stößt. Ein Bild *Dürers* wird in viele Teile zerschnitten und soll in der Art eines Puzzle-Spiels von den Kindern wieder zusammengesetzt werden. Das ist gewiß keine Methode, die einer fachgerechten Werkanalyse entspricht. Sie ist aber kindgemäß, weil sie dem unbeschwerten Spielbedürfnis entspricht. Versuche damit haben gezeigt, wie auf diese Weise auch uninteressierte Schüler zu einer vertieften Auseinandersetzung mit Kunstwerken geführt werden können.

B. Praktische Hinweise an einem Beispiel

1. Albrecht Dürer: Die vier apokalyptischen Reiter (1498)

Wer: Das Bild (Abb. 159) gehört zu dem 15teiligen großen Holzschnittwerk, das Dürer mit 27 Jahren in eigener Werkstatt druckte und verlegte. Die Zeichnung stammt von ihm selbst, der Druckstock wurde von einem Formschneider nach Dürers Angaben geschnitten. Auf der Rückseite der Blätter waren in deutscher und lateinischer Sprache die entsprechenden Bibeltexte aus der Offenbarung des Johannes aufgeführt. Diese Bilder machten Dürer binnen kurzer Zeit bekannt und berühmt. Seit zwei Jahren hatte er sich in Nürnberg eine eigene Werkstatt eingerichtet. Seit vier Jahren war er verheiratet. Seine Frau hielt die Drucke auf dem Markt feil, wo sie reißenden Absatz fanden.

Abb. 159 Albrecht Dürer, Die apokalyptischen Reiter

Beispiel 34

Was ist dargestellt: Dürer hat sich bei der Darstellung genau an die Vision des Johannes gehalten, in der vier Reiter zur Zeit des Weltgerichts mit Pfeil und Bogen, mit Schwert, Waage und Höllendreizack ein Viertel der sündigen Menschheit vernichten. In Luthers Bibelübersetzung heißt es:

> „Und ich sah ein weißes Pferd. Und der darauf saß, hatte einen Bogen; und ihm ward gegeben eine Krone, und er zog aus sieghaft, und daß er siegte.
>
> Und es ging heraus ein anderes Pferd, das war rot. Und dem, der darauf saß, ward gegeben, den Frieden zu nehmen von der Erde und daß sie sich untereinander erwürgten; und ihm war ein großes Schwert gegeben.
>
> Und ich sah ein schwarzes Pferd. Und der darauf saß, hatte eine Waage in seiner Hand ...
>
> Und ich sah ein fahles Pferd. Und der darauf saß, des Name hieß Tod, und die Hölle folgte ihm nach.
>
> Und ihnen ward Macht gegeben, zu töten den vierten Teil auf der Erde mit dem Schwert und Hunger und mit dem Tod und durch die Tiere auf Erden."

Es fiel den Zeitgenossen Dürers sicher nicht schwer, die Waffen der vier apokalyptischen Reiter mit ihren eigenen Nöten und Ängsten in Verbindung zu bringen. Pfeil und Bogen bedeuteten Seuchen und Pestilenz, das Schwert stand für Krieg, die Waage für Teuerung und Hungersnot und der Dreizack für Tod und Höllenpein. Daß niemand diesen vier Plagen entgehen konnte, ist deutlich am unteren Bildrand abzulesen: Männer und Frauen, Junge und Alte, Hausfrau, Kaufherr, Bauer, ein Mönch mit Tonsur, sogar ein König werden vom Rachen der Hölle verschlungen. Der Hufschlag der rasenden Pferde wirbelt riesige Staubwolken auf. Göttliche Blitzbündel brechen wie Pfeilspitzen herein, und ein Engel mit ausgebreiteten Flügeln begleitet den in Windeseile dahinbrausenden Zug, damit jeder sehen konnte, daß die Reiter auf Gottes Befehl ausgeschickt waren.

Bei eingehenderer Betrachtung findet man immer neue Details, die den Eindruck des Schreckens steigern: Der Tod wird als abgemagerter Greis auf einem dürren, müden Gaul dargestellt; der Hunger schwingt seine Waage wie eine Hetzpeitsche; der Höllenrachen mit seinen spitzen, langen Zähnen; die flatternden Pferdedecken, Pferdeschwänze, Gewänder usw.

Womit: Die Herstellung des Bildes als Holzschnitt ist zwar eine mühselige Arbeit, ermöglicht aber viele und schnelle Abzüge. Dürer mußte mit dem Verkauf dieser Drucke seinen Lebensunterhalt bestreiten. Wirtschaftliche Interessen spielten also eine gewisse Rolle. Aufträge für größere Einzelarbeiten waren selten, solange der Künstler noch nicht bekannt und allgemein anerkannt war. Die bildnerische Technik des Holzdrucks ist den Schülern vielleicht bereits vom Linolschnitt her bekannt. Dann werden sie auch verstehen, wieviel Sorgfalt in unserem Bild darauf verwendet werden mußte, alle schwarzen Linien, Konturen, Schraffuren als erhabene Stege in der Holzplatte stehenzulassen.

Wann: Dürer lebte in einer Zeit großer geistiger, politischer und wirtschaftlicher Umwälzungen. Die Spätgotik ging zu Ende. Dürer mußte sich als junger Künstler mit der Reformation und der aus Italien kommenden

„modernen Kunst" der Renaissance auseinandersetzen. Die Pest wütete in Nürnberg. Die Türken bedrohten die Grenzen des Deutschen Reiches. Rebellierende Bauern überfielen Ritterburgen. Humanistische Intellektuelle interessierten sich mehr für die Antike als für die Bibel. In dieser Zeit, in der viele überkommene Werte fragwürdig wurden, suchte Dürer Halt, indem er sich an das Wort Gottes klammerte.

Wie: Mit den bildnerischen Mitteln der Grafik hat Dürer ein Werk geschaffen, das uns heute vielleicht zuerst verwirrt, weil es schwer zu überschauen ist. Wir sind an einfachere Formen gewöhnt und haben andere Sehgewohnheiten als die Zeitgenossen Dürers. Diese fanden an den komplizierten Figuren der Spätgotik nichts Außergewöhnliches, waren noch nicht durch farbige Gestaltungen verwöhnt und hatten auch genügend Zeit, sich lange und bedächtig in eine Darstellung zu vertiefen. Wenn wir heute das Bild verstehen wollen, dürfen wir nicht hastig und oberflächlich darüber hinwegfliegen, wie wir es uns bei der täglich auf uns eindringenden Bilderflut angewöhnt haben.

Zunächst fällt auf, daß in dem Bild kaum Senkrechte und Waagerechte, ja noch nicht einmal viele gerade Linien vorkommen. Es fehlen auch große Helligkeitsunterschiede, wodurch sich die Figuren etwa vom Hintergrund besser abheben würden. Nur helle Wolken am dunklen Himmel stehen über einer schraffierten Erde. Die Fülle bewegter Linien erzeugt große Unruhe, die es schwer macht, einzelne Figuren zu erkennen. Erst bei längerem Betrachten stellt man fest, daß es in dem Linienaufruhr bestimmte rhythmisch gleichlaufende Bewegungen gibt. Das gilt vor allem für die Pferde, deren Köpfe und geknickte Vorderbeine in einer diagonal ansteigenden Kette aufgereiht sind. Die Hinterbeine sind nicht zu sehen. Man erkennt nicht, woher sie kommen. Sie scheinen durch die Luft zu fliegen und die Menschen wie von oben in der rechten unteren Bildecke zusammenzuquetschen. Das kümmert die vier Reiter nicht. Ihr Blick geht in die Weite auf ein nächstes Ziel. Nur der Tod auf seinem ausgemergelten Klepper schwingt seine Gabel, als wollte er die Menschen wie Kehricht zusammenschaufeln und dem Höllenrachen übergeben.

Hochformat und hochgelegter Bildschwerpunkt verstärken den Eindruck des Bedrohlichen. Trotz aller Unruhe hat Dürer die kompositionelle Anordnung wohl durchdacht. Der Diagonalkette der Reiter, die vom erhobenen Schwert noch einmal aufgegriffen wird, entsprechen an mehreren Stellen kleinere Gegendiagonalen, so z. B. beim Dreizack des Todes, bei dessen Schulterumhang, bei dem Waagbalken und dem Pferdehalsband des mittleren Reiters. Nach oben hat die Komposition durch die ausgebreiteten Flügel des Engels einen Abschluß gefunden. Solche begrenzenden, rahmenparallele Linien finden sich auch noch an anderen Stellen.

Warum: Das Bild drückt aus, was die Menschen zu Dürers Zeiten innerlich bewegte. Sie ahnten etwas von der großen Zeitwende und horchten nervös und ängstlich auf übernatürliche Zeichen, die das Ende der Welt ankündigen könnten. Dürers Bilder kamen diesem Gefühl entgegen, machten unklar Empfundenes sichtbar, wurden sofort verstanden und wirkten wie aufrüttelnde Predigten. Mit dem, was uns heute an diesem Holzschnitt fremd und überladen vorkommt, traf Dürer gerade den richtigen Volkston.

Kann die Betrachtung dieses alten Bildes uns modernen Menschen noch etwas geben? Pest und Hunger schreckt uns nicht mehr, wohl aber Kriegsgefahr, Krankheit und Tod. Andere Ängste sind dafür aufgetaucht: Atombomben, Kernkraftgefahren, Umweltzerstörung und mehr.

2. Ein Puzzle-Spiel

Die Vervielfältigung von Zeichnungen, Holzschnitten, Radierungen macht in der Schule heute keine Schwierigkeiten. Dadurch kann jedem Schüler leicht ein eigenes Exemplar in die Hand gegeben werden. Er kann es in

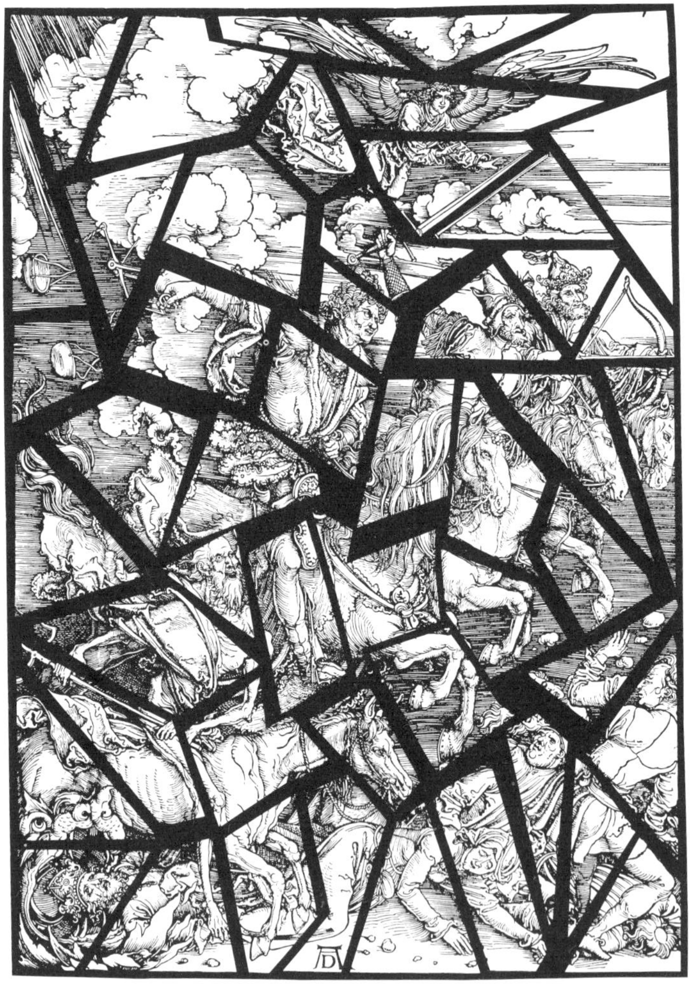

Abb. 160 Dürers Holzschnitt als Puzzle-Spiel

20–30 Schnipsel zerschneiden und anschließend wieder zusammensetzen (Abb. 160). Wem das nicht gelingt, der darf auf einer unzerschnittenen Vorlage nachschauen. Wer fertig ist, tauscht mit einem Kameraden seine Schnipsel aus und versucht es aufs neue. Das macht den Kindern großen Spaß. Unbewußt werden sie gezwungen, genau hinzusehen und nach weiterlaufenden Linien und Strukturen zu suchen. Da gibt es z.B. vier Pferdeköpfe, vier Pferdebeinpaare, neun menschliche Köpfe. Wo gehören sie hin? Man kann die Zeit bis zur Fertigstellung des Bildes messen und feststellen, daß es leichtere und schwerere Puzzles gibt. Die Schwierigkeit steigt mit der Anzahl der Schnipsel. Manche Schüler zerschneiden ihr Bild so, daß man sich nicht mehr an gegenständlichen Details orientieren kann.

3. Ausmalen der Kopie

Mit Bunt- oder Filzstiften werden Farben in eine unzerschnittene Kopie eingetragen. Nicht wahllos bunt, sondern um Schwerpunkte zu betonen, um Figuren vom Hintergrund abzuheben, um Tonigkeit durch Abstufung weniger Farben zu erzeugen, um durch widerräumlichen Einsatz der Farben den expressiven Charakter des Bildes zu steigern.

4. Löcher ausfüllen

Verlorengegangene Teile des Puzzle-Spieles oder absichtlich herausgeschnittene Fenster im Bild werden mit der Feder oder dem schwarzen Kugelschreiber wieder ergänzt. Dabei muß darauf geachtet werden, daß angrenzende Linien und Strukturen unauffällig weitergeführt werden. Auch das macht den Kindern viel Spaß. Jetzt können sie sich als Konservatoren betätigen oder eine Fälscherwerkstatt betreiben.

5. Bildvergleiche

Der Vergleich verschiedener Bilder in der gleichen Technik oder mit gleicher Thematik, aber verschiedener Technik bietet sich an. Im Beispiel 33 wird das letztere gemacht. Im Beispiel 69 des Handbuches 55 werden zwei Kinderbildnisse aus verschiedenen Stilepochen miteinander verglichen. Dort wird auch gezeigt, wie die Kunstbetrachtung mit einem Bilddiktat eingeleitet werden kann (Beispiel 44: Urwaldlandschaft). Weitere Bildanalysen finden sich in den Beispielen 12: Bassenheimer Reiter, 41: Konrad Witz, Der heilige Christophorus und 48: G. Flegel, Stilleben.

Beispiel 35

Thema: *Dürerbilder – verkitscht*

Technik: *Bildvergleiche, Rezeption und Verbalisation*

Bildproblem: *Kunst oder Kitsch*

Altersstufe: *5.–9. Schuljahr*

A. Didaktische Analyse

1. Information über die Sachstruktur

Seit einigen Jahren wird der Kitsch als Unterrichtsgegenstand im Kunstunterricht akzeptiert. Das hängt damit zusammen, daß sich dieses Fach nicht mehr ausschließlich auf Kunst beschränkt, sondern auch andere trivial-ästhetische Erscheinungen wie Werbung, Wandschmuck, Comic strips, Grabdenkmäler, Bildpostkarten, Fernsehen u.v.a. mit einbezieht. Damit verlagerte sich sein Schwerpunkt von der gestalterischen Praxis und Produktion auf Fragen der ästhetischen Rezeption, wobei meist nur verbal und theoretisch zu einem kritischen und emanzipierten Verhalten erzogen werden soll. Sogar der Name des Faches wurde in manchen Bundesländern in „Visuelle Kommunikation" umgeändert. Zweifellos ist es richtig, wenn Kinder lernen, daß zwischen der Kunstwahrnehmung und der weithin praktizierten Alltagswahrnehmung eine große Kluft besteht. Die Zeichen, die uns der Künstler in einem syntaktischen Zusammenhang und mit einer semantischen Bedeutung übermittelt, haben nur selten pragmatische Folgen. Das ist z.B. bei der Werbung anders. Ohne praktische Wirkungen hätte sie keinen Sinn. Trotzdem besteht zwischen Kunst und Kitsch eine wechselseitige Beeinflussung, die es gerade so schwierig macht, eine klare Trennungslinie zu ziehen. Daß der Kitsch mit den gleichen bildnerischen Mitteln arbeitet wie die Kunst, ist verständlich. Oft gibt er sich selbst als Kunst aus und täuscht damit viele naive Betrachter über seine wirklichen Schwächen hinweg. Wenn aber die Kunst selbst – wie z.B. die Pop Art – mit den Mitteln kitschiger ästhetischer Objekte ihre Aussagen macht, dann geraten selbst beim Kunstkenner überkommene Wertbegriffe ins Wanken.

Kitsch gibt es erst seit etwa 100 Jahren, als mit der zunehmenden Industrialisierung die Massenproduktion von Konsumgütern möglich wurde. Konsumdenken macht auch aus Kunstwerken billig zu erwerbende Konsumartikel. Sicher spielt auch die Demokratisierung des Volkes eine Rolle. Jeder Bürger wollte und konnte jetzt das besitzen, was früher nur wenigen gesellschaftlich über der Masse Stehenden vorbehalten war. Darum genügt es nicht, das Kitschproblem ohne seine Beziehungen zur gesellschaftlichen Realität zu untersuchen. Was Dürer vor 470 Jahren sagen wollte, in einer Zeit, die von starker Religiosität geprägt war, wird heute kaum noch richtig verstanden. An die Stelle der Religion ist vielfach der irdische Alltag mit seinem Streben nach materiellen Gütern und Wohlstand getreten.

2. Kennzeichnung des Bildungsgehaltes

Kunst vergangener Zeiten kann ohne Erklärung des historischen Hintergrundes nicht verstanden werden. Voraussetzung ist, daß für dieses Unterrichtsbeispiel die Schüler im Geschichts- und Religionsunterricht über die geistigen, politischen und sozialen Verhältnisse der Zeit um 1500 Bescheid wissen. Es geht bei der vergleichenden Betrachtung zwischen Dürerbildern und ihrer Verkitschung also nicht nur um eine formalästhetische Beurteilung bestimmter künstlerischer Merkmale und Kriterien. (Vergleiche dazu Beispiel 34: Dürer, Die vier apokalyptischen Reiter.) Diese wird sicher als Einstieg gut und zweckmäßig sein. Der Schwerpunkt liegt aber auf der Frage, warum moderne Menschen sich heute noch und gerade heute besonders gern Dürerbilder in ihren Wohnungen aufhängen, oder anders ausgedrückt: Warum sie sich mit kitschigen Imitationen zufriedengeben und gar nicht wissen oder wissen wollen, was Dürer damit zu sagen beabsichtigte.

3. Stellung des Kindes zum Unterrichtsziel

Wir haben zwei Dürerbilder gerade deshalb ausgewählt, weil dieser Künstler fast allen Schülern bekannt ist. Dürer gilt im Volke als größter deutscher Maler. Seine vorbehaltlose Anerkennung hat sich auf die Kinder schon frühzeitig ausgewirkt. In ihren Reimen spiegelt sich diese Verankerung im Bewußtsein wider:

> Mal wie Albrecht Dürer,
> dann kriegst du keinen Vierer!

oder:

> Albrecht Dürer
> war kein Schmierer!

Wertende Abgrenzungen zwischen Kunst und Kitsch finden in der Grundschule kaum statt. Versuche, in diesem Alter zu einem kritischeren Urteil zu kommen, haben nur wenig Erfolg gebracht. Die naturnahe, leichtverständliche Darstellungsweise Dürers begünstigt die emotionale Einstellung der Kinder. In der Hauptschule führt der Vergleich oft zu schnellen Pauschalurteilen: Was nicht gut ist, das ist schlecht; was nicht schön ist, das ist häßlich. Hier wirken sich anerzogene Wertungen im Sinne einer Schwarzweißmanier aus: Erlaubtes wird belohnt, Verbotenes wird bestraft. Haben die Kinder dann gelernt, wie man Kitsch von Kunst unterscheiden kann, dann wird der Kitschkonsument sofort rigoros verdammt, ohne daß nach den tieferen Gründen seiner Vorliebe geforscht wird. Mit schnellen Vorurteilen wird das Kitschproblem nicht gelöst. Im Kitschbedürfnis vieler Menschen spiegelt sich die Sehnsucht nach einer glücklicheren Welt. Man kann ihnen keinen Vorwurf daraus machen, daß sie diese Welt nur in einer tröstlichen Illusion finden.

B. Methodische Hinweise zur Durchführung

1. Dürers Apostelhände (Abb. 161)

Dürers Bild ist eine weiß gehöhlte Pinselzeichnung aus der Zeit um 1508. Als er für den reichen Frankfurter Kaufmann *Jakob Heller* einen Altar malen sollte, fertigte er etwa 20 solcher Naturstudien als Detail-Vorzeichnungen an. Der Mittelteil des Altares, in dem die Skizze der zum Gebet erhobenen Hände verwendet wurde, ist 1729 verbrannt. Eine Kopie ist aber erhalten geblieben, so daß wir heute noch sehen können, daß die Hände zu einem Apostel gehören. Er kniet anbetend zusammen mit anderen am Boden und blickt andächtig zu Maria empor, die gerade gen Himmel fährt. Seine Hände führen die Augen des Betrachters in die gleiche Richtung. Dürer hat zweifellos schon bei der Anfertigung der Skizze die Komposition des großen Gemäldes im Auge gehabt und auch im Detail etwas von dessen geistigem Gehalt erfassen wollen. Die Hände sind wie ein gotischer Spitzbogen zusammengelegt und weisen nach links oben, wo im Altarbild Maria entschwindet. Ihre Formsprache gleicht der der gotischen Dome, die mit ihren hoch nach oben laufenden Rippen,

Abb. 161 Albrecht Dürer, Apostelhände

Fenstern und Türmen Ausdruck menschlicher Frömmigkeit und Sehnsucht nach Erlösung waren.

Was der Kitsch aus Dürers Skizze macht, zeigt die Abb. 162:

- Die Hände werden in einem kostbarer erscheinenden Material dargeboten.
- Die zweidimensionale Zeichnung wird in ein plastisches Relief verwandelt.
- Die Hände bekommen einen schwarzen Hintergrund, der das Silber der Hände wirksamer zur Geltung bringt.
- Dieser Hintergrund ist als nierenförmige Schale ausgebildet, so daß man die Hände zum „Greifen" präsentiert bekommt.
- Die Nierenform war einmal große Mode (auch bei Couchtischen). Ihre Spitze zeigt nach unten und widerspricht der Spitzbogentendenz der Hände.
- Von der liebevollen Durcharbeitung Dürers bei Runzeln und Ärmelfalten ist nur noch die Ader zu sehen, die den Handrücken überquert.

Das alles sind Beobachtungen, die von den Kindern leicht zusammengetragen werden können, wenn ihnen beide Bilder gleichzeitig mit zwei

Abb. 162 Dürers Apostelhände als Kitsch

Diaprojektoren vorgeführt werden. In einer anschließenden Besprechung werden die ersten, für den Kitsch charakteristischen Merkmale erkannt und auf andere triviale Objekte ihrer Umwelt transferiert: Vortäuschung wertvollen Materials; Vorliebe für plastische Gestaltung, die eine Reduzierung auf zwei Dimensionen erspart; pompöse oder modernistische Rahmung; geistlose Imitation von Kunst; Aufdringlichkeit aus Repräsentationsbedürfnissen; Herstellung in Massenproduktion usw.

Die Frage bleibt offen, warum Menschen unserer Zeit solche Bilder kaufen, verschenken und aufhängen.

- Sind sie wirklich noch so religiös wie zu Dürers Zeiten?
- Wollen sie damit Besuchern zeigen, daß sie fromm sind?
- Wollen sie immer wieder an Gott erinnert werden und das Beten nicht vergessen?
- Ist das Bild nur ein Talisman, der vor Unglück schützen soll?
- Haben sie Gott gegenüber ein schlechtes Gewissen?
- Wollen sie nur dokumentieren, daß sie kunstverständig sind?

Lauter Fragen, die die Kinder zum Nachdenken anregen. Gewiß haben viele die „Betenden Hände" zu Hause hängen. Man kann sie einmal mitbringen lassen und wird staunen, in wieviel Ausführungen sie auf dem Markt sind: als Glückwunschkarten, in Öl gemalt, als Kupfer- oder Bronze-, als Ton- oder Porzellanrelief, in Holz geschnitzt oder in holzähnlichem Kunststoff gegossen. Vorsicht ist dabei geboten, damit die Eltern nicht verärgert werden oder der Devotionalienhändler über Geschäftsschädigung klagt! Ein wichtiges Kennzeichen für Kitsch kommt dann hinzu: Mit Kitschware muß ein einträgliches Geschäft zu machen sein. Und eine neue Frage taucht auf: Wer produziert eigentlich den Kitsch, wer verdient an den religiösen Bedürfnissen der Käufer?

2. Dürers Heiliger Eustachius (Abb. 163)

Dürer hat eine Darstellung der Legende vom reichen Junker, der ein wenig gottgefälliges Leben führte und sich allerlei irdischen Vergnügungen und Ausschweifungen hingab, hier auf einer Kupferplatte eigenhändig eingraviert. Als der junge Mann mit seinen Hunden auf der Jagd war, begegnet ihm Jesus am Kreuz zwischen den Geweihstangen eines Hirsches und spricht: „Eustachius, warum jagst du mich? Glaube mir, ich bin Christus und habe schon lange nach dir gejagt." Der Junker, durch diese Erscheinung zur Selbsterkenntnis gebracht, kniet demütig nieder, bereut seine Sünden und führt fortan ein frommes Leben.

Dem geistigen Gehalt dieser Geschichte versucht Dürer durch die Komposition des Bildes gerecht zu werden. Der Jüngling ist von seinem Pferd abgestiegen, kniet andächtig vor dem Hirsch am Boden und ist im Begriff, seine Hände zu falten. Der Augenblick der inneren Umkehr wird damit sinnfällig wiedergegeben. Pferd und Hunde wenden sich ab und nehmen keine Notiz von der Bekehrung. Nur der zweite Windhund hebt ahnend den Kopf und blickt in die gleiche Richtung zum Hirsch, die beim Ritter bereits in der Haltung der Arme und Beine, aber auch beim Schwert und Hirschfänger angedeutet wird. Diese nach rechts ansteigende Kompositionslinie – gewissermaßen die Anbetungsrichtung – wiederholt sich als Diagonaltreppe bei den stehenden Tieren. Die Mittelsenkrechte, die aus dem alten knorrigen Baumstamm und den Vorderbeinen des Pferdes gebildet wird, trennt den Junker vom Hirsch. Eine Mittelwaagerechte beginnt links bei der Bogenbrücke und führt hinüber zum Rücken des Pferdes. Diese geometrische Aufteilung des Bildes wird aber nur angedeutet und durch allerlei gegenständliche Details überspielt. In ihr wiederholt sich in der Gesamtkomposition das Christuskreuz auf dem Kopf des Hirsches. Der Hintergrund zeigt eine reichbewegte, malerische Landschaft mit einem Burgberg, von der sich die Figuren des Vordergrundes hell abheben.

Der Kupferstich (im Original 35 × 25,5 cm) ist so reich an feinsten grafischen Strukturen, daß man lange mit der Lupe suchen kann, um immer wieder Neues zu entdecken: das Fell der Tiere mit seinem Glanz und seinen Haarwirbeln, die feuchten Schnauzen der Hunde, die Gräser und Kräuter am Boden, der Filzhut mit der Seidenfeder, das gestickte Tragband für den Dolch, das Laubwerk der Bäume, die Spiegelung des Wassers usw.

Das alles ist in der kitschigen Imitation (Abb. 164) verlorengegangen. Auch hier wurde die mit feinen grafischen Schraffierungen erzeugte plastische Wirkung in ein totes und langweiliges Relief verwandelt; auch hier wurde dem Laien durch das verkupferte Blech ein materieller Wert vorgespiegelt, der nichts mehr mit dem künstlerischen Gehalt zu tun hat. Ähnliche Fragen wie bei den Apostelhänden drängen sich auf: Wer kauft so ein gewiß nicht billiges Bild? Warum wird es gekauft und aufgehängt? Kennt der Käufer die Legende von Eustachius überhaupt noch, die zu Dürers Zeiten bei allen Menschen tief im Bewußtsein verankert war? Oder will er sich nur mit dem Ritter identifizieren? Möchte er auch gern Reiter sein, ein Pferd, eine Burg besitzen? Kann er bei der Betrachtung des Bildes ins Träumen geraten, dem grauen Alltag entfliehen, sich reich und glücklich fühlen, mehr Freiheit und Freizeit genießen?

3. Zusammenfassung

Beim Vergleich der beiden Dürerbilder mit ihren Verkitschungen haben die Kinder einige wesentliche Merkmale des Kitsches herausarbeiten können. Es genügt aber nicht, mit einer einmal vollzogenen kritischen Analyse die im häuslichen Milieu erworbenen Einstellungen verändern zu wollen. Religiöser Kitsch ist zwar sehr weit verbreitet, berührt die Jugendlichen aber nicht allzu sehr. Dasselbe gilt für nationalistischen und politischen Kitsch, wie er vor allem aus der Zeit des Dritten Reiches oder heute noch in diktatorisch geführten Staaten anzutreffen ist. Auch für Liebes- und Sexkitsch sind die Kinder noch nicht alt genug. Trotzdem sind sie den Verlockungen des Kitsches bereits in großem Umfang ausgesetzt und vielfach widerstandslos unterlegen. Wenn man den Kitsch nicht nur formal-ästhetisch analysiert, sondern nach seinen tieferen sozialpsychologischen und ökonomischen Ursachen forscht, wenn man nach den zugrundeliegenden Kitschbedürfnissen fragt, dann muß man feststellen,

Abb. 163 Albrecht Dürer, Der heilige Eustachius

daß auch schon im Herzen der Heranwachsenden Sehnsucht und Wünsche nach einer zwangfreien, glückbringenden, romantisch verklärten Lebensweise schlummern. Diese Flucht aus der Pflicht des Alltags in eine schönere Ersatzwelt spiegelt sich bei der Jugend in einer Weise, die bei Erwachsenen häufig auf Unverständnis und Kopfschütteln stößt. Um nur einiges aufzuzählen: Moped, Motorrad und Auto mit dem Rausch der Geschwindigkeit; die Erscheinungen der Bewußtseinsindustrie mit ihren Schlagern, Filmen, Fernsehshows und Krimis; die Traumwelten der Posters an den Wänden und den Autogrammen von Rockidolen; bei jüngeren Kindern die Sucht nach Comic strips, nach Disneyfiguren, Tieren aus der Sesamstraße oder Schlümpfen; nicht zuletzt auch der zunehmende Genuß von Alkohol, Tabak und Rauschgift.

Abb. 164 Dürers Kupferstich als Kitschrelief

Unser Unterrichtsbeispiel kann nur ein erster Anfang einer Auseinandersetzung mit dem Kitschproblem sein. Es erfolgt an einem zunächst noch unverfänglichen Thema. Der Transfer auf andere Arten des Wandschmucks, auf Möbel und Teppiche, auf Geschirr, Gläser und Bestecke, auf Bildtapeten, Kleidung, Gartenzwerge, Grabdenkmäler, Schallplattenhüllen, Sportpreise, Autoaufkleber, Glückwunschkarten, Urlaubsfotos usw. muß folgen, wenn kognitiv vollzogene Einsichten und verbal-theoretische Argumentationen Erfolg haben sollen. Diese Reflexion muß Hand in Hand gehen mit eigenschöpferischer ästhetischer Produktion, die das Bedürfnis nach passiv aufgenommenen Entspannungsreizen kompensiert. Dort wird sich dann feststellen lassen, ob tatsächlich Veränderungen in den Wahrnehmungen und Einstellungen erzeugt worden sind.

C Verzeichnis der Bildmotive (Themen)

Die Zahlen verweisen auf die Nummern der Unterrichtsbeispiele. Variationsmöglichkeiten der Thematik werden nicht hier, wohl aber bei den einzelnen Unterrichtsbeispielen aufgeführt.

Menschen

Abendmahl 1
Astronaut 15
Beerdigung 7
Engel 32
Flaschenteufel 8
Friedhofsgespenst 8
Fußwaschung 1
Gabentisch 32
Gefangennahme Jesu 1
Kaufladen 3
Kinder 11
Lebensweg Jesu 1
Negertanz 20
Profilkopf 23
Phantastischer Kopf 22
Roboter 15
Schneemann 30
Schneeballschlacht 30
Siegfried 18
Skiläufer 30
Sternsinger 32
Taucher 24
Teufel und Hexe 23

Tiere

Arche des Noah 19
Bremer Stadtmusikanten 4
Comicfiguren 31
Drachenkampf 18
Elefant 19
Fisch 9, 26
Hahn 12
Hahnenkampf 12
Krähe 14
Pfau 14
Pferd 2, 19
Pferdefuhrwerk 11
Reh 19
Tierpaare, -herden 19
Vogel 9
Wolf 26

Pflanzen

Bäume 26
Blattformen 10
Blütenformen 10
Christbaum 32
Hagebutte 25
Marsflora 21
Vogelbeeren 25
Waldbrand 20
Wiesenpflanzen 25

Bauwerke

Bauerngehöft 5
Burg 6
Computer 15
Kaufladen 3
Lichter bei Nacht 20
Phantasieschloß 6
Schulhaus 5
Weihnachtsmarkt 32
Wolkenkratzer 5

Landschaft

Friedhof 7
Hochgebirge 26
Schulweg 5
Unterwasserbild 24
Urlaubsreise 2
Vulkanausbruch 20

Fahrzeuge, Maschinen

Auto, Wagen 2
Computer 15
Fernsehen 31
Flugzeug 2
Fuhrwerk 11
Hubschrauber 2
Raumschiff 15

Ornament, Muster

Faltsterne 9
Kleidung des Menschen 27
Lebensbaum 10
Leuchtbild 9
Lineal + Zirkel 28
Schachbrett 29
Symmetrie 29
Weihnachtskarten 32
Zweihandzeichnen 13

Schrift

Christbaum 32
Geheimschrift 17
Plakate 16
Redensarten 23

Kunstbetrachtung

Arcimboldo 22
Dürer 34, 35
Klee 21
Rembrandt 33
Schongauer 33
Schaumann 33

D Verzeichnis der bildnerischen Techniken

Die Zahlen verweisen auf die Nummern der Unterrichtsbeispiele, in denen diese Techniken beschrieben werden und zur Anwendung kommen.

Grafische Techniken

Fadenlegen 28, 32
Kreide, Fettkreide, Kohle 8, 14, 20
Metallfolie drücken 11
Papierschnitt, -riß 4, 9, 11, 12, 16, 19, 28, 29, 30, 32
Papierknittern 17, 26
Strukturen 2, 8, 12, 19, 21, 22, 23, 32
Verblasen mit Strohhalm 26
Verwerfung 24, 29
Zeichnen mit Bleistift, Feder, Filzstift, Buntstift, Kugelschreiber, Pinsel usw. 3, 4, 5, 6, 11, 12, 15, 18, 19, 23, 24, 25, 28, 31, 35
Zweihandzeichnen 13

Farbtechniken

Abklatsch (Klecksografie) 26
Deckfarbe 1, 2, 8, 10, 12, 14, 15, 16, 17, 18, 19, 20, 21, 23, 24, 30, 32
Deckweiß 8, 10, 14, 20, 23, 30, 32
Naß in Naß 8, 10, 12, 17, 26
Palette begrenzen 7, 11, 21, 32
Wachsfarben 9, 10, 11, 12, 20

Drucktechniken

Frottage 4, 16, 17, 19, 32
Kupferstich, Radierung, Holzschnitt 33, 34, 35
Linoldruck 3, 4, 11, 12, 16, 17
Materialdruck 23
Papier-, Pappedruck 19
Schablonieren 14, 15, 19, 27, 28, 31
Stempeldruck 12, 17

Mischtechniken

Absprengtechnik 3, 16, 17, 26, 32
Aufrastern 23, 31
Collage 3, 12, 15, 16, 22, 27, 31, 32
Kleisterbilder 26
Papierbatik 11, 17
Relief 11, 12, 16, 17, 35
Transparent, Leuchtbild 1, 3, 9, 12
Wachskratztechnik (Sgraffito) 9, 10, 11, 12, 17, 20

E Sachregister

(Die Ziffern bedeuten Seitenzahlen)

Abstraktion 13, 39, 137
Additive Arbeitsweise 26, 46, 59, 86, 99, 118, 171
Anordnung vgl. Komposition
Anschauung, anschauliches Denken 7, 34, 75, 168
Ausdruck 11, 52, 67, 81, 122, 135, 187

Beidhänder 8, 9, 80
Bewegung 8, 9, 39, 55, 81, 108, 164, 166
Bildordnung vgl. Komposition
Bildgrund, Hintergrund vgl. Figur-Grund-Bezug
Bodenstrich 20, 28, 33, 46, 70

Comics 33, 99, 168f., 198

Dekorativ 46, 61, 62, 74, 83, 84, 92, 95, 135, 152, 158
Differenzierung von Formen 11, 13, 24, 32, 46, 63, 70, 74

Einlinienzug 48, 83
Experiment, Probieren 140, 143

Farbprobleme 15, 20, 24, 26, 50, 55, 58, 70, 74, 85, 112, 118, 119, 125, 134, 147, 149, 170
Figur-Grund-Bezug 23, 58, 64, 70, 73, 75, 92, 96, 99, 103, 112, 134, 152, 164, 171

Gemeinschaftsarbeit 22, 58, 60, 73, 110, 111, 125, 131, 153, 180
Gesamtzusammenhang 58, 64, 69, 73, 96, 99, 122, 125, 166
Grafische Mittel 24, 70, 76, 139, 177 vgl. auch Zeichnen

Identifizierung 27, 39, 45, 46, 62, 74, 75, 86, 145

Kinderzeichnung 11, 12, 14, 25, 32, 39, 63, 66, 93, 166
Kitsch 174f., 198f.
Kommunikation 15, 66, 91, 98, 198
Komposition 13, 28, 36, 39, 44, 69, 78, 107, 137, 184, 195, 200, 202
Kontur, siehe Linie als Kontur
Kreativität 5, 15, 44, 57, 66, 122, 169
Kritzelphase 8, 62, 81 Literatur dazu 16
Künstler 11, 48, 51, 66, 91, 116, 120, 140, 152, 184f.
Kunst 19, 66, 73, 80, 116, 120, 140, 152, 158, 169, 184, 198
Kunstbetrachtung 22, 48, 51, 116f., 183, 189, 191

Linie als Kontur 10, 15, 52, 70, 128, 171, 179

Malen 10, 76, 119 vgl. auch Farbprobleme
Mitteilungswert 11, 15, 73, 92

Naturalistische Darstellung 32, 61, 103, 136, 143

Orthoskopische Gestalten 14, 40, 62

Phantasie 11, 46, 61, 63, 80, 87, 116, 121, 140
Pubertät 5, 90, 149, 152

Raumprobleme 20, 25, 26, 28, 39, 40, 70, 92, 109, 161
Regelkreis 14, 15, 137
Religion 19, 49, 58, 198
Rhythmus 9, 11, 15, 51, 62, 69, 70, 81, 86, 152, 158, 171, 177, 195
Röntgenbild 14, 28, 127, 131

Schema 8, 10, 34, 38, 46, 75, 81, 84, 118, 137, 169
Schrift 89, 91f., 98, 128, 169, 176
Sinnzeichnen 8, 10, 40, 45, 60, 75, 99, 137, 161
Symmetrie 60, 64, 65, 83, 84, 96, 146, 158, 161, 164

Tiefenschräge s. Raumprobleme

Überschneidung 14, 20, 27, 46, 107, 108, 165
Umgestaltung, Verändern, Verfremden 65, 143, 168, 171, 172f., 178
Umklappung 60, 161, 175

Verwerfung 136, 150, 158

Wahrnehmung 7, 10, 14, 80, 136, 198
Wandtafel 37, 81, 83, 94, 96
Werbung 91, 96, 175, 198

Zeichnen 9, 10, 11, 56, 76
Zufall 8, 15, 83, 121, 140, 144, 158
Zweihandzeichnen 9, 64, 80f.